남장로교 최초 교수 선교사

윌리엄 파커 서신

(William P. Parker)

- 개교 70주년 기념 인돈학술총서 8 -

남장로교 최초 교수 선교사

⚡ 윌리엄 파커 서신 ⚡

(William P. Parker)

한남대학교 인돈학술원 편
이승규 옮김

동연

감사의 글

조용훈 | 전임 인돈학술원장, 기독교학과 명예교수

    기독교 대학에서 가르치고 연구하는 기독교 신자인 기독 교수란 누구인가? 기독교 대학이 그 정신적이고 물질적인 뿌리인 교회로부터 점점 멀어지고, 학문과 신앙 사이의 갭이 점점 더 커지는 대학 현실에서 기독 교수의 고민과 갈등은 커질 수밖에 없다. 맨 처음 가졌던 열정은 식고, 소명마저 약해지는 자신의 모습에 자괴감만 깊어진다. 이런 우리에게 한 세기 전 기독 대학인 평양의 숭실에서 수학 교수로 사역했던 평신도 선교사 윌리암 파커(W. Parker)는 모든 기독 교수의 역할 모델이라 할만한 분이다.

    파커 교수는 미국남장로교에 소속된 최초의 평신도 교수 요원 선교사였다. 1912년 내한하여 목포 영흥학교의 사역을 거쳐 1937년 은퇴할 때까지 평양의 연합기독교대학(Union Christian College, 숭실)에서 학생들에게 수학을 가르쳤다. 그가 목회자가 아닌 평신도로서 그리고 가장 세속적 기관인 대학에서 선교사로 느꼈던 행복과 고민은 한 세기 후에 기독교 고등교육기관에서 가르치는 우리 자신들의 것과 별반 다르지 않다. 그래서 파커 선교사는 다른 어떤 선교사들보다 더 친근하게 느껴지고 도전적으로 다가온다.

이 귀한 책을 연구 주제로 선정하는 데 아이디어를 주시고, 번역문을 꼼꼼하게 감수하고 해제의 글을 써 주신 인돈학술원의 기둥 같으신 송현강 박사님께 깊이 감사를 드린다. 그리고 무더위 속에 땀 흘리며 번역하느라 고생하신 이승규 박사님께도 감사를 드린다. 영국에서 선교학으로 박사 학위를 받으시고, 그 누구보다 더 선교에 관심과 전문성을 지니셔서, 이런 책을 번역하는 데는 최적화된 번역자시다. 특별히 번역 작업 기간이 건강이 좋지 않았을 때인데도 불구하고 선교사의 소명과 열정으로 헌신하셨음을 알기에 가슴이 저리고 고마울 따름이다. 하나님의 은총이 두 분은 물론 인돈학술원의 미래에 함께하시길 간절히 기도한다.

2026년 2월 28일

해제

미국 남장로교 한국 선교부의 고등교육과 윌리엄 파커

송현강 | 한남대학교 인돈학술원 연구위원

1. 일제강점기 남장로교 한국 선교부의 고등교육

1892년 한국 선교를 시작한 남장로교는 1910년대부터 고등교육 문제를 고민하기 시작했다. 1907년 대부흥운동 이후 피선교지 도처에 200~300명 규모의 중형(中型) 교회가 생겨났고, 그래서 그 교회들을 책임질 양질의 교육을 받은 다수의 한국인 목회자가 필요하게 되었다. 또 선교부에서 운영했던 중등학교(전주·군산·목포·광주의 남녀학교 8개)와 병원(위 도시에 하나씩 4개)에서 일할 교육·의료 인력의 양성 문제도 제기되었다. 더욱이 그 학교들에서 배출된 졸업생 일부는 그 부모들과 함께 고등교육의 수혜를 강력히 요청하고 있었다.

미국남장로교의 중요한 특성 가운데 하나는 대학 교육에 대한 적극적인 관심이었다. 남장로교는 기독교인의 사회적 책임과 지성적인 인재의 양성을 중시하는 식민지 시대 이래의 전통을 견지하고 있었기 때문에 고등교육을 대단히 중요하게 생각했다. 남장로교는 "불신자는 전도하고 신자는 교육시킨다"(Evangelize the heathen and educate the Christians)라는 모토를 갖고 있었다. 여기서 말하는 '교육'은 주일학교 차원의 신앙교육 정도가 아니라 일반 시민 교육, 즉 공교육(Public Education)이었다. 그래서 개교회가 초등학교를, 노회(county 단위)가 중등학교를, 대회(synod, 州단위)가 대학을 세워 운영하는 것이 그들의 상식이었다. 내한 선교사들은 바로 그러한 학교급에서 공부한 경험과 이력을 갖고 있었다. 19세기 중반 랜드 그랜트(land-grant, 연방정부 토지 기증)의 주립대학들이 생겨나기 전까지 식민지 이래 200년 동안 미국의 고등교육 시장을 주도한 것은 바로 '교회'(혹은 교단)였다. 이들 '교회의 대학'에서 수학(修學)한 선교사들에게 있어서 피선교지에 고등교육기관을 세우는 일은 좌고우면의 선택이 아니라 반드시 완수해야 할 일종의 과업이었다. 즉, 기독교 대학 설립은 '선교 상황'의 산물이라기보다 '선교 기획'의 자연스러운 결과물이었다. 모국 교회에서 보고 배운 그대로를 저절로 재현해 낸 것이다. 내한 당시부터 대학 설립을 염두에 두고 있었다고 보면 된다.

　미국 내 남장로교의 대학으로는 먼저 남부의 프린스턴대학 출신들이 주도하여 버지니아의 장로교회가 1775년에 세운 햄든시드니대학(Hampden-Sydney College)이 있다. 또 지난 1837년 노스캐롤라이나의 장로교인들에 의해 세워신 데이비슨대학(Davidson College)은 지금도 미국 내에서 유수의 명문대학으로 인정받고 있다. 데이비슨은 한남대학의 설립 모형이기도 하다. 남북전쟁 이전에 설립된 그 외의 남장로교 계통 학교로는 메리볼드윈(Mary Baldwin/1842), 남서장로교(Southwestern Presyterian University/1848), 퀸스

(Queens/1857) 등이 있고, 북장로교와의 분열 이후에도 계속해서 킹(King/1867), 켄터키센터(Kentucky Centre/1871), 애그니스스캇(Agnes Scott/1889), 아칸소(Arkansas/1872) 등을 세워 유지·경영하였다. 19세기 말 남장로교와 관계를 맺고 있었던 일반대학은 총 25개에 달한다. 모두 미국 남부 지역의 장로교인들이 자기 자식을 믿고 맡길 수 있는, 선택의 여지가 없는 훌륭한 학교들이었다. 한국에 온 남장로교 선교사들 대부분은 바로 이들 대학의 졸업생들로서, 그 가운데는 데이비슨 출신들이 가장 많다. 또 남장로교는 피선교지 중국에 두 개의 대학을 조성하였다. 즉, 중국중부선교부(Mid-China Mission, 절강성)의 항저우대학과 북강소선교부(North Kiangsu Mission, 강소성)의 금릉대학(남경대학, 북감리교 등과 연합 운영)이다. 남장로교의 관점에서 본다면 항저우대학은 바로 우리 한남대학의 선행하는 학교에 해당된다.

한국에 온 남장로교 선교사들은 선교 초기부터 고등교육 문제에 적극적으로 대처했다. 먼저 1904년 다른 장로교선교부들과 함께 평양신학교(연합장로교신학교)를 만들어 신학 교육 문제를 해결하였다. 남장로교는 평양신학교에 레이놀즈(William D. Reynolds, 조직신학[현재 한국교회에서 사용하고 있는 한글성경 번역재])를 교수 요원으로 파견하고, 그 외에도 이사 파송과 분담금 지원을 통해 일제강점기 내내 신학교를 공동 경영하였다. 이어서 남장로교는 역시 선교부 간 연합 사업으로서 일반대학 운영에 적극 동참하였다. 즉, 1912년과 1913년 평양의 연합기독교대학(숭실)과 서울의 연합의학교(세브란스)를 지원하여 그 분담금과 아울러 교수 교원을 파견한 것이다. 일제강점기 내내 남장로교는 위의 세 학교에 이사와 교수를 파송하는 한편, 적지 않은 액수의 재정을 분담했다. 평양신학교의 레이놀즈, 연합기독교대학의 윌리엄 파커(William Peticolas Parker, 박원림) 그리고 세브란스의 오긍선(의학부, 남장로교 지원 루이빌의대 졸업생)과 쉐핑(간호학부, Elizabeth J. Shepping)은 각각 그 대학의 상주 남장로교 대리인이자 현장 교수 요원으로 활동하며 그 기관의 운영에 실질적으로 참여했다. 해방 이후 남장로교는 이제 다른 장로교선교부들과의 기존 연합대학 운영 체제를 청산하고, 대전에 단독의 고등교육기관을 설립했으니 바로 오늘의 한남대학이다. 선교부의 50년 숙원이 해소된 것이다.

2. 윌리엄 파커의 생애

남장로교 최초의 일반대학 교수 요원 선교사 윌리엄 파커는 1888년 버지니아주 애머스트(Amherst)에서—부친 Joseph Parker, 모친 Jane Randolph Peticola— 태어났다. 그리고 1911년 데이비슨대학을 졸업한 후 다시 같은 대학원에서 석사 학위(1912년)를 받았다. 대학원 재학 중이던 1911년 10월 31일 남장로교 선교 본부로부터 한국 선교사 지명을 받은 것으로 보아 이미 그 전에 어떤 개인적인 결심이 있었던 것 같다. 당시 데이비슨 출신의 내한 선교사로는 전주의 매커첸(Luther O. McCutchen/1894년 졸업), 군산의 매키천(John MacEachern/1907), 광주의 뉴런드(Leroy T. Newland/1908), 군산의 조셉 켄튼 파커(Joseph Kenton Parker/1908), 선주의 티몬스(Henry L. Timmons/1910), 순천의 로저스(James M. Rogers/1913) 등이 있었다. 특히 순천 알렉산더병원의 전설적인 명의(名醫) 로저스는 동창(同窓) 사이이고, 조셉 켄튼 파커는 윌리엄 파커의 친형으로서, 그 형제는 1912년 6월 동반—형수(Lydia S. Parker) 포함— 내한했다. 조셉 부부는 부인의 질병으로 조기 귀국했다.

　파커의 첫 임지는 광주 스테이션(station, 선교 기지)이었다. 지난 1904년 유진 벨(Eugene Bell)과 클레멘트 오웬(Clement C. Owen)에 의해 조성이 시작된 7만 5천 평의 그 선교구 내에는 이후 광주 교회-광주 제중원(기독병원)-숭일학교·수피아여학교 등의 기관이 잇달아 세워져 대규모의 복합 선교 지구로 기능하고 있었다. 그런데 그곳에 해리엇 피치(Harriet Dillaway Fitch)가 있었다. 광주 주재 선교사 스와인하트(Martin L. Swinehart)의 딸 레티티아(Letitia)의 가정교사 신분으로 1911년 9월 내한한 해리엇은 1887년 오하이오 트로이(Troy)에서 태어나 같은 주 옥스퍼드(Oxford)의 웨스턴여자대학을 우등(Sum laude)으로 졸업한 재원이었다. 그녀가 1912년 12월 10일 이례적으로 광주 현지에서 남장로교 선교사 임명을 받은 것으로 보아 아마 파커와의 혼인을 염두에 둔 결정이 아니었나 싶다. 실제 파커와 해리엇은 1914년 12월 23일 서울에서 결혼식을 올렸다. 파커 부부는 생애 모두 5명의 자녀를 낳았다.

　파커는 1912년 내한 이후 1917년 4월 평양에 정착할 때까지 광주와 목포에서 활동하였다. 광주에서의 1년 반은 한국어 공부와 대학 교수 사역을 준비하며 지냈고, 1915년부터 2년 동안은 목포 영흥학교 교장으로 시무하였다. 그 사이(1914~1915년경) 평양에서 단기간 근무하였음도 확인된다. 이후 파커는 18년 동안 연합기독교대학 수학 교수로 자신의 선교 사역을 이어 나갔다. 마지막으로 그는 1935년 안식년 귀국 후 1937년 미국 현지에서 은퇴했으며, 1958년 5월 26일 캘리포니아주 로스앤젤레스에서 영면하였다.

　평양 연합기독교대학(Union Christian College), 즉 숭실대학(1925년부

터 숭실전문학교)은 1906년 10월 숭실학교 대학부의 이름으로 시작되었다. 북장로교와 북감리교 평양 스테이션(30만 평 규모로 당시 세계에서 가장 큰 선교 기지)이 주도한 연합 사업의 일환이었다. 그 설립 모델은 미주리주의 파크대학(Park College)으로서, 그 학교는 '일하면서 공부하는' 리버럴아츠칼리지(Liberal Arts College)를 표방했다. 초기 숭실대학 창설을 주도했던 북장로교의 베어드(William M. Baird)와 북감리교의 베커(Arthur L. Becker) 역시 리버럴아츠칼리지인 하노버대학(Hanover College, 인디애나)과 앨비온대학(Albion College, 미시간) 출신이었다. 이는 서울에 세속적인 조선기독교대학(Chosen Christian College, 연희대학/연희전문) 설립을 지지했던 두 주역 언더우드(Horace G. Underwood)와 에비슨(Oliver R. Avison)이 각각 대도시의 종합대학인 뉴욕대학과 토론토대학 졸업생이라는 점과 비교된다. 숭실은 처음부터 기독교 정신에 기반한 전인적 고등교육에 방점을 두었다. 곧 문과와 이과를 균형 있게 가르치는 문리대(文理大) 형태의 학교였던 것이다. 목회자 양성을 위한 신학 예비 교육기관의 특성도 함께 지니고 있었다. 매년 총 25단위 교과과정 가운데 성경 5단위, 문과 10단위, 이과 10단위의 배분이 이러한 사실을 잘 보여준다. 그리고 1913년 재직 교수 9명 가운데 4명이 이과 전공자였다.

숭실에서 최초로 수학을 가르친 이는 북감리교의 루퍼스(Will C. Rufus)였다. 그는 물리학과 화학을 가르쳤던 베커의 절친이자 같은 앨비온대학 출신이었다. 그런데 북감리교는 1912년부터 서울에 개교 예정인 언더우드의 조선기독교대학 설립안을 지지하였고, 그 결과 1914년 2월 베커가 평양을 떠나게 되었다. 그는 이후 조선기독교대학 교수진에 합류하였다. 루퍼스는 이미 그 전에 상경하였음이 확인된다. 이런 상황에서 1912년 남장로교가 바로 호주장로교선교부와 함께 숭실대학 경영에 동참하기로 결정했던 것이다. 이어서 1914년 캐나다장로교 선교부가 동참함에 따라 평양 숭실대는 이제 북장로교 포함 4개 장로교 선교부의 연합대학의 성격을 띠게 되었다. 윌리엄 파커는 루퍼스 후임의 숭실 두 번째 수학 교수로 부임하였다. 그는 일제강점기에 활동한 남장로교 최초의 일반대학 교수 선교사로서 오늘의 한남대학 교수들의 대선배이자, 역할 모형의 원조라고 할 수 있다. 파커의 뒤를 이은 전임 교수 인력은 1952년 파송된 우리 대학 성문과의 키이스 크림(Keith R. Crim, 김기수)이다.

3. 윌리엄 파커 서신 ― 연합기독교대학 교수 사역

이 책에서 번역 소개하는 윌리엄 파커 서신은 1916년 1월부터 1925년 12월까지 저자 개인이 목포와 평양의 선교 현장에서 미국의 후원자들을 대상으로 작성한 분기별 선교 보고서이다. 독자들은 이 편지 내용을 통해 그가 목포 그리고 특별히 평양에서 수행했던 선교 사역 전반의 흐름이 어떠했는지를 잘 파악할 수 있게 된다.

먼저 파커는 1915년부터 1917년 봄까지 목포 영흥학교 교장으로 시무하였다. 전임(前任) 니스벳(John S. Nisbet)의 안식년 기간을 대체한 것이다. 2년 동안 파커 부부가 사역했던 목포 스테이션은 미국남장로교가 전남 서부 지역(목포, 무안, 영암, 강진, 장흥, 신안, 해남, 진도, 완도 등 9개 시군) 개신교 포교를 위해 조성한 총면적 14,400평 규모의 선교 기지로서, 그 안에는 목포(양동) 교회와 5채의 선교 주택 그리고 프렌치병원과 영흥학교·정명여학교 등이 포진해 있었다. 남장로교는 1898년부터 1940년까지 42년 동안 모두 50명(여성 29명, 남성 21명)의 선교사를 목포에 파송하였다. 영흥학교는 유진 벨에 의해 1903년 목포 선교구 내에서 시작되었다. 이어서 1907년에는 중등과정이 개설되었고, 이듬해 미국 사우스캐롤라이나 스파탠버그제일교회(the First Church, Spartanburg, S. C.)의 지원으로 공사비 1,950달러(지금 3억 9,000만 원)을 들여 지은 강당과 교실 2칸의 석조 교사(校舍)가 준공되었다. 남장로교 한국 선교부 최초의 근대식 학교 건물이었다. 파커 재임 당시 영흥학교는 보통과 4년(초등과정)+고등과 4년(중등과정)의 8년제 학제로 운영되었다. 파커 교장은 전교생에게 성경을 가르쳤다. 당시 한국인 교사는 5명이었고, 학생 수는 처음 50명 등록으로 시작해 종래 90명 정도가 되었다. 영흥의 고등과에는 스테이션 경내 9개 교회 부설학교(초등과정) 졸업생들이 연계되어 진학하고 있었다. 학생 수 증가로 교실이 모자라자, 파커는 선교 구내 목포 교회의 옛 예배당(1901년 순직한 유진 벨 부인 로티[Lottie]—인돈의 장모—를 기려 1903년 지어진 위더스푼 기념 예배당)을 빌려 수업을 진행하였다. 영흥에서 가장 인상 깊었던 장면은 1915년 성탄절에 있었던 학예 발표회에서의 대화극(對話劇) 내용이었다. 영흥 고학년의 두 학생은 '지구구체설'과 '중력의 법칙' 그리고 '일식'(日蝕) 등의 천문 현상을 주제로 대화를 이어갔는데, 이는 바로 파커의 전공이었다. 영흥은 전남 서부 지역 과학 교육의 산실이기도 했던 것이다. 이렇게 한국인들은 미션스쿨을 통해 근대 자연과학과 조우했다.

1915년 성탄절 아침, 목포의 선교사들은 리딩햄(Roy S. Leadingham)의 집에 모두 모여 아침 식사를 한 후 거실에서 선물을 나누었고, 다시

오후에는 뉴런드의 집에서 만찬을 즐겼다. 1916년 성탄절 저녁에는 역시 니스벳네에서 저녁 식사로 함께했다. 메뉴는 오리구이, 크랜베리 소스, 호박과 채소, 견과류, 사탕, 스페인 푸딩 등이었다. 파커 부부의 목포 첫 사택은 안식년으로 도미하여 비워진 니스벳의 집—1899년 벨이 건축한 방 5칸의 서양식 벽돌 주택—이었다. 1916년 8월 니스벳이 복귀하자 파커는 다시 독신 여선교사 사택으로 거처를 옮겨 평양으로 갈 때까지 생활하였다. 영흥학교 운영 이외에 파커는 목포 교회 주일학교 교사, 목포 북교동의 확장 주일학교(교회 없는 마을에 임시 운영한 이동식 주일학교) 사역 그리고 1년에 열흘 동안 열렸던 목포 남성 사경회의 강사(야고보서와 산상수훈 과목 담당)로도 수고하였다. 파커 부인은 1916년 6월 26일 군산예수병원에서 첫딸 진 랜돌프(Jean Randolph)를 출산하였다. 아이를 받은 의사와 간호사는 패터슨(Jacob B. Patterson)과 쉐핑(Elizabeth J. Shepping)이었다.

파커는 1917년 3월 27일 오전 6시 반 목포를 출발하여 당일 저녁 서울에 도착했다. 거기서 치과 치료를 받고 교육협회(The Christian Educational Association of Korea, 교육선교사협의회)에 참석한 후 3월 31일 평양으로 올라갔다. 그가 처음 거주한 곳은 숭실학교 교장 베어드의 사택으로서 파커네는 그 일부의 공간을 사용할 수 있었다. 이후에도 파커 가족은 안식년으로 일시 도미한 선교사들의 빈집에서 1년 단위로 옮겨 가며 생활했다. 평양에는 모두 32가구의 선교사들이 활동하고 있었기에 가능한 일이었다. 그때 파커는 내한 12년 동안 13번의 이사를 했다고 토로한다. 하지만 파커 가족은 1921년 2월 말 신학교 구내 남장로교 교수 사택(레이놀즈네와 절반씩 나누어 사용, 1917년 건축)에 일단 정착할 수 있었고, 결국 1923년 가을 완전한 자신의 집을 지어 입주를 끝냈다. 그들은 거기서 1935년 은퇴할 때까지 살았다. 평양신학교 교수 레이놀즈 역시 바로 그 옆에 멋진 서양식 주택(1924년 겨울 입주)을 지었다. 파커와 레이놀즈는 남장로교 평양 스테이션의 두 구성원이었다.

파커는 대학에서 수학을 강의했다. 1학년 대수학, 2학년 삼각법, 3학년 해석기하학에다가 후에 미적분이 추가되었다. 교재는 주로 미국에서 나온 수학 교과서의 일본어 번역본을 사용했는데, 때에 따라 일부 교재는 파커가 직접 번역하였다. 파커는 수학 교과가 한국인들의 교육에서 중요한 부분을 차지하고 있다고 말한다. 1925년 졸업생 중 절반 정도가 파커의 미적분 수업을 수강했다. 그 외에 파커는 대학에서 영어 강좌 하나를 맡았고, 숭실중학(5년제)에서 주당 6시간 영어도 가르쳤다. 거기에 더하여 숭실중학과 대학의 재무 담당자로 오래 봉사하였다. 그리고 안식년(1919. 8.~1920. 12.) 이후인 1921년부터는 대학 강의와 아울러 선교 사 자녀들의 교육기관인 평양외국인학교 7~8학년 학생들을 대상으로 주당 1시간 수학 수업도 진행했다. 1925년 현재 평양외국인학교에는 총 11명의 내한 남장로교 선교사 자녀들이 재학 중이었는데, 그들은 해리슨(William B. Harrison/군산) 자녀 2명, 불(William F. Bull/군산) 자녀 1명, 에버솔(Finley M. Eversole)/전주) 자녀 4명, 파커 자녀 2명(진과 프랜시 스), 윌슨(Robert M. Wilson/광주) 자녀 2명 등이었다.

1921년의 경우 숭실중학 재학생은 630명에 달했고, 대학은 신입생 70명을 포함 총 130명이 공부 중이었다. 1918년 졸업생 6명 중 3명이 평양신학교에 진학한 사실에서 알 수 있듯이 숭실대는 한국 장로교의 목사와 미션스쿨 교사 양성이라고 하는 본래의 목적을 구현하는 데 충실했다. 파커의 동료, 이과 계통 교수들로는 물리학의 데이비드 솔타우(David L. Soltau), 생물학의 모우리(Eli M. Mowry), 공작·제도의 맥머트리(Robert McMurtrie)가 있었고, 당시 대학의 학장(교장)으로는 베어드-레이너(Ralph O. Reiner), 번하이슬(Charles F. Bernheisel)·마펫(Samuel A. Maffett) 선교사가 잇달아 시무하였다. 또 레이놀즈의 아들 존 볼링(John Bolling)도 1학년 학생들에게 물리와 화학을 강의했다. 파커는 이 서신에서 3·1운동 때 당한 모우리 교수의 고통을 일일이 증언하고 있다.

대학에서 가르치는 일 외에 파커는 교회 사역에 열심을 다했다. 그때 평양 시내에는 7개의 장로교회와 3개의 감리교회가 있었는데, 파커는 번하이슬의 평양제4장로교회(산정현교회)를 출석하며 그 주일학교에서 봉사했다. 또 일요일 오후 4시에는 숭실대 예배당에서 모인 외국인 교회 집회에 참석하곤 했다. 평양외국인교회는 시내의 모든 남성 선교사가 돌아가며 예배를 인도했고, 1917년 담임 목사는 북장로교의 베어드였다. 예배 참석자는 60~70명에 달했다. 안식년(1919~1920) 이후 파커는 연화동교회 주일학교를 섬겼고, 다시 1923년 9월부터는 북장로교의 해밀턴(Floyd E. Hamilton)과 의기투합하여 수성리교회를 세워 그 운영을 주도하였다. 부흥 일로의 수성리교회는 파커의 자부심이었다.

파커 부인은 산정현교회 주일학교 반사로 수고하는 한편, 주중에는 제5 교회인 조왕리교회 유치원 관리자로 일했다. 또 평양의 기혼 여성 학교(색시학교) 운영에도 동참하였고, 숭의여학교에 가서 주 2회 미술 수업을 맡아 학생들을 가르쳤다. 파커 부인은 첫째 진에 이어, 1919년 5월 20일 둘째 프랜시스 앤(Francis Anne, 선천)을, 1921년 11월 23일에는 셋째 로렌스(Lawrence)를, 1924년 5월 26일에는 넷째 조셉 루이스(Joseph Louise)를 낳았다.

파커는 안식년 기간 중 사우스캘리포니아대학(University of Southern California)에서 측량학과 수학교수법을 단기 수강했다. 또 대학 및 신학교 교수들과 함께 어울려 평양 스테이션 구내 레이너의 테니스 코트에서 운동을 즐겼다. 황해도 소래는 파커 가족의 여름 휴양지였다. 당시 선교사들은 함경도 원산 명사십리와 황해도 소래 인근 구미포 해변에 대규모의 리조트를 조성하여 여름을 지냈다. 우리의 대선배 연합기독교대학 수학교수 윌리엄 파커가 자랑스럽다.

차례

3부 _ 윌리엄 파커 서신 3집

4부 _ 윌리엄 파커 서신 4집

5부 _ 윌리엄 파커 서신 5집

6부 _ 윌리엄 파커 서신 6집

7부 _ 윌리엄 파커 서신 7집

8부 _ 윌리엄 파커 서신 8집

9부 _ 윌리엄 파커 서신 9집

10부 _ 윌리엄 파커 서신 10집

| 1부 |

윌리엄 파커 서신 1집

Letter 1

1916년 1월 3일 (한국, 목포)

존경하는 주님의 동역자들에게,

지난달 제가 편지를 썼을 때는 성탄절 준비와 관련된 행사들로 매우 분주하게 보내던 중이었습니다. 그래서 이번 달에는 우리가 실제로 했던 몇 가지 일들에 대해 말씀드려야 할 것 같습니다.

시험은 23일 오후에서야 끝이 났고, 성적 처리는 금요일 저녁까지 최대한 빨리 마무리했습니다. 왜냐하면 시골에서 온 학생들이 자신들의 성적표를 가지고 집으로 갈 수 있도록 해야 했기 때문입니다. 모든 성적표는 금요일 밤에 배부할 수 있도록 준비 완료하였습니다. 그러나 결석자들과 최종 보고서들은 그 주간 내내 작성해야 했습니다. 결국 이곳, 목포의 부모님들께 성적표가 모두 전달되었고, 기숙사 학생들은 이미 성적표를 받아 갔습니다.

대체로 소년들은 꽤 잘했고, 그중 어떤 학생들은 특히 잘했습니다. 제가 보기에는 보통 시골에서 온 소년들이 도시에 사는 학생들보다 최선을 다해 공부하고, 학교에 대해 더 감사히 여기는 것 같습니다. 어쨌든 이번에는 그랬습니다.

성탄절 전날 밤, 계획대로 남학교의 크리스마스 행사를 진행했고, 우리가 예상했던 것보다 훨씬 더 좋은 결과를 가져왔습니다. 왜냐하면 보통 해왔던 것처럼 우리가 관여해서 교회의 청년들과 함께 어떤 연극을 공연하는 대신, 학생들만이 가을 학기 동안 배운 것을 선보이는 형식으로 진행했기 때문입니다. 그리고 젊은 친구들은 다음 날 저녁에 따로 행사를 가졌습니다. 우리는 한국어, 일본어, 영어로 연설하고 노래하며, 그림을 그리고 한자를 쓰고, 작문, 낭송, 번역을 했습니다. 또한 물리와 화학 실험도 했으며, 대화극도 있었습니다. 프로그램은 오후 7시 30분부터 10시까지 진행되었으며, 행사가 끝난 후에는 학생들의 부모님들에게 차와 일본 과자들과 같은 가벼운 다과를 제공했습니다.

몇몇 공연들은 더 자세히 설명할 만합니다. 몇 마디 덧붙인다면 학생들은 전반적으로 정말 잘해주었습니다. 그들은 우리가 원하는 만큼 충분히 오랜 시간 동안 훈련받지 못했음에도(마지막 몇 주 동안 맡은 일로 모두 바쁘게 지냈기 때문…) 불구하고. 성경에 나오는 이름을 가진 여러 학생이 있습니다. 베드로, 요한, 야고보, 바울, 디모데 등의 이름을 가진 학생들은 대부분 초등학생이었습니다. 이들은 일어나서 자신들의 이름에 담긴 사연들을 이야기하고, 그 이름이 유래한 성경의 인물들에 대해 이야기했습니다.

가장 인상 깊었던 대화극 중 하나는 고학년 두 학생이 물리학의 원리를 주제로 토론하는 것이었습니다. 한 학생은 매우 무지한 척했고, 다른 학생은 지구가 둥글다는 것을 증명해야 했습니다. 그리고 무지한 학생이 보는 사람은 지구 밖으로 떨어져 나갈 수도 있다고 말했습니다. 이에 대해 상대편 학생은 중력의 법칙을 설명해야 했습니다. 또한, 이와 관련된 질문이 던져졌을 때 일식과 기타 현상에 관해서도 설명했습니다. 마지막으로 무지한 학생이 그 모든 것을 어디서 배웠느냐고 묻자, 당연히 우리들의 학교 이름인 '영흥학교'라는 대답이 나왔습니다.

파커(Parker, 본인) 선생님이 학생들에게 한국어로 노래를 가르쳤고, 학생들은 영어로 '구주를 영접하라'의 첫 번째 절과 후렴구를 불렀습니다.

가장 멋진 실험 중 하나는 산소로 철사를 태우는 실험이었는데, 그 실험은 완벽하게 성공했습니다. 방을 어둡게 하고, 실험을 수행한 학생은 간단한 설명을 덧붙여 모두가 궁금해할 만한 흥미를 자아냈습니다.

마지막으로 아홉 명의 많은 학생들이 일어나 영어로 "메리 크리스마스와 행복한 새해를 기원합니다. 안녕히 주무세요"라고 말했으며, 그것을 한국어로도 번역했습니다. 건물은 가득 찼고, 사람들은 즐거운 시간을 보낸 것 같았습니다. 많은 이들이 매우 좋았다고 말했습니다.

토요일 아침, 성탄절에는 주일학교를 위한 행사가 있었습니다. 맥머피(McMurphy) 여선생님의 지도와 외국인들 그리고 많은 한국인의 도움으로 교회는 소나무 가지, 단상 위의 면화로 만든 눈 덮인 둑 그리고 색종이로 만든 등불로 아름답게 장식되었습니다. 강단 아래 칠판에는 파커 선생님이 색색의 분필로 동방박사의 그림을 그렸는데, 이는 한국인들의 눈길을 사로잡았습니다.

앞에서 언급한 바와 같이, 우리는 아이들에게 아무것도 주지 않았지만, 가난한 사람들을 위해 헌물들을 가져오도록 했습니다. 상당한 양의 쌀이 기부되었고, 이를 집사들이 가난한 자들에게 나누어주었습니다. 좋은 프로그램이 진행되었으며, 남학생들과 주일학교 학생들이 함께 노래를 불렀습니다. 한 학교를 제외하고 대부분의 학교들이 잘 대표되었으며, 일부 어린 소년들이 예배를 시작하기 위해서 누가복음서에 나오는 예수님의 탄생에 대한 구절을 낭독하였습니다. 그리고 모두 함께 '기쁘다

구주 오셨네'를 부른 후, 목사님이 기도를 인도하였습니다. 아이들은 예배 중 잘 행동했으며, 큰 교회 안에서도 청중에게 자신의 목소리를 잘 들릴 수 있게 하는 것이 쉽지 않은 일이었지만, 대체로 낭송하는 아이들은 잘 해내었습니다. 한 7세쯤 된 작은 소년은 마태복음 16장 26절에 대한 설명을 다른 아이와 함께 낭송하며, 눈을 감고 사력을 다하는 모습이 무척 인상적이었습니다. 작은 여자아이들도 많은 사람들 앞에서 무대에 서는 것이 매우 당황스럽기도 했을 텐데도 잘 해냈습니다.

토요일 밤에는 모든 지역 기독교인이 밝은색의 등불을 만들어 교회로 가지고 나왔습니다. 젊은이들은 출애굽에 관한 야외극을 공연하였습니다. 저는 이 예배에 참석하지 못했지만, 매컬리(McCallie) 선생님은 이 야외극이 훌륭했다고 말씀하였으며, 여러 청년들 특히 모세 역을 맡은 한 젊은이는 아주 훌륭한 연기를 했다고 하였습니다.

안식일인 주일에는 정규 예배가 있었습니다. '확장 주일학교'의 한 작은 여자아이가 매컬리 선생님 앞에서 어린이 요리 문답을 암송하여 신약 성경을 받았습니다. 아마도 두세 명의 다른 아이들도 다음 주에 구약성경을 받기 위해 요리 문답을 암송할 준비가 되어 있습니다. 월요일 밤에는 여학교 학생들이 특별 행사를 열어 모든 여성을 초대하였습니다. 거기서 여학생들은 독특한 연기와 많은 재미있는 장면들을 선보였습니다.

한국의 성탄절 축하 행사 소식은 이 정도에서 마칩니다. 외국인들은 모두 리딩햄(Leadingham) 댁에서 함께 성탄절 아침 식사를 하였고, 이후 거실에 모여 그들이 사두었던 나뭇가지와 호랑가시나무를 가지고 리딩햄 의사가 제작한 성탄 트리에 걸린 선물들을 나누었습니다. 오후 2시에는 다시 뉴랜드(Newland) 댁에 모였고 거기서 즐거운 성탄절 만찬을 가졌습니다. 우리는 성탄절 후 5일 동안 매일 두 시간씩 성경 공부를 하기로 결정했으며, 이는 당시 한국 여러 지역에 걸쳐서 선교사들이 하고 있던 일이기도 합니다. 우리는 두 개의 좋은 학급을 가졌으며, 하나는 매컬리 선생님과 함께한 통합 성경 공부였고, 다른 하나는 뉴랜드 선생님과 함께한 에베소서 연구였습니다. 우리는 함께한 이런 성경 공부를 통해 많은 도움을 받았다고 느낍니다.

일본의 새해 연휴가 끝나지 않았기 때문에 학교는 아직 개학하지 않았습니다. 봄 방학을 짧게 하기로 양해를 구하고 저는 이번에 학생들에게 조금 더 긴 휴가를 주었습니다. 목사님들은 시골로 돌아갔고, 일은 다시 시작되었습니다. 저는 교장 선생님과 함께 내년을 위한 학교 규정을 더 잘 만들기 위해 작업을 하는 중입니다. 또한, 언어 공부도 좀 해보려 합니다. 일본어에 대한 체계적인 공부를 시작하려고 합니다. 학교의 모든 이들이 일본어를 알아야 하고, 우리가 사용하는 많은 교과서가 일본어로 되어 있어서 여러모로 큰 도움이 될 것입니다.

여러분의 사역 가운데 하나님의 은총이 함께하시길 바랍니다. 저희를 기억해 주시고 여러분의 기도 가운데 여기 한국에서 사역이 아뢰어지기를 바랍니다.

모든 좋은 소망과 함께 영원히

주님 안에서 여러분의 동역자

윌리엄 파커 드림

Letter 2

1916년 2월 5일 (한국, 목포)

주님의 일을 함께하는 동역자 여러분께,

달력을 보니 또 한 달이 지나갔습니다. 동양에서 시간이 아무것도 바라지 않고 더디게 흐른다 해도, 어쨌든 시간이 빠르게 흘러간다는 것을 느낍니다. 흔히 동양에서는 서둘러 일을 처리할 수 없다는 격언적인 말이 사실이며, 동양에 온 모든 사람은 느리든 빠르든 결국 이를 알아야 합니다. 그렇다고 동양에서 사는 서양인이 서두를 필요가 없다는 말이 항상 맞는 것은 아닙니다. 그 이유는 아마도 급하게 처리해야 할 때─현지인에게 맡긴 일들이 진행되지 않을 때, 오히려 자신이 서둘러야 할 때─가 많기 때문입니다.

여기서는 시간이 너무나도 값싸서, 짐꾼에게 오후 5시까지 기차로 짐을 옮겨달라고 부탁하면, 그는 정오에 와서 조용히 기다리거나, 혹은 기차가 자신이 오지도 않았는데 자기 없이 떠날 리 없다는 생각으로 급히 서두르지 않고 5시가 넘어서 올 수도 있습니다. 더욱 황당한 경우는 그가 그사이에 다른 일을 맡았을 수도 있습니다. 그래서 가끔은 우리가 서둘러야 할 때도 있고, 그때 우리 서양인들은 그런 일에 양심의 거리낌 없이 서두릅니다. 이는 학교 일뿐만 아니라 우리가 맡은 모든 일에 해당하며, 모든 서신의 서문으로도 적합할 것입니다.

지난달에는 제가 특별히 분주한 것은 아니지만, 늘 그랬듯이 시간이

가는 줄 모를 정도로 바쁘게 지냈습니다. 다음 주 수요일에 시작하는 남성 사경회에서 가르치기 위해 스웨어러(Swearer, 북감리교) 선교사의 책을 강의 기초로 삼아 산상수훈의 교안을 만드는 데 저의 여유 시간을 어느 정도 보내려고 합니다.

일본어 공부는 아직 시작하지 못했지만, 그 수업이 끝나고 시작할 수 있으면 좋겠습니다. 리딩햄 선교사의 일본어 학습에 아주 큰 진보가 있어 부러울 정도입니다. 일본어는 국가 공용어이기 때문에, 물론 학교에서 점점 더 많이 사용하게 될 것이고, 학교 교육에서는 꼭 필요한 부분입니다. 저는 한국어를 아는 것도 아니고, 한국어 공부를 포기할 생각도 없습니다. 우리들 가운데 어떤 사람들에게는 언어 공부가 다른 어떤 것보다도 어렵게 느껴지는데, 저도 그런 사람 중 하나입니다. 우리가 한국어를 습득할 수 있도록, 그리고 우리와 그들이 서로 이해할 수 있도록 여러분의 기도가 필요합니다. 일본어를 공부하는 사람들 또한 여러분의 기도가 필요합니다.

언어를 배우는 일에 두려워하고 낙담에 빠져있을 필요는 없습니다. 왜냐하면 이 세상에서 쉽게 얻을 수 있는 가치 있는 일은 거의 없기 때문입니다. 어떤 사람에게는 언어가 아니더라도 그것이 가치가 있는 일이라면 분명히 그만큼 어려운 어떤 일임이 분명합니다.

이곳에서 하나님의 일을 하며 받은 축복이 그 모든 어려움을 보상해 주기 때문에, 저는 무엇이 정말로 '어렵다' 하는 그런 인상을 주고 싶지 않습니다. 이 일은 많은 사람들이 원했지만 얻지 못한 특권입니다. 우리가 여기에 있을 수 있게 허락해 주신 하나님 아버지께 감사드립니다.

저는 목사가 아닙니다. 한국에서는 '교수'라는 칭호 외에는 없고,

영어로는 단지 'Mr.'라고 불릴 뿐입니다(한국에서는 'Mr.'라는 호칭이 낮게 여겨지며, 이 칭호 외에 다른 높은 칭호를 자랑할 수 없는 사람은 하인으로 여겨져 아주 하찮은 일을 해야 합니다). 저는 제 편지가 '설교조'로 들리지 않기를 바랍니다.

생각나는 대로 쓰다 보니 말하고자 하는 내용에서 벗어났네요. 이제 제가 무엇을 했는지로 돌아가면, 제가 매일 반복해서 썼던 것과 같은 내용입니다. 우리 YMCA는 잘 운영되고 있으며, 어느 때든지 새로운 회원들을 받고 있습니다. 지난 편지에서 언급한 것처럼 크리스마스에 몇몇 소년들이 세례를 받았고, 그래서 이제 정회원이 더 많아졌습니다. 요즘 우리는 30분 이상 더 긴 기도 모임을 가지고 있습니다. 지난주에는 열정과 기술 중 무엇이 더 중요한지에 관한 토론 모임을 가졌습니다.

저는 '1월 월간 보고서'를 방금 마무리하였습니다. 학생들이 보여준 발전은 고무적입니다. 일부는 여전히 아프고, 일부는 어려운 형편으로 학교를 그만두어야 했습니다. 어제는 한국 설날이었고, 우리는 반나절 휴가를 주었습니다. 설날 기간에 모든 사람이 15일 동안 휴가를 보내는 것은 한국의 오랜 관습입니다. 설날 동안 대부분의 부모가 아이들에게 하루 종일 쉬게 했고, 일부는 오늘 돌아오지 않았지만, 저희는 이 소수 학생만 결석했다는 사실에 기쁩니다. 왜냐하면 이것은 학생들의 학업 열망이 높다는 것을 보여주고 있기 때문입니다. 설날은 한국에서 가장 큰 명절이기 때문에 아이들이 학교에 전적으로 출석하는 일이 가능하지 않다고 사람들이 종종 말합니다. 관습은 어느 나라 백성이나 중요한 요소로 생각합니다. 자신들의 조상이 그렇게 행동해 왔던 사실이 동양인들의 마음에 큰 자리를 차지하고 있음에도, 우리가 더 나은 변화를 발견할 수 있었다는 것은 우리 모두를 더욱 기쁘게 합니다.

기숙사 학생들과 많은 시내 학생이 어제 아침 일찍 제 집으로 찾아와 한국 설날의 풍습대로 새해 인사를 했습니다. 그들은 무리를 지어 들어와, 문 앞에서 성심껏 큰절을 한 후 "가겠습니다"라고 말하고 떠났습니다. 설날에는 아이들이 부모와 선생님께 이런 방식으로 새해 인사를 드리는 것이 관례입니다.

파커 부인은 이번 주에 전주에서 열린 기쁨의 전도대회를 마치고 방금 돌아왔습니다. 여러 좋은 토론이 있었고, 이곳에서 참석한 모든 사람이 많은 도움을 받았다고 말했습니다. 평양에서 온 스왈렌(Swallen, 북장로교) 선교사도 회의에 참석하여 여러 유익한 이야기를 나누었습니다.

현재 선교회의 자녀들 사이에 많은 질병이 퍼져 있습니다. 뉴랜드는 어린 딸의 병환으로 회의에 왔다가 집으로 돌아갔고, 다른 몇몇 사람들도 비슷한 이유로 집으로 돌아갔습니다. 순천의 코이트 부인(Mrs. Coit)도 꽤 아팠습니다. 다행히 들리는 소식으로는 모두 상태가 나아졌다고 합니다.

올해에는 주일마다 저는 소요리 문답과 어린이 요리 문답을 암송한 아이들에게 성경과 신약 성서를 선물하는 기쁨을 누렸습니다. 여학생들은 물론 ─여학교에 다니는 학생들과 불신자 아이들을 위한─ 주일학교에 다니는 아이들 모두가 큰 열정을 보이고 있으며, 어린 남자아이들도 그 뒤를 따르고 있습니다. 그들이 받는 신약 성서는 꽤 멋진 책으로, 한국어로 번역되어 있으며, 작은 성경만 한 크기입니다. 구약 성서나 성경도 검은 천으로 제본되어 같은 글자로 쓰여 있으며, 아이들은 이 선물을 매우 소중하게 생각합니다.

저는 올해의 주일학교 교재에 대한 수요가 꽤 있다는 것을 알게 되었습니다. 그것은 마태복음을 다루는 연간 교재로, 게일(Gale, 북장로교) 선교사가 쓴 한국어로 된 훌륭한 책입니다. 목사님들과 마틴 선교사(Miss Martin)는 시골에서 몇 권을 팔았으며, 지역 교회 사람들도 제한 없이 계속 구매하고 있습니다. 우리는 누구에게도 무료로 제공하지 않았고, 모두가 책값을 지불하도록 했습니다. 사람들이 공부하기 위해 책을 사려는 열망을 보이는 것은 정말 좋습니다.

겨울이 오고 있는지 모르겠습니다. 잘 모르겠지만, 아직까지는 오지 않았습니다. 대부분 날씨가 좋았습니다. 오랫동안 맑은 날씨 후에 지금 비가 내리고 있습니다. 그러나 우리는 언제나 비와 악천후를 피할 수 있으리라 기대할 수 없습니다. 비와 악천후가 어쩌면 큰일을 내기 위해 저축되고 있을지도 모릅니다. 대체로 한국의 기후는 다른 어떤 나라보다도 좋습니다. 물론 어디에서든지 견디기 힘든 여름의 더위는 있지만, 그럼에도 산에 며칠이라도 갈 수 있다면 참을 수 있습니다.

하나님께서 여러분의 사역을 축복하시기를 바랍니다. 우리를 기억해 주세요. 여러분의 기도에서 우리를 잊지 마시기를 바랍니다. 우리는 항상 여러분의 기도를 필요로 하고, 그것에 감사드립니다.

그리스도의 사역 안에서

여러분의 동역자

윌리엄 파커(Wm P. Parker)

1916년 3월 20일 (한국, 목포)

친애하는 동역자 여러분,

이번에는 제가 편지를 쓴 지 한 달이 조금 넘었지만, 마치 하루가 가까스로 지난 것처럼 느껴집니다. 그럼에도 이런저런 일들이 꽤 많이 일어났습니다. 제가 지난번 썼던 편지에서 남성 사경회가 곧 시작된다고 했던 것 같습니다. 비록 폭풍우로 인해 하루 늦게 시작하게 되었지만, 우리는 좋은 사경회를 가졌습니다. 등록 인원은 약 200명이었습니다. 시골 지역에서 온 한국인 목사님 한 분과 광주에서 오신 유진 벨(Eugene Bell) 선교사의 큰 도움이 있었습니다. 벨 선교사는 거듭난 존재에 관하여 시리즈로 야간 집회를 인도하였는데, 이는 큰 영적 유익을 주었습니다. 또한, 한 수요일 밤 기도회를 인도하시며, 남성들에게 그들의 아내를 기억하라고 권면하시고, 한 달 뒤에 시작될 여성 사경회에 여성을 보내줄 것을 특별히 요청했습니다. 이 요청에 대한 응답으로 우리는 지금까지 이곳에서 열린 여성 사경회 중 가장 많은 등록자인 215명을 기록하게 되었습니다. 이 사경회는 지난 토요일에 종료되었습니다. 전주에서 오신 테이트 부인(Mrs. Tate, 잉골드)과 오스틴 선교사(Miss Austin)는 지역 여성들을 가르치는 데 소중한 도움을 주었습니다. 남성 사경회의 특징 중 하나는 이른 아침 기도회였는데도 많은 사람들이 참석하고, 이 시간을 즐겼습니다. 어떤 사람은 한국인들에게 할 일을 많이 줄수록 그들이 더 즐긴다고 말했는데, 우리 경우에도 이것이 사실인 것처럼 보였습니다.

이 두 사경회는 집안일을 하는 사람들에게도 추가적인 일을 만들어 주었고, 우리 모두는 매우 바빴습니다. 파커 부인 이전에 성경을 가르쳤던 전도부인은 여성 사경회를 가르치는 데 도움을 주었고, 몇 가지 귀중한 말씀을 전했습니다. 이분은 평균 이상의 훌륭한 조력자였으며, 파커 부인은 이분이 그리울 것입니다. 이분은 하와이에 계신 한국인 목사님과 결혼할 예정이고, 한 달 정도 후에 한국을 떠날 예정입니다. 이분은 두 자녀를 둔 과부이며, 한 명은 결혼했고, 어린 소녀 하나는 이분과 함께 갈 것입니다.

남성 사경회가 끝난 후, 목사님들은 각자의 사역지로 돌아갔지만, 대략 일주일 후 매컬리 선교사는 그의 어린 딸이 장티푸스로 다시 호출되었습니다. 그의 아이는 이제 회복되어 밖에 나갈 수 있게 되었습니다. 벨 부인의 작은아들도 그녀가 뉴랜드 부인을 방문하는 동안 아팠습니다. 심한 감기가 돌고 있었고, 몇몇 외국인들도 그것에 걸렸습니다. 이제는 모두 나아지고 있으며, 아팠던 하인들도 다시 일하고 있습니다. 갑작스러운 날씨 변화가 병의 원인이었습니다.

3월에 우리가 겪은 겨울이 아마도 다른 모든 겨울을 합친 것보다 더 많은 것 같습니다. 물론 12월에 며칠 동안은 더 추웠던 것은 사실입니다. 여기 3월의 바람은 정말 쉬지 않고 불었습니다. 물론 목포는 전통적으로 바람이 많이 부는 곳이기도 하지만, 이전에는 바람을 그렇게 많이 느끼지 못했습니다. 하지만 오늘은 봄 같아서 감자를 심고 있습니다. 니스벳 선교사(Mr. Nisbet)는 제 정원 가꾸기에 함께하길 희망한다고 편지를 보냈지만, 저는 그다지 정원 가꾸기에 능숙하지 않아 동생의 명성을 이어받지 못할 것 같습니다. 그러나 니스벳 가족은 분명히 좋은 정원 자리를 가지고 있기에 우리는 그가 이번 여름에 소득이 있기를 기대합니다. 우리는 분명히 이곳 한국에 있는 우리들의 정원에서 큰 축복을 받았습니다. 중국에서 거의 또는 전혀 볼 수 없었던 것과는 대조적입니다.

임시 위원회가 지난주 광주에서 열렸고, 리딩햄과 뉴랜드가 참석했습니다. 주된 결정은 작년보다 10% 삭감된 선교 본부의 결정을 어떻게 따를 것인가에 관한 것이었고, 목포는 다른 지역들보다 덜 힘들었습니다. 또한, 연례 회의 날짜가 12월~1월에서 6월 22일로 변경되었습니다. 이는 선교 본부에 맞지 않는 날짜였기 때문입니다. 이번 변경으로 가장 더운 날씨 이전에 회의가 열리게 되어 여러 면에서 8월보다 훨씬 나을 것입니다.

어린 소녀들과 소년들이 어린이 요리 문답서를 암송하러 줄지어 오고 있는데, 이들을 보고 듣는 것이 기쁨입니다. 여섯, 일곱 살의 작은 아이 중 몇몇은 너무 귀엽습니다. 한 작은 소녀는 어린이 요리 문답서를 암송하고 성경을 받았고, 몇 주 후에 다시 와서 소요리 문답서를 암송했습니다. 후자는 영어로도 어렵고 한국어로는 더 어려워서 그녀는 아직 완벽히 암송하지 못했지만 포기하지는 않았습니다. 아마도 4월 2일에 있을 다음 시상식 전에 완벽히 암송할 것입니다.

학교에서는 지난 토요일에 시험이 시작되었고, 다음 토요일에 졸업식을 가질 예정이며, 3월 31일에 새 학기를 시작할 예정입니다. 우리는 광주에 계신 한국 목사님을 초대해 졸업식 연설을 해 주시기를 바라고 있습니다. 올해 우리 학교에서는 졸업장이 한 개만 수여될 예정입니다. 몇몇 학생들은 일시적으로 정학을 당했는데, 우리는 학업 기준을 높이려 노력하고 있기 때문입니다. 물론 몇몇 진급 증서는 수여되겠지만, 앞서 말한 이유로 인해 그 수는 적을 것입니다.

저는 한 명의 교사를 해고해야 했고, 새로운 교사를 찾고 있습니다. 교사를 추가로 채용하려고 합니다. 앞으로 다섯 명의 현지인 교사를 두게 될 것입니다. 지금 더 많은 교실이 있었으면 좋겠지만, 오래된 교회 건물을 반으로 나누어 사용함으로써 해결하려고 합니다. 우리는 이미 한 반을 위해 옛 교회 건물을 사용하고 있습니다.

얼마 전에 학교 YMCA에서 시작한 주일학교들은 잘 운영되고 있습니다. 어제는 교회의 한 집사가 시골의 주일학교에 다녀왔고, 저의 학교 교사 중 한 명이 매일 이곳의 주일학교에 갑니다. 래스롭 선교사(Miss Lathrope)도 이곳 주일학교에 참석합니다. 그녀는 교사가 질서를 잘 유지하고 있으며, 어린 학생들이 잘 배우고 있다고 말합니다. 물론 학교 학생들이 나가서 어린 학생들을 데려오고 가르치는 것을 돕고 있습니다.

제가 이전에 언급했듯이, 모든 학교는 마태복음을 공부하고 있으며, 학생들은 매주 안식일마다 한국어로 된 설명과 함께 그림 카드를 받습니다. 이 그림 카드는 미국에서 받은 카드 세트를 복사하며 재생산한 것이며, 서울에 있는 '예수교서회'에서 인쇄되었습니다.

이번 토요일에 우리 일반학교 과정을 졸업할 소년에 대해 조금 더 말씀드리고 싶습니다. 그의 아버지는 돌아가셨고, 그의 어머니는 믿지 않지만, 그의 할머니는 현재 교회에 어느 정도 정기적으로 다니고 계십니다. 그는 원래 이곳의 일본 공립학교에 다녔고, 약 3년 전에 그의 마을에서 불신자 아이들을 위한 주일학교가 시작되었을 때, 그는 정기적으로 참석하게 되었고, 즉시 큰 관심을 보였습니다. 그는 교사에게 노래를 가르쳐 달라고 요청하곤 했고, 마침내 그는 믿고 싶어 했으며 우리

학교에 오고 싶다고 말했습니다. 그래서 재작년에 그는 일본 학교에서 명예스러운 퇴학 조치를 받고 우리 학교에 들어왔습니다. 그때부터 지금까지 그는 학업과 신앙에 큰 열정을 보여주었고, 모든 교사의 존경과 모든 교회 사람의 칭찬을 받았습니다. 그의 가족은 가난하였고, 그들은 그가 크리스마스 이후에 학교를 그만두길 원했지만, 학교에 계속 다닐 수 있었습니다. 얼마 전 그는 우리 학교에 다니지 못하게 방해하던 학생 무리에게 심하게 맞았지만, 그 어떤 것도 그를 물러나게 하지 못했습니다. 그의 놀라운 믿음과 진지함은 우리 모두에게 영감을 주었습니다. 현재 그가 소년들 사이에서 그렇듯 나이가 들어서도 기독교 사역에서 지도자가 되어야 합니다.

저는 여러분께서 이 소년이 지금처럼 항상 진실하고 충실하게 지켜질 수 있도록 특별히 기도해 주시길 바랍니다. 그는 전혀 때 묻지 않고, 제가 아는 아이들 가운데 가장 사랑스러운 한 아이입니다. 그의 어머니와 할머니도 이 어린 소년이 친구들을 인도하고 있는 구세주께로 나올 수 있도록 기도해 주십시오. 그리고 우리가 이곳에서 더 큰 헌신을 할 수 있도록 기도를 부탁합니다. "세상 끝 날까지 항상 함께하겠다"라고 약속하신 그분의 힘으로 이곳에서 만나는 문제들을 더 잘 해결할 수 있도록 기도해 주시길 바랍니다. 여러분의 사역 가운데 여러분 모두에게 하나님께서 풍성한 축복을 내려주시기를 기원합니다.

언제나 그렇듯
여러분의 동역자
윌리엄 파커

Letter 4

1916년 5월 9일 (한국, 목포)

지난 일요일, 날씨가 매우 추워졌습니다. 아주 강한 바람이 불지 않았더라면 서리가 내렸을 것입니다. 그럼에도 불구하고 일부 일찍 심은 채소들이 피해를 입었지만, 이제는 날씨가 따뜻해져 큰 손해는 없었습니다. 제가 이곳에 온 이후로 봄에는 항상 꾸준히 기온이 올라가는 것을 경험했는데, 이번에는 예외적으로 추위가 찾아왔습니다. 한파 오기 며칠 전까지의 좋은 기후에 대해 자랑스럽게 말했던 중이었습니다. 그렇지만 이런 추위에도 불구하고 이곳의 기후는 여전히 좋다고 생각합니다.

제가 일본어 공부를 시작했다고 말씀드리게 되어 기쁩니다. 시간이 지나면 조금씩 배워나갈 수 있기를 기대하며, 이번 여름에도 계속해서 공부할 계획입니다. 저는 현재 일주일에 세 번 리딩햄의 선생님과 함께 공부하고 있으며, 혼자서도 가능한 만큼 공부하고 있습니다. 이 선생님은 일본인으로 일본 아이들을 위한 지역 학교에서 교사로 재직하고 있습니다. 그는 언어 학습에 있어서 1인자입니다. 그는 자신의 일을 열정적으로 수행합니다. 만일 그의 학생이 어느 정도 일본어를 할 수 없다면 그것은 학생의 잘못일 것입니다.

일본어는 한국어보다 시작이 더 어렵습니다. 영어보다 더 간단한 알파벳을 가지고 있는 한국말 읽기 역시 어렵습니다. 그러나 일본어의 음절표는 더 어렵고, 단어 배치에 따라서 음이 달라지는 경우가 많습니다.

한국어에서는 각 글자가 하나의 소리를 내는 반면, 일본어에서는 각 소리가 별개의 문자를 가지고 있으며, 이러한 문자는 각각 네다섯 가지의 독특하고 다른 방식으로 표기될 수 있습니다. 일본어에서 유일한 마지막 자음은 n으로 이는 거의 ng처럼 발음되지만, su는 종종 단순히 s로 발음됩니다. l과 v는 존재하지 않으며, wa를 제외한 w도 없습니다. 다른 자음 소리들은 a, i, ou, e, o와 결합하지만 각 문자는 별개로 취급되며, ka는 k와 a가 결합한 것이 아니라 ka라는 문자 자체로 간주됩니다. 그러나 n은 별도의 문자가 추가되어 kan은 ka와 n으로 구성됩니다.

물론 일본어와 한국어 사이에는 유사성이 많습니다. 두 언어 모두 한자를 자유롭게 사용하며, 각 한자는 발음에서 유래한 이름을 가지고 있습니다. 이 발음은 일본인이 따를 수 있는 한 최대한 가깝게 발음하는데, 종종 한국어 독음과 매우 비슷합니다. 그러나 일본어와 한국어의 순수 발음은 전혀 다릅니다. 예를 들어, '五'라는 한자의 한국식 발음은 '오'이고 일본식 발음은 '고'이지만, 순수한 일본어는 '이츠츠'(いつつ)이고, 한국어는 '다섯'입니다. 물론 일상에서 자주 사용되는 많은 한자 이름들이 일본어와 한국어에 존재합니다. 그중 일부는 한국어를 알면 일본어에서도 쉽게 알 수 있는 것들이 있습니다. 그것이 일본어를 아는 것을 의미하는 것은 물론 아닙니다. 일본어가 약간 더 쉬워 보이는 한 가지 이유는 영어 문자로 쉽게 쓰일 수 있다는 점입니다. 일본인들도 글을 쓸 때 영어 문자를 자주 사용하고 책에서도 사용되지만, 이것은 단지 겉모습에 불과할 뿐이며, 특히 발음이 영문 철자나 조합에서 기대하는 것과는 다르기 때문에 오히려 혼란을 줄 수 있습니다. 일본어를 조금이라도 제대로 알기 위해서는 결국 문자를 배워야 합니다. 그러니 처음부터 문자를 배우는 것이 더 낫습니다.

일본어에 대해 이렇게 길게 쓴 이유는 제가 이제 막 이 언어를 배우기 시작했고, 개인적으로 큰 흥미를 느끼고 있기 때문입니다. 아마도 여러분께는 그다지 흥미롭지 않을 수 있겠지만, 이해해 주시기 바랍니다. 제 선생님은 아직 기독교인이 아닙니다. 그가 예수 그리스도를 구주로 받아들일 수 있도록 기도해 주시기를 부탁드립니다. 한국에서 일본인들에게 복음을 전하는 선교사들은 매우 부족하며, 남장로교단에는 아예 없습니다. 이곳에서 일본인들을 위한 전도자가 필요하다는 우리의 요청이 응답을 받을 수 있도록 기도해 주세요. 이곳 목포에는 일본인을 위한 현지 장로교회가 있지만, 실제 교회 건물은 없습니다. 이 교회의 회원 중 한 명인 토모 씨(Mr. Tomo)는 우리의 사역을 돕고 있지만, 최근 1년간 그의 신앙은 약해진 것 같습니다. 그를 위해 그리고 교회를 위해 기도해 주시기 바랍니다.

약 2주 전, 파커 여사와 저는 일본 학교에서 열린 운동회에 다녀왔습니다. 오전 11시에 도착해서 정오까지밖에 볼 수 없었지만, 우리가 보았던 것은 매우 훌륭했습니다. 모든 경기가 신속하고 순조롭게 진행되었습니다. 이 학교에는 900명 이상의 남학생과 여학생이 있으며, 모두가 어떤 방식으로든 참여했습니다. 가장 인상 깊었던 것들 중 하나는 가장 어린 학생들을 제외한 모든 남학생이 참여한 체조 훈련이었습니다. 이 훈련에는 약 500명의 학생이 참여했으며, 모든 지시에 맞추어 정확하게 이행되었습니다. 여러 가지 경주가 있었는데, 장애물 경주에서는 참가자들이 다양한 동작을 수행해야 했습니다. 먼저 막대 뛰어넘기, 그다음 좁은 문들을 기어서 통과하기 그리고 그물 뛰어넘기, 가방 통과하기, 마지막으로 무거운 모래주머니를 들고 결승선까지 가야 하는 경기였습니다. 또 다른 경기에서는 눈을 가린 여자아이들이 달리면서 여러 물건을 주워 오도록 했습니다. 각 경주에서 세 가지 상품이 주어졌습니다. 마지막 경주는 학교에서 아직 수업을 시작하지 않은 가장 어린아이들을 위해 준비된 것이었고, 아직 걸음마를 시작하지 않은 아이들도 참가했습니다. 한 어린아이는 걸음마를 겨우 시작했는데, 다른 아이들과 경주를 시작하자마자 신발을 잃어버렸습니다. 이를 돕기 위해 키가 크고 잘생긴 선생님이 그 아이의 손을 잡고 결승선까지 데려가 주었고, 모든 참가자는 교장 선생님으로부터 상을 받았습니다.

우리가 받은 일정표에 따르면 오전에는 33개의 경기가 있었고, 오후에도 34개의 경기가 예정되어 있어, 그들이 상당히 분주히 진행했어야만 했던 것을 알 수 있습니다. 오후 마지막 경기는 줄다리기 대회가 있었는데, 제가 직접 그 모습을 보지 못한 것이 아쉽습니다. 많은 일본인과 한국인들이 언덕을 따라 가득 모여 경기들을 관람했습니다. 운동장에도 많은 사람들이 있었습니다. 저희는 특별히 초대되어 지정된 특별 관람석을 배정받았습니다. 참 영광스러운 일이었습니다. 아시다시피 목포에는 5,000명 이상의 일본인이 거주하고 있어서 예상했던 것처럼 많은 인파가 모였습니다. 우리 하인 중 일부도 오후에 경기를 보러 갔으며, 매우 즐거운 시간을 보냈습니다.

마지막으로, 저는 목포의 한 마을에 있는 제 주일학교에 대해 말씀드리고자 합니다. 목포의 각 작은 마을마다 불신자들을 위한 주일학교가 있으며, 지역 주민과 외국인들이 돕고 있습니다. 제가 주일학교라고 부르는 이 학교는 사실 제가 다니고 있을 뿐입니다. 이 주일학교는 최근 학교 YMCA에 의해 재개되었습니다. 한동안 이곳에서 수업할 장소를 어느 누구도 기꺼이 제공할 사람이 없었습니다. 우리는 학생들의 모임 장소로써 집을 임대하거나 구매하지 않는 정책을 따르고 있기 때문에 장소를 제공받기만 기다렸습니다. 하지만 이 학교가 시작된 그 집 노신사께서 한동안 병을 앓다가 이제는 건강이 좋아져 아이들의 소음을 견딜 수 있다며 아이들이 다시 그의 집에서 모이기를 원했습니다. 현재 평균적으로 70명의 어린이가 참석하고 있습니다. 30명은 남학생, 40명은 여학생입니다. 남학생들과 여학생들은 각각 따로 모이고 나누어서 예배를 드립니다. 그렇지만 그들은 동일한 내용으로 교육을 받고 있습니다. 아이들의 교훈은 주로 성경 가르침에 기반을 두고 있습니다.

래스롭 선교사는 매우 유능한 조력자인 한 명의 젊은 여성을 가지고 있는데, 그녀는 우리가 학교로 사용하고 있는 집 주인의 장녀이고, 교회의 젊은 여성 중 한 명으로 지난 3월 평양에 있는 숭의여학교(Miss Snook's School)를 졸업하였고, 현재 이곳 목포 여학교에서 가르치고 있습니다. 이 선생님은 어린 소녀들을 훌륭하게 교육하고 있으며, 항상 그들의 흥미를 불러일으키며 돕고 있습니다.

파커 부인의 언어 교사는 학교의 몇몇 소년들을 가르치고 있습니다. 이 불신자를 위한 주일학교에서 제가 미셔너리서베이(Missionary Survey)에 썼던 가장 뛰어난 학생 중 한 명인 윤희동이 나왔습니다. 현재 그곳에는 복음 이야기로 감동을 받은 열정적인 어린 아이들이 있으며, 우리는 그들이 구주를 알 수 있도록 최선을 다해 노력하고 있습니다. 다시 한번 여러분의 기도를 부탁드립니다. 주일학교 아이들을 위해 기도해 주시고, 한국 전역에 이와 같은 사역이 계속될 수 있도록 기도해 주십시오.

고국에 계신 여러분께 진심으로 안부와 기도를 전합니다.

여러분의 동역자

윌리엄 파커

Letter 5

1916년 6월 28일 (한국, 군산)

사랑하는 동료들에게,

이번에 전할 매우 특별한 소식이 있습니다. 이달 26일에 저희 가정에 작은 딸, 진 랜돌프(Jean Randolph)가 태어나 저희에게 큰 기쁨을 안겨주었습니다. 하늘 아버지 하나님께서 모든 방면에 우리에게 베푸신 그 풍성한 축복에 대해 매우 감사를 드립니다. 패터슨 의사(Dr. Patterson)와 쉐핑 간호사(Miss Shepping)의 친절하고 세심한 도움 덕분에 산모와 아이 모두 건강하게 잘 지내고 있습니다. 우리는 우리를 향하신 하나님의 놀라운 선하심에 찬양을 올립니다. 이 모든 것은 하나님께서 의사와 간호사에게 지혜를 주셔서 가능하였습니다.

6월 22일부터 연례 회의가 시작되었고, 저희는 19일에 군산으로 올라왔습니다. 파커 부인과 함께 이곳에 온 후, 저는 처음 며칠 동안 전주로 건너가 회의에 참석했습니다. 지난 회의는 10월에 있었기 때문에 우리가 할 일이 그렇게 많지 않았고, 이 회의도 이제 곧 끝날 것 같습니다.

지난 두 달 동안 이상할 정도로 많은 비가 내렸고, 최근 2주 동안 두 차례의 큰 홍수와 끊임없는 비가 이어졌습니다. 전주에 사는 어떤 한국인은 35년 만에 가장 많은 비가 내렸다고 말했습니다. 그리고 몇몇 나이 든 선교사들도 전주의 강물이 이렇게 높이 불어난 것은 처음 본다고 했습니다. 다리들이 이곳저곳으로 무너졌고, 전주로 들어가는 큰길은 약 5마일 정도 무너져 거의 통행이 불가능할 정도로 심하게 훼손되었습니다. 지난 월요일에 제가 다시 나왔을 때는 상황이 훨씬 더 악화되어 제가 들어갈 때는 멀쩡했던 다리들 가운데 많은 수가 사라진 상태이었습니다. 물론 이 폭우로 인해 가난한 한국인들은 말할 수 없는 고통을 겪었습니다. 많은 집들이 파괴되었고, 많은 사람들이 생명을 잃었습니다. 막 심기 시작한 벼와 아직 수확되지 않은 보리도 큰 피해를 입었습니다. 상당수의 어린 벼들이 떠내려갔습니다. 아마도 나중에는 비가 부족해서 작물들이 이중으로 피해를 입을 가능성이 큽니다.

어제 하루 종일 비가 쏟아졌지만, 해질 무렵 비가 그칠 기미가 보였고, 오늘 여전히 구름이 잔뜩 끼었는데, 비가 거의 내리지 않고 있습니다. 이제 날씨가 청명하고 밝았으면 좋겠습니다.

목포로 가는 철도는 한 번 수리된 후에 다시 유실되었고, 전주로 가는 좁은 협곡 노선은 제가 지나갈 때 본 바로는 한동안 운행이 중단될 것으로 보입니다.

기도해 주십시오. 이분들이 이러한 고통을 통해 구주께로 돌아올 수 있으면 좋겠습니다. 그리고 주님 안에서 진정한 위로를 찾을 수 있었으면 좋겠습니다.

지난 주일에는 즉각적인 도움이 필요한 빈곤한 사람들을 위해 특별 헌금을 했으며, 집을 잃고 야외에서 생활하는 이들을 돕기 위해 가능한 모든 피난처나 더 많은 자금이 필요할 것입니다. 많은 이들이 비가 심하게 내릴 때 모든 것을 뒤로하고 산으로 피해야 했고, 많은 사람들이 제때 피하지 못해 목숨을 잃었습니다. 하나님께서 이들에게 자비를 베푸시고, 그들이 어려움 속에서 하나님께 돌아오기를 바랍니다.

더 이야기할 것은 많지 않습니다. 지난 편지 이후로 모든 스테이션 (station, 선교 기지)에서 봄철 일을 마무리하고 연례 회의를 준비하느라 분주했습니다. 올해 보고서는 매우 고무적이었으며, 나중에 선교 기지 보고서 사본을 보내드리겠습니다. 모두가 올해가 유난히 좋은 해였다고 느끼고 있으며, 기회가 그 어느 때보다도 크다고 생각합니다. 니스벳 부인(Mrs. Nisbet)은 여학생 기숙사 추가 건축을 위해 1,000달러를 얻었으며, 우리는 곧 이 건물을 착공하기를 희망하고 있습니다. 목포의 몇몇 사람들은 북동쪽 해안의 휴양지인 원산으로 가고, 일부는 북서쪽의 소래(Sorai) 해변으로 갑니다. 우리는 잠시 동안 군산에 머물다가 가능한 빨리 목포로 돌아갈 예정입니다. 아직 더운 날씨는 없었지만, 며칠은 매우 따뜻했습니다. 여름철 군산과 목포에는 대체로 기분 좋은 바람이 불어 더위 참기가 다른 주거지들보다 덜 힘듭니다. 소래 해변은 매우 인기가 많아졌고, 우리 선교단의 여러 사람이 그곳에서 휴가를 보낼 예정이며, 우리의 중국 선교사 중 일부도 그곳으로 갈 예정입니다.

저의 임지는 내년 4월 1일까지 목포이고, 이후에는 평양입니다. 제가 아는 한 아무도 다른 곳으로 이동하지 않았습니다. 9월에 목포로 폴 크레인(Paul Crane)이 추가 전도자로 올 예정입니다. 니스벳 부부는 8월에 돌아올 것으로 기대됩니다.

지난 목요일, 다니엘 의사(Dr. Daniel)와 그의 가족이 서울에서 내려왔지만, 많은 비로 인해 전주에 들어가지 못하고 이곳에 왔습니다. 다니엘 의사는 지난 월요일에 연례 회의에 참석할 수 있었지만, 다니엘 부인과 아이들은 여전히 여기 있으며, 당분간 서울로 돌아가지는 못할 것 같습니다. 우리가 듣기로는 오고 가는 곳곳의 길이 물에 잠겨 있습니다. 아마도 많은 사람이 집으로 돌아가는 데 어려움을 겪을 것입니다.

우리는 일본 선교부에서 오신 매캘파인 박사(Dr. McAlpine)를 연례 회의에서 만나 뵐 수 있어서 기뻤습니다. 그는 두 차례의 예배를 인도해 주었고, 일본에서의 사역과 우리가 그 사역과 어떻게 관련되어 있는지에 대해 좋은 말씀을 나눠주었습니다. 지난주 일요일, 그는 전주에 있는 일본교회에서 예배를 인도했고, 그전 주 일요일에는 군산에서 일본어와 영어로 설교하였으며, 통역을 통해 한국어로도 말씀을 전했습니다.

여름 동안 외국 목사가 방문하지 못할 때 이곳의 기독교인들을 기억해 주시고, 항상 기도할 때마다 이곳의 사역을 기억해 주시길 부탁드립니다.

진심 어린 축복과 함께

언제나 당신의 동역자

윌리엄 P. 파커

1916년 8월 5일 (한국, 목포)

친애하는 동료들께,

여름이 마치 번개처럼 지나가 버린 듯합니다. 적어도 지금까지는 그렇고, 우리는 여름이 어떻게 흘러갔는지, 무엇을 했는지 거의 실감하지 못하고 있습니다. 하지만 달력은 다시 8월임을 알려주고, 19일이 지나면 학교가 시작됩니다. 제 여름이 짧지 않게 느껴졌던 적이 언제였는지 기억이 나지 않을 정도로 오래되었고, 아마 다른 사람들도 비슷하게 느낄 것 같습니다. 부분적인 이유가 될 수가 있겠지만, 많은 비 때문에 7월 말까지는 날씨가 견디기 힘든 정도는 아니었습니다. 그러나 지난주부터는 매우 더웠습니다. 비가 거의 매일 밤 내리고 있음에도 우리는 땀에 젖어 사역을 하거나 공부하는 데 활력이 생기지 않습니다.

우리는 7월 18일, 군산에서 돌아왔습니다. 제가 일주일 일찍 내려갔다가 파커 부인과 어린 진을 데리고 다시 돌아왔습니다. 작은 딸은 다음주 월요일에 6주가 될 것이며, 몸무게는 현재 8.5파운드입니다. 이것이 당신에게 큰 감동을 줄지, 많은 관심을 끌지 확신할 수 없지만, 작은 딸과 파커 부인은 괜찮습니다. 여름의 더위가 잠시 불편했지만, 어린 진은 우리 삶에 새로운 기쁨을 가져다주었습니다. 하나님께서 모든 면에서 우리에게 얼마나 풍성한 복을 내려주셨는지요!

이 몇 달 동안 우리는 이사를 하느라 시간을 보냈고, 사실 아직 이사가 끝나지 않았습니다. 군산에 있을 때 우리가 소유한 물건 중 일부를 여기로 가져오려고 포장했고, 나머지는 내년 4월 우리가 평양으로 갈 때 보내려고 준비를 했습니다. 이번 겨울 동안 여기서 사용할 물건을 제공받았기 때문에 그렇게 할 수 있었습니다. 우리가 이곳에 온 이래로 우리는 분명히 다른 사람들의 물건을 계속 사용해 왔습니다. 목포에 온 지 하루쯤 지나고 나서 니스벳 부부의 집에서 독신 여성들의 집으로 이사를 시작했습니다. 기본적인 물건을 옮긴 후 저는 광주로 올라가 파커 부인이 결혼 당시 남겨둔 물건들과 힐 선교사(Mr. Hill)에게서 구입한 물건들을 가져왔습니다. 지난주에 그 물건들을 운반했고, 이번 주에는 일부 물건을 풀어 정리하며 니스벳 부부의 집에서 더 많은 물건을 옮겨오고 있습니다. 날씨가 너무 더워져 이사를 조금 늦춰야 했기 때문에 아직 모든 물건을 옮기지 못했지만, 니스벳 부부가 휴가에서 돌아오기 전에 집을 정리할 수 있기를 원합니다. 그들은 1일에 샌프란시스코를 출발해 이달 20일경 이곳에 도착할 예정입니다. 목포에 올 예정인 크레인 부부도 이번 달에 출발합니다.

리딩햄 의사와 부인이 원산에서 짧은 휴가를 마치고 이번 주에 도착했습니다. 뉴랜드 가족들은 오늘 도착할 예정입니다. 맥머피는 아마도 이달 말경에 도착할 것이고, 마틴 선교사는 니스벳 가족들과 함께 일본에서 돌아올 예정입니다. 앨리스 매컬리(Alice McCallie)는 연례 회의 이후로 계속 백일해를 앓고 있으며, 어제 뉴랜드 씨로부터 그들의 자녀들 또한 이 병에 감염되었다는 소식을 들었습니다. 뉴랜드 가족들은 약 3주 동안 순천에 있었습니다.

매컬리 씨는 그동안 섬들을 순회하고 있었지만, 비가 많이 내려

대부분의 시간을 집에 머물러야 했습니다. 리딩햄의 한국인 의사는 그가 자리를 비운 동안 훌륭한 클리닉을 했으며, 병원은 여전히 매우 바쁜 상태입니다. 리딩햄은 자신을 기다리고 있던 일들로 인해 해야 할 일들이 쌓여있고, 지금은 다른 일을 할 시간이 거의 없습니다. 병원의 장비와 물자는 몽고메리 웨어에서 도착했고, 그는 이를 매우 기뻐하며 병원을 정비하고 정리하는 데 몰두하고 있습니다.

폭우로 인해 많은 재산 피해가 발생했고, 제가 돌아온 이후로 많은 복구 작업이 진행 중이며, 여전히 계속되고 있습니다. 모든 집에서 물이 새기 시작했고, 지붕과 천장을 전부 다시 점검해야 했습니다. 습기 때문에 첫 번째 도료가 마르지 않아 마무리 작업을 하기 위해서는 한없이 시간을 기다려야 합니다. 이번 여름은 확실히 책과 옷에 큰 피해를 입었습니다. 곳곳에 곰팡이가 피었습니다.

저는 학교 계획과 관련하여 교사들과 상담하고 협력하는 데 많은 시간을 보냈습니다. 교사들은 다음 주에 시골로 나가 몇몇 학생들을 직접 만나서 학교에 오도록 권유할 예정입니다. 지난 며칠 동안 학교 입학을 알리는 공지를 발송했습니다. 현재 세 명의 교사가 있지만, 네 번째 교사에 대해서는 아직 확신이 없습니다. 오늘이나 내일 중으로 그의 확답을 기대하고 있습니다.

모든 교사가 자신들의 학교와 교육에 대해 고무적인 보고를 전해왔습니다. 출석률은 좋았으며, 거의 모든 학교에서 그들에게 많은 즐거움을 주었던 몇 가지 특징들을 보고했습니다. 한 교사는 남학생들이 가르침을 받은 내용을 스스로 생각하며 지적인 질문을 하기 시작했다고 말했으며, 다른 한 교사는 소년들이 교리 문답을 배우는 데 큰 열의를 보였고,

더 큰 남학생 중 일부는 그 책의 절반 정도를 알고 있었다고 했습니다. 또 다른 교사는 출석률이 크게 증가해 이제 여학생이 남학생보다 많아졌는데, 이는 그의 학교에서는 드문 일이라고 보고했습니다. 이와 같은 보고는 여덟 개 학교 중 일곱 개 학교에서 나왔고, 나머지 한 학교는 회의에서 보고되지는 않았지만, 그 학교 역시 매우 잘 유지되고 있습니다. 이 여덟 개 학교 외에도 가까운 시골에 하나의 학교가 더 있는데, 이곳으로 부터는 아직 소식을 듣지 못했습니다.

우리는 데밍 선교사(Mr. Deming, 남감리교)가 준비한 마태복음의 초등 과정을 사용하고 있으며, 각 단계에 맞추어 한국어로 된 작은 주일학교 카드를 사용하고 있습니다. 보통 수업은 전체 학생을 대상으로 하거나 학급별로 먼저 진행되며, 교리 문답은 고급반에는 긴 교리 문답을, 어린 학생들에게는 아동용 교리 문답을 가르칩니다. 물론 수업은 항상 찬송과 기도로 시작하고 마치며, 찬송가도 교육의 일부로 사용됩니다. 아이들은 찬송가 가사를 매우 빠르게 익힙니다. 제가 정기적으로 참석하는 학교는 저에게 큰 영감을 주었으며, 제가 하는 작은 가르침도 정말 즐겁습니다. 점점 더 많은 학생들이 교회에 참석하는 것을 보게 되어 기쁩니다.

저는 매일 일본어 공부를 꾸준히 하고 있지만, 이 더운 날씨 때문에 배운 것이 거의 없다고 해도 과언이 아닙니다. 그럼에도 제가 전에 배웠던 모든 것을 잊지 않기 위해 애쓰고 있습니다. 다행히 제 선생님은 저만큼 더위를 타지 않으셔서, 여전히 예전의 열정과 제가 일본어를 습득할 수 있을 거라는 믿음을 잃지 않고 계신 듯합니다. 만약 선생님께서 가르치고자 하는 열정이 넘치지 않았다면, 저는 아마 가끔 낙담할 수도 있었을 겁니다. 그러나 그런 선생님과 함께라면 그런 문제에 빠질 여지는 전혀 없습니다. 그리고 저는 점점 선생님이 포기하지 않는 분이라는 것을 깨닫고 있습니다. 비록 선생님도 제가 상당히 끈질긴 입장을 가진 자라는 것을 알아차리기 시작한 것 같지만요.

만일 우리가 일본어를 듣고 말할 기회가 더 많다면 더 빨리 익힐 수 있을 것입니다. 물론 우리가 기회를 만들 수는 있습니다. 예를 들어, 탤미지 선교사(Mr. Talmage)는 학교의 학생들과 일본어로 대화하고 교사들과도 일본어를 사용합니다. 하지만 이는 혼자 스스로 일본어를 들어야 하는 환경과는 다릅니다. 일본어는 배우면 배울수록 더 어려워진다고들 합니다. 저도 경험상 일본어가 처음 배울 때 한국어보다 더 어렵다는 것을 알고 있기 때문에, 짧은 시간 내에 너무 많은 것을 기대하지 않으려 합니다. 게다가 우리는 정해진 시간에 한국어를 공부할 수 있지만, 일본어는 그 시간을 틈틈이 짜내어 공부해야 하기 때문에 다소간 어려운 면이 있습니다.

이른 아침의 비가 내린 후 태양은 다시 뜨겁게 내리쬐고 있습니다. 아래 계곡을 내려다보니 열기가 땅에서 피어오르는 것이 보입니다. 작은 두 칸짜리 오두막에서 그 뜨거운 햇볕을 피할 방법이 짚으로 덮인 지붕밖에 없는 불쌍한 한국인들을 생각하면 마음이 무척 아픕니다. 가끔 우산을 쓰고 지나가는 사람도 있지만, 거의 모두가 부채를 들고 있죠. 하지만 그 더위라니요! 미국인의 빠른 걸음을 보고 그들이 멈춰서서 쳐다보는 것도 당연합니다. 그들은 집을 나서기도 전에 이미 기력이 다 빠져버립니다. 더구나 그 더위에 더해지는 지저분함 때문에 이질이 창궐하는 것도 놀랍지 않습니다. 우리 하인들도 예외는 아니었습니다. 요리사는 지금 매우 아프고, 바깥일을 보던 사람은 이제야 회복되었습니다. 우리는 이곳과 다른 지역들에서 건강을 유지한 것이 정말 다행입니다. 이곳의 사역을 위해 기도해 주세요.

　　모두에게 안부를 전하며, 파커 부인과 진도 저와 함께 여러분께 가장 따뜻한 인사를 전합니다.

진실한 여러분의 동료 사역자

윌리엄 파커

| 2부 |

윌리엄 파커 서신 2집

Letter 1

Blank(날짜) 한국의 어딘가에서

　재미있는 일들이 거의 매일 일어나지만, 우리는 그것을 전혀 알아차리지 못합니다. 그 이유는 농담의 대상이 바로 우리들이기 때문이며, 그 농담이 때로는 상당히 심각한 사건으로 발전하여 나타나기도 합니다. 저는 제 선생님과 언제나 함께 공부하고 그분을 깨어 있게 하는 데 바쁘기 때문에 다른 사람의 일에 절대 관여하지 않기로 원칙을 세웠습니다. 하지만 미스 파이브-이어스(Miss Five Years)가 집을 비운 동안 그녀 집의 한련꽃(나스타르티움 꽃)들이 수확하지 못해 모두 시들어버리는 것이 안타까웠습니다. 그래서 어느 날 지나가다 그녀의 집에서 일하는 어린 소녀 중 한 명에게 제가 알고 있는바 최상의 한국어로 말했습니다. 모든 꽃을 따주라고요.

　어떤 이는 말했습니다. 한국인들은 행동해야 할 모든 이유를 설명하지 않으면 아무것도 하지 않는다고요. 그러나 그 말은 자신이 원하는 특정한 일을 시킬 경우에는 맞아떨어질 수 있지만, 모든 경우에 다 그럴 것이라고 자신만만해서는 안 됩니다.

　소녀에게 지시를 내리고 난 한두 시간 후, 선생님께서 낮잠을 주무시는 동안 저는 게일의 교과 과정을 살펴보고 있었는데, 미스 파이브-이어스 집에서 발생한 소음에 신경이 쓰였습니다. 소리로 미루어 보아 누군가가 한국어를 잘 활용하고 있는 것 같았고, 나는 실용적인 한국어를 배울 수 있는 좋은 기회라고 생각하여 재빨리 그곳으로 갔습니다.

그러나 내가 본 것은 더욱 끔찍했습니다. 모든 한련화가 뿌리째 뽑혀 있었던 것입니다! 미스 F-Y의 요리사가 크게 소리를 지른 장본인이었고, 어린 소녀는 꼼짝없이 당하고 있었습니다. 내가 그 현장으로 다가갔을 때 그 요리사는 나를 향해 돌아섰습니다. 글쎄요, 저는 그가 무슨 말을 하려는지 도무지 알아들을 수 없었습니다. 몹시 거슬리게, 요리사는 소녀에게 네가 세 살짜리(Three Years)냐고 혼내고 있었습니다. 그 요리사의 오지랖 넓은 간섭 덕분에 저는 그 소녀에게 꽃을 따라고 말한 것이 아니라, 뿌리째 뽑으라고 했다는 사실을 깨달았습니다. 그래도 이것은 그리 큰 실수는 아닙니다. 그리고 세 살짜리냐(T-Y)는 말이 그렇게 마음속에 담아 둘 냉소도 아니었습니다. 저는 이제 그 소녀에게 꽃들을 다시 심으라고 말했습니다. ―저의 나이에 일반적으로 알았던 것보다 더 많이 알고 있었던 그런 지식으로― 저는 개인적으로 이 꽃들을 잘 살폈고, 여름 내내 물을 주어 몇몇 식물들은 잘 살아남았습니다. 그 후, 어쨌든 미스 F-Y가 돌아왔을 때 그녀는 다른 꽃들을 심기 위해 그 자리를 모두 파헤쳤습니다.

저는 때때로 선생님을 제 대신 은행에 보내거나, 가끔 작은 물건들을 사 오도록 부탁합니다. 이번에는 선생님에게 10전짜리 동전으로 5엔을 가져오고, 1엔어치의 10전 우표를 사달라고 부탁했습니다. 이 모든 것을 선생님께서 직접 가르쳐주신 단어들을 사용하여 매우 명확하게 말했습니다. 또한, 큰 사진들이 들어있는 소포를 부쳐달라고 부탁하면서, 그날은 특히 공부를 더 많이 하고 싶었기 때문에 빨리 돌아오시라고 당부했습니다.

한 시간, 두 시간, 세 시간이 지나고 나서야 그가 도착했습니다. 너무 오래 걸려서 그를 꾸짖고 싶었지만, 아쉽게도 선생님께서 저에게

욕하는 방법을 가르쳐 주신 적은 없었습니다. 그에게 화를 내려던 찰나, 그는 주머니에서 거의 1야드(0.9144m)에 달하는 긴 우표 끈을 꺼내더니, 제 소포를 테이블 위에 내려놓았습니다. 저는 당황해서 숨이 막혔고, 그가 통역사를 부르려고 했지만, 저는 그를 붙잡고 혼자 설명하라고 했습니다. 만약 제가 그에게 우체국을 열 계획이라고 말하고, 이에 맞게 물품을 준비하라고 명령했더라면, 나이 드신 분들이 그 사실을 알게 되는 것이 싫었을 겁니다. 결국 그는 사전을 꺼내 들었고, 우리는 서로의 이야기를 시작했습니다. 그가 소포를 가리켜서 그것이 처음 그가 언급한 대상이라는 것을 알게 되었습니다. 그는 계속해서 "사천 아니오"(4전이 아니다)라고 말했지만, 저는 그가 '사천'이라고 말하며 제 진실성을 의심하는 줄 알았습니다. 마침내 그는 몸짓 언어와 사전을 이용해, 아침 내내 여러 우체국에 가서 제가 말한 소포를 4전으로 보내려고 시도했다는 것을 알게 해주었습니다. 그는 제가 '사천'(4전)이라고 말한 줄 알았고, 사실은 '팔천'(8전)이라고 말했어야 했던 것이죠. 그 부분은 그냥 넘어갔습니다. 사진들은 나중에 제가 직접 다 보내면 되는 일이라서요. 하지만 저는 그 거대한 우표 뭉치로 눈을 돌렸습니다. 그는 우표를 세어 주면서 문제는 해결됐다고 생각하는 듯했습니다. 거기에 있는 5엔(50만 원)어치의 우표들은 어떻게 해야 하나요! 그러나 저는 더 이상 시간을 낭비할 수 없다는 생각이 들었습니다. 그가 제가 말한 대로 했거나, 저의 말을 그렇게 생각했다는 것이 명백했기 때문입니다. 우표 가격이 오를까 봐 미리 많이 사두려 했다는 것 외에는 더 이상 할 말이 없었습니다.

고양이를 버터로 질식시켜 죽이는 것보다 더 쉬운 방법이 있을지 모르지만, 한국인은 매번 더 어려운 방법을 선택하는 것을 더 신뢰합니다.

제 요리사는 한국인으로서 훌륭한 하인이지만, 동양에서 태어나 자랐다는 사실이 어쩔 수 없이 드러날 수밖에 없습니다. 한 번은 동료들이 왔을 때, 나는 디저트로 사과 만두를 원했습니다. 그녀에게는 새로운 아이디어였지만, 제가 그녀에게 많은 정성과 인내로 레시피를 가르치는 데 성공했다고 생각했기에 저는 다른 일을 시작했습니다. 나중에 돌아와 보니 불이 평소보다 일찍 켜져 있었고, 요리사가 오븐에서 뭔가를 꺼내는 모습이었습니다. 확인해 보니 그것은 제 디저트의 일부였습니다. 제가 "무슨 문제라도 있어요?" 하고 물었더니, 그녀는 "아무 문제 없어요. 이제 사과를 넣을 거예요"라고 답했습니다. 맙소사, 그녀가 반죽만 따로 굽다니! 저는 그녀를 꾸짖으려고 했습니다. 왜 따로따로 굽고 있는지 그리고 왜 두 가지를 동시에 요리하지 않았는지 따졌습니다. 그녀는 당당하게 "왜, 같이 요리하라고 말씀하지 않으셨잖아요. 그걸 어떻게 한꺼번에 다 할 수 있겠어요?"라고 대답했습니다.

또 다른 일화로, 그녀가 과일 통조림을 만들면서 뚜껑을 덮고 나서 단지를 끓였는데, 뚜껑이 날아가 그녀의 눈 위에 상처를 남겼습니다. 그러나 다행스럽게도 큰 부상은 피할 수 있었습니다. 제가 물이 증기로 변할 때 팽창해서 이런 일이 생긴 것이라고 설명하자, 믿기 어렵다는 듯이 중얼거렸습니다. 누군가는 제가 그 모든 것을 어떻게 설명했는지 물었지만, 저는 개의치 않습니다. 한국어로 말하는 방법은 하나만 있는 것이 아니며, 여러 가지가 방법이 있고, 손을 사용할 수 없다면 손이 무슨 의미가 있겠습니까?

한국인이 소를 도살하는 모습을 보았던 적이 있습니까? 저는 본 적도 없고 보고 싶지도 않지만, 그들이 반드시 먼저 소를 찌르고 마지막에

소를 죽인다는 것을 확신하게 되었습니다. 그들은 항상 일을 거꾸로 합니다. 그렇지 않고서야 그들이 판매하는 비프스테이크에 생긴 얽히고 뒤틀린 결을 어떻게 설명할 수 있겠습니까? 어쨌든 한국인은 외국 도구들을 사용하는 데 서툴며, 짧은 괭이나 작은 빗자루를 우리들의 도구보다 선호합니다.

그들은 자신들의 일을 할 때에 가까이 다가가서 몰입하는 것을 즐기는 것처럼 보입니다. 이런 그들에게 때때로 누군가가 실제 기술을 보여주는 것은 좋은 일입니다. 세븐-이어스 여사는 책상을 한 방에서 다른 방으로 옮기려고 했는데, 문이 너무 좁아 책상이 들어가지를 않았습니다. 그래서 그녀는 저에게 도와달라고 했습니다. 가엾은 한국인들은 포기했으며, 불가능하다고 말했습니다. 이런 좋은 기회가 어디 있겠습니까? 저는 자랑하고 싶어서 온몸이 근질거렸습니다. 저는 책상의 윗부분을 떼어내고 아랫부분을 옆으로 돌려서 들어갈 공간이 충분히, 넓게 열린다는 것을 보여주고 그렇게 해보라고 지시를 내렸습니다. 우리는 방문 안으로 책상을 집어넣으려고 했지만, 책상이 들어가지 않았습니다. 그들이 책상을 세우고 측정해 보니, 측정 결과 들어갈 수 있다고 했습니다. 그래서 다시 시도했지만, 또다시 실패하였습니다. 그때 S-Y가 집에 돌아왔고, 이를 본 그가 웃었습니다. 어찌 되었든 책상 바퀴도 제거해야 했던 것이지요. 당연히 저도 곧바로 알아차렸었지요. 그러나 항상 누군가가 일에 간섭하는 바람에 시간이 지체된 것이었습니다.

저는 뛰어난 구매자로 알려져 있으며, 적어도 그렇게 여겨졌고, 그게 사실이든 아니든 여전히 그렇다고 자부합니다. 그러나 유대인조차도 중국인을 앞설 수 없으며, 그리고 때때로 서양인도 한국인과 맞짱 뜨기도

합니다. 한번은 숯이 떨어져 문 앞에 찾아온 행상인에게서 숯 한 자루를 샀습니다. 그 숯을 창고에 집어넣고 필요할 때마다 사용했습니다. 며칠이 지나서 바깥에서 일하던 직원이 저를 불러 숯 자루 중간에 큰 덤불이 끼어있는 것을 보여주었습니다. 이후 새로운 상인이 숯을 팔러왔는데, 그는 무슨 일이 일어날지 알고 있었던 것으로 생각됩니다. 저는 상인에게 자루를 비우게 했습니다. 그는 숯들을 비우고 빈 자루를 바닥 옆에 던졌습니다. 왜냐하면 그렇게 비운 자루는 모두 함께 숯 옆에 두기 때문입니다. 다음 날 창고에서 작업할 일이 있어 빈 자루를 집어 들었는데 놀라지 않을 수 없었습니다. 자루 아래쪽이 부풀어져 있었습니다. 당연히 살펴보았지요. 자루 바닥에 솔가지들이 5~6인치 쌓여 있다니 어찌 이런 일이! 어쨌든 숯은 경제적이지 않으며, 이미 더 이상 사용하지 않기로 결정했습니다. 만약 그렇지 않았다면, 이후엔 제가 그 친구들보다 한 수 위에 있었을지도 모릅니다.

저는 제 진실성에 대한 평판을 잃지 않기를 바랍니다. 그러나 사람은 때로는 작은 상상력을 발휘해야 합니다. 그리고 "왜 캣재머 키즈(Katzenjammer Kids, 미국 연재만화)가 자라지 않는지"라는 질문을 너무 깊이 파고들지 않는 것이 필요합니다. 더 나아가, 가능하다면 유머 감각을 가지는 것이 도움이 되며, 다른 사람을 대상으로 한 농담일 때는 특히 어렵지 않습니다. 언젠가 누군가는 저에 대한 농담을 쓰고 싶어 할지도 모릅니다. 그들이 저를 대상으로 농담을 쓰고 있다면 제가 허락을 해주었다고 생각하시면 됩니다. 물론 거기에 어떤 농담거리라도 있다면 말입니다.

N-Y, 한국

Letter 2

Blank(날짜) 목포 스테이션 노트(Mokpo Station Notes)

우리는 니스벳 부부가 다시 돌아와 우리와 함께하게 되어 기쁩니다. 이곳에 있는 한국인과 외국인 모두 니스벳 부부를 반갑게 환영하였습니다. 그들은 8월 26일에 목포에 도착했는데, 일본에서 태풍과 검역 때문에 며칠 늦게 오게 되었던 것입니다. 니스벳은 도착한 지 하루나 이틀 후에 평양에서 열린 총회에 참석해야 했습니다. 그래서 우리가 그를 여기서 보기까지는 어느 정도 시간이 걸렸습니다. 돌아온 후 할 일이 많이 쌓여 있다는 것을 그들은 보았고, 이제 그 일들을 처리하기 위해서 열심히 사역하고 있습니다. 니스벳은 새로운 한국 목사가 부임하기 전까지 지역 교회의 감독을 맡고 있으며, 현재 목사는 군산으로 가게 됩니다. 니스벳 부인은 9월 13일에 자신의 여학교를 다시 개교했으며, 지금까지 45명 이상의 훌륭한 학생들이 등록했습니다. 고국에 있는 동안 니스벳 부인은 시카고의 한 공립학교 교사로부터 뜻밖의 1,000달러의 기부를 받았습니다. 이 교사는 자신의 월급만으로 생활하는 나이 많은 여성분으로, 남장로교 신자가 아닙니다. 이 기부금은 추가 기숙사 건설에 사용될 예정이며, 지금 그 기숙사는 건축을 시작했고 순조롭게 일이 잘 진행된다면 크리스마스 전에 사용 가능할 것입니다. 이로 인해 니스벳 부인은 시골 소녀들을 두 배 더 많이 수용할 수 있게 될 것입니다. 이는 이 여학교가 우리 지역에 더욱 큰 선한 영향을 끼친다는 것을 의미합니다. 왜냐하면 이 학교에 와서 공부한 소녀들이 자신의 고향으로 돌아가 복음의 빛을 운반하고, 종종 여성 및 아동 그룹의 리더가 되기도 하며, 그리스도를 알지 못하는 사람들에게 그리스도의 메신저가 되기 때문입니다.

고국에서 어떤 이는 이곳 동양에서 소녀 교육이 얼마나 중요한지 이해하지 못할 수도 있습니다. 왜냐하면 딸도 아들과 같은 교육을 받아야 한다는 생각은 새롭기 때문입니다. 이런 이유로 소녀들의 교육과 관련하여 나타나는 문제들을 해결하기 위해서 많은 지혜가 필요합니다. "아, 거기에서 오는 보상이 얼마나 큰가!"

뉴랜드는 이미 시골 순회 전도를 다녀왔고, 니스벳은 하루이틀 내로 떠날 예정입니다. 마틴은 두 차례나 시골을 방문했으며, 맥머피는 첫 번째 순회에서 아직 돌아오지 않았습니다. 매컬리는 광주 성경학원에서 한 달 동안 강의를 하고 있습니다. 그는 주일을 보내기 위해 토요일에 내려왔습니다. 그리고 그는 목포에 많은 이들이 공부하고 있다고 전했습니다. 즉, 목포 지역에서 온 학생들이 순천과 광주에서 온 학생 수를 합친 것만큼 많았습니다. 이 성경학원은 교회 지도자와 협력자들을 위한 특별한 성서 공부반입니다. 같은 시기에 전주에서도 전북 지역을 위한 사경회가 진행되고 있습니다. 한 달 후에는 여성들을 위한 비슷한 종류의 성경학원이 있게 될 것입니다. 매컬리는 황해도 재령(Jaeryŏng)의 김 목사(Kim Moksa, 김익두)가 이끄는 부흥집회에서 놀라운 결과를 보고하며, 자신이 참석한 마지막 밤에 40명이 일어섰다고 전했습니다. 이 한국 목사는 직설적인 복음을 전하는데, 하나님께서 놀랍게 사용하고 계십니다. 그는 광주에서 집회가 끝나자마자 바로 순천으로 갈 예정입니다.

리딩햄 의사는 매일 훌륭한 클리닉을 운영하며 병원에서 많은 사람들을 돌아보고 있습니다. 최근에는 자금이 거의 바닥이 나서 겨우 6주 정도 더 버틸 수 있는 상황이었습니다. 그러나 우리는 오늘 선교 본부로부터 전액 배정금을 받게 되었다는 기쁜 소식을 받았습니다. 리딩햄 의사는 거의 자신을 억제하지 못할 정도로 기뻐했고, 우리 모두 그와 함께 기뻐하고 있습니다. 왜냐하면 자금 삭감 문제는 모두에게 영향을 미쳤기 때문입니다. 우리는 우리의 사랑하는 하늘 아버지께서 우리의 기도를 놀랍게 응답해 주신 것에 감사하고 있습니다. "오, 우리가 항상 하나님을 믿고, 그분이 우리의 모든 필요를 채우실 것이라는 확신을 갖기를 기도합니다."

남학교는 잘 열렸으며, 좋은 한 해가 될 것으로 기대하고 있습니다. 현재 50명이 등록되어 있으며, 곧 수확이 끝난 후 시골에서 더 많은 학생들이 올 것으로 예상합니다. 우리가 학생들 스스로 자립할 수 있는 일을 학생들에게 제공할 수 있다면 더 많은 학생들을 받을 수 있을 것입니다. 우리는 가능한 한 많은 학생들에게 일을 주고 있지만, 현재는 여기에는 할 일이 적고, 실질적인 자립 부서를 시작하기에는 더 많은 자금이 필요합니다. 그러나 현재 일하고 있는 몇몇 소년들은 매우 잘하고 있으며, 우리가 제공하는 모든 일을 기꺼이 잘해주고 있습니다. 기숙사에는 17명의 시골 출신 소년들이 있으며, 대부분은 아주 초보적이며 기초 훈련이 필요하지만 좋은 소년들이며, 한국교회의 지도자가 될 것입니다. 이들 중 몇몇은 매우 새로운 신자이며, 어떤 이들은 아직 믿지 않지만 기독교 교육을 제공해 줄 수 있는 큰 기회가 주어져 있습니다.

우리는 매일 아침 8시 30분부터 9시까지 예배를 진행하고 있으며,

교사들은 시골에서 온 신입생 소년들에게 특별히 초점을 맞추어 매우 도움일 될 말씀을 전해주고 있습니다. 물론 교회 출석은 필수이며, 두 개의 주일학교(불신 어린이들을 위한 주일학교와 이후에 교회와 학교 건물에서 열리는 대규모 주일학교) 및 수요일 저녁 기도 모임에 참석해야 합니다. 새로운 소년들은 이미 괄목할 만한 성장을 보이고 있으며, 특히 ㅡ교회를 처음 와본ㅡ 철저히 불신자였던 소년은 모든 학업에서 놀라운 열정을 보이며 신앙의 기본을 잘 이해하고 있어 매우 고무적입니다. 저는 이번 해 모든 학년의 성경 과정을 가르치고 있으며, 제 언어 능력에는 한계가 있지만, 대부분 초보자들임에도 학생들이 상당히 잘 배우고 있습니다. 시골 소년들을 위해 특별히 기도해 주시고, 그들이 유용한 기독교인이 되도록 교육하고 있는 모든 교사를 기억해 주시기 바랍니다.

폴 크레인 부부와 아기가 무사히 한국에 도착했지만, 현재 순천에 사는 존 크레인(Mr. John C. Crane, 폴 크레인의 형)을 방문하고 있습니다. 우리는 이 선교 현장에 온 그들을 환영하며, 그들이 우리 가운데로 올 때 더욱 기쁘게 맞이할 것입니다. 우리는 그들을 매우 절실하게 필요로 하고 있으며, 진실로 우리의 기도가 응답된 것에 대해 감사하고 있습니다.

한국 남부 지역은 6월 초부터 긴 장마철이 시작되었고, 지금도 여전히 계속되고 있습니다. 어떤 이는 우리가 경험했던 여름의 엄청난 양의 비를 결코 본 적이 없다고 합니다. 장마 초반부터 시작된 홍수로 보리 수확은 엄청난 피해를 입었고, 어린 벼들이 상당히 유실되었으며, 여러 지역에서 많은 집들이 파괴되고, 많은 사람들이 생명을 잃었습니다. 그러나 여름 장마의 끝자락에 비가 여전히 계속 내리는 데도 몇 차례

햇살이 있었고, 농작물은 평년처럼 잘 자라고 있습니다. 어젯밤에는 비가 그쳤고 날씨가 제법 선선해졌습니다. 비가 더 이상 오지 않기를 바라고 있지만, 이번 달에도 이미 여러 차례 날씨가 맑아졌다가 다시 더워지고 비가 내린 적이 있어 확신할 수는 없습니다. 이번 여름은 새로 온 우리들이 한국에서 경험한 첫 번째 진짜 장마철이었기 때문에 우리들은 불평하지 않습니다. 그리고 이곳의 날씨는 여름과 겨울 모두 인상에 남을 정도로 매우 좋았기 때문입니다.

어쩌면 이렇게 많은 비가 콜레라를 확산시키는 데 일정 부분 원인을 제공했을 수도 있습니다. 현재 콜레라는 일본에서 넘어와 부산, 대구, 광주, 순천 등 한국 남부 지역에 위치한 상당수의 대도시에서 발생하고 있습니다. 목포는 현재까지 피해를 입지 않았고, 일본 관리들은 질병이 퍼지지 않도록 할 수 있는 모든 조치를 취하고 있습니다. 그들은 목포로 들어오는 모든 방문자를 검역하고 소독하고 있습니다. 그들은 이 전염병이 전적으로 일본인들에게만 국한되고 한국인들 사이에서는 그렇게 쉽게 퍼지지 않는다고 말합니다. 일본인들이 한국 사람들보다 더 청결하게 살고 있는데, 이는 다소 이상한 현상입니다. 그러나 만일 이 콜레라가 날생선에 의해 옮겨진다면, 이 현상은 쉽게 설명될 수 있습니다. 왜냐하면 일본인들은 이러한 조리법의 생선을 많이 먹기 때문입니다. 현재 과일과 생선은 여기서 금지되어 있습니다. 우리는 이 선선한 날씨가 계속 머물러서 이 공포스러운 질병의 확산을 효과적으로 방지해주기를 희망하고 기도합니다.

하나님께서 고향에 있는 여러분 모두와 함께하시어 매시간 여러분의 일과 문제들을 인도해 주시길 기도합니다. 우리는 진심으로 모든 것이 잘 되기를 희망합니다. 얼마 전 니스벳 부부의 귀국은 다시 우리를 더욱 가까이 연결해 주었습니다. 그들은 가장 최상의 안식년을 보냈고, 최고의 소식을 가지고 돌아왔습니다. 우리는 여러분의 기도를 항상 필요로 하고 감사하게 여기며, 여러분도 우리의 기도 가운데 늘 있습니다.

목포, 한국

윌리엄 파커

Letter 3

1916년 10월 31일 (한국, 목포)

친애하는 동료 사역자님들께,

오늘은 천황의 생일입니다. 그리고 큰 명절입니다. 우리는 예배를 드리기 위해서 평소와 같은 시간에 학교에 모여 찬송가를 부르고 성경을 읽으며 일본의 황제를 위한 특별 기도를 드렸습니다. 비록 다른 학교에서는 상당히 큰 기념식이 있을 것이고, 오늘 밤 여기 공립학교들의 거대한 축하 행진이 진행될 예정이었지만, 기독교 학교에서 우리는 더 이상의 축하 행사를 하지 않습니다. 오늘 날씨는 봄처럼 맑고 청명하며, 비가 내려 먼지가 가라앉았습니다. 이곳 한국의 남부 지역은 그렇게 혹독히 추운 날씨가 있지는 않습니다. 그래서 우리는 실제로 아주 추운 날씨를 보내지는 않습니다.

제가 마지막으로 보냈던 편지 이후로는 특별히 흥미 있을 만한 많은 일들이 발생하지 않았습니다. 많은 격려와 도움을 주어야 하는 매일 평범한 일상적인 업무가 계속되고 있습니다. 물론 학교는 항상 저의 특별한 작은 뉴스입니다. 학교는 잘 운영되고 있고, 시골에서 온 더 많은 학생들이 입학하고 있으며, 날씨가 더 선선해지면서 공부하기가 더욱 즐거워졌습니다. 지난달 월말고사에서 제 수업을 듣는 학생들의 성적이 뚜렷이 개선된 것을 기쁘게 생각합니다. 앞에서 언급했던 것처럼 많은 수의 불신자 학생들이 복음에 대해 현저한 관심을 보이고 있습니다.

우리가 소망하고 기도하는 것은 이들이 모두 그리스도께로 이끌어지는 것입니다. 어떤 학생은 교회를 한 번도 본 적이 없고 목사의 설교를 들은 적이 없었는데 특별한 관심을 보였습니다. 그는 성경 공부에 열의를 보이며, 기독교 학생들과 함께 불신자 학생들을 위한 주일학교 활동에 참여하고 있습니다. 물론 그 학생은 현재는 듣기만 할 수 있지만, 언젠가는 그가 인도할 수 있도록 훈련할 수 있기를 희망합니다. 제가 전에 말씀드렸던 것처럼 이것은 큰 기회이자 동시에 큰 책임입니다.

여학교 기숙사가 너무 붐벼서 니스벳 부인에게 새로운 방들이 절실히 필요합니다. 그녀는 훌륭한 학생들을 두고 있으며, 매일 두어 명씩 더 들어오고 있다고 보고합니다. 저는 거기서 대수학 수업을 맡고 있으며, 여학생들은 잘 공부하고 있습니다. 파커 여사는 작년만큼 큰 실과를 갖고 있지는 않지만, 곧 더 많은 학생들이 올 것으로 예상합니다. 제가 보기에는 여학생들은 매우 멋진 자수를 놓는 것 같습니다.

마틴 선교사가 방금 시골에서 돌아왔습니다. 비록 농촌에서 사람들이 수확하느라고 매우 바쁜 시기이지만, 그녀는 좋은 여행에 관해서 보고합니다. 많은 비에도 불구하고 작물들은 평년작임이 드러났습니다. 맥머피 선교사는 이번 주에 돌아올 예정이며, 모두가 곧 다시 나갈 것입니다. 매컬리는 오늘 출발하며, 니스벳과 뉴랜드는 이미 나갔습니다.

우리는 이달 19일 서울에서 교육평의회 회의를 잘 마쳤습니다. 저는 그 평의회의 기록 서기로서 그동안 쌓인 타자 작업이 좀 있었고, 그 이후에도 바쁘게 타자를 치고 있습니다. 제가 미국에 있을 때 타자 수업을 받았으면 좋았을 텐데 하는 생각이 듭니다. 애덤스 선교사(Dr. Adams, 북장로교)의 통계는 올해 조선의 학교 업무에 있어서 우리에게 많은 격려가 되는 내용을 보여줍니다. 저는 교육평의회와 다른 기구인 교육협회에 제공된 그의 진술을 인용할 것입니다. 부연하여 설명하자면, 교육평의회는 행동할 권한이 있지만, 교육협회는 단순히 토론하는 기구입니다. 다음 진술은 1915~1916년 한국 선교학교에 관한 통계입니다.

이러한 일반적인 상황에 비추어볼 때 많이 사용되고 잘 알려진 신앙의 격언들이 떠오릅니다. 우리는 우리 하나님을 신뢰합니다. 힘에 의해서도 아니고 능력에 의해서도 아닌 주님의 영에 의해서입니다. 어떤 이들은 병거를 의지하고, 어떤 이들은 말을 신뢰하지만 우리는 주 우리의 하나님 이름을 기억할 것입니다. 친애하는 형제들이여, 우리 하나님은 오늘도 살아 계시고, 사람들 가운데서 움직이십니다. 그의 팔이 예전과 다르지 않음을 믿습니다. 바울이 로마에 들어가 신앙의 열매를 만났던 것처럼 우리도 하나님께 감사하며 용기를 얻도록 합시다.

우리는 불신자 어린이들을 위한 새로운 주일학교를 시작했습니다. 이 시작은 모든 학교에서 더 좋은 출석률의 원인이 된 것처럼 보입니다. 저의 남학생들은 이 새로운 학교와 다른 두 학교를 돕고 있으며, 그들은 이 사역을 즐기고 있습니다. 우리가 이 새로운 학교에서 특히 감사해야 할 점 중 하나는 첫 주일에 두 명의 노인이 참석했다는 사실입니다. 그리고 그들은 주의 깊게 들은 후 그날 오후 교회에 와서 회중 앞에서 공개적으로 신자가 되고 싶다고 표현한 사실입니다. 그들은 이제 주일 예배와 기도 모임에 정기적으로 참석하고 있습니다. 이 주일학교는 특히 어린이를 위한 것이지만, 종종 나이 많은 사람들에게도 다가가는 수단이 됩니다. 많은 사람들이 노래를 들으며 경청하기 위해 오는 경우처럼 군중들은 교실 안에서 아이들이 수업을 받는 동안 학교 문 주위를 서성거리는 경우가 종종 있습니다. 당연히 우리는 가능한 모든 기회를 활용하여 복음을 전하며, 한국 기독교인들은 이를 결코 잊지 않습니다.

우리가 이 새로운 학교를 시작한 집은 신앙이 없는 집입니다. 그의 아내만이 기독교인입니다. 저는 여러분께서 그녀의 남편이 이 학교의 영향으로 개종할 수 있도록 기도해 주시기를 부탁드립니다. 사실 주일학교를 위해 자신의 집을 내주는 것은 작은 일이 아니며, 매주 한 시간 동안 더러운 남자아이들과 여자아이들이 자신의 집에 들어와서 차지하는 것 역시 큰 일입니다. 만일 그가 기독교에 전혀 호의적이지 않았다면 어떻게 허가를 해주었겠습니까? 오, 진정 그가 여기서 한 걸음 더 나아가 그 스스로 진정한 신앙인이 되었으면 좋겠습니다.

저는 여전히 여가 시간에 틈틈이 일본어를 공부하고 있으며, 점점 더 저의 선생님의 가르침에 만족하고 있습니다. 제 선생님은 주 3회 방문하십니다. 우리는 일본 공립학교에서 사용하는 독서책으로 공부하고 있습니다. 이 책들은 그들의 언어를 배우는데 매우 훌륭한 책들입니다. 저는 방금 제3단계 독서책을 마쳤습니다. 이번 주에 복습한 후에는 제4단계 독서책을 시작할 생각입니다. 우리는 가능한 한 많은 대화식 방법을 사용하고 있습니다. 제가 생각하기에는 일본어가 한국어보다 더 어려운 것 같습니다.

우리는 하나님께서 날마다 우리에게 주시는 계속되는 좋은 건강과 축복에 대해 우리 하늘 아버지께 큰 감사를 드립니다. 진은 점점 큰 소녀로 성장해 가고 있으며, 저희 부부 모두에게 항상 위로와 기쁨을 줍니다. 그녀는 행복한 아이이며, 거의 울거나 애태우게 하는 일이 별로 없습니다.

여러분의 기도 안에 여기 모든 사역이 기억되기를 바랍니다. 우리는 순천의 티몬스 의사(Dr. Timmons)가 스프루(sprue, 일종의 풍토병)로 인해 떠나야 했다는 소식을 방금 들었고, 몇몇 다른 분들도 유사한 증상으로 인해 미국으로 돌아가야 할 수도 있습니다. 그들 모두를 위해 기도해 주십시오.

가장 진심을 담긴 소망으로,

봉사하는 마음으로 서비스에서

윌리엄 P. 파커

Letter 4

1916년 11월 20일 (한국, 목포)

친애하는 동료 사역자님들께,

이틀 동안 우리는 휴즈(Hughes, 1916년 미국 공화당 대통령 후보)의 선거 결과 홍수 아래에 앉아 있었습니다. 그 후에 가장 완전하고 기쁜 놀라움으로 우리는 진짜 소식을 들었습니다. "우드로우 윌슨 만세!" 저는 그 좋은 소식이 전해진 후에 사람들의 표정이 이렇게나 달라진 것을 본 적이 없습니다. 많은 사람들이 첫 소식을 듣기 전부터 최악의 상황을 우려했기 때문에 더욱 그렇습니다.

이 모든 흥분이 조국에서 일어나고 있는 동안, 여기 선교 현지에서 반응이 어떤지 궁금하시지요! 특히나 우리 목포 지역에서는 무슨 일이 일어났겠지요! 엄청난 흥미로운 일은 없었지만, 많은 관심과 도움이 되는 일들이 있었습니다.

먼저 학교 사역에 대해 말씀드리겠습니다. 남학교는 제자리를 잘 지키고 있으며 조금 더 나아지고 있습니다. 시골에서 세 명의 새로운 소년들이 들어왔고, 일부 이전 학생들도 돌아왔습니다. 이 불신자 소년들은 성경의 공부에 큰 관심을 보이고 점점 더 진리를 이해하고 있는 것 같습니다. 전에 제가 언급한 바와 같이 저의 큰 학생들 대부분은 실제로 짧은 교리 문답서를 암기하기로 하였습니다. 첫 번째 주일학교 전에 제가 주일 아침 기숙사를 방문할 때 저는 그들이 그날 다섯 가지 질문을 준비하며 게일 선교사의 번역된 문답집에 열중하고 있는 모습을 발견합니다. 교회에서 그들의 집중력과 행동은 매우 칭찬할 만합니다. 그리고 저는 그들이 칭찬을 받고 있다는 점에서 큰 격려를 받고 있습니다. 아직 믿지 않는 모든 이들이 우리 학교에서 공부하는 동안 구세주를 알게 되기를 기도해 주시고, 제가 성경을 가르치는 데 지혜를 주시기를 위해 기도를 부탁드립니다. 또한, 모든 교직원이 모범과 교훈으로 그들을 진리로 인도할 수 있도록 기도해 주세요. 저의 선생님들은 특히 이 새로운 학생들을 위해 훌륭한 예배와 수업을 하고 있습니다.

우리 여학교는 현재 선교지에서 가장 큰 학교입니다. 지난주에는 83명이 등록하였고, 아마도 현재는 그 수가 더 많아질 것으로 예상됩니다. 니스벳 여사는 지역의 기독교 및 비기독교 가정을 많이 방문하고 있습니다. 그녀는 비신자 가정에서 온 많은 지역 소녀들을 모집했습니다. 기숙사는 사용할 수 있도록 거의 준비가 되었으며, 완공되면 가득 차게 될 것입니다. 니스벳 여사는 저에게 지난 수요일 채플을 인도해 달라고 요청했으며, 그녀가 담당하는 시골과 목포에서 온 많은 여학생들에 대해 매우 감명을 받았습니다. 파커 여사는 현재 산업 부서에서 여전히 가장 많은 학생들을 가르치고 있습니다. 새로운 여학생들은 빠르게 배우고, 대부분은 작업을 잘하고 있습니다. 리딩햄 여사와 맥머피는 학생 수가 증가함에 따라 파커 여사에게 도움을 주고 있습니다.

지난주 교회에서는 어제 드린 성찬식을 준비하기 위해 특별 기도회를 연속으로 하였습니다. 성찬식은 니스벳 선교사가 집례하였고, 대부분의 모임을 인도했습니다. 많은 한국인과 외국인들이 참석하였고, 그들 모두에게 역시 큰 도움이 되었습니다. 어제는 아홉 명이 세례를 받았고,

한 아기도 유아 세례를 받았습니다. 어젯밤에 니스벳 선생님은 믿기를 원하는 사람은 누구든지 일어나서 자신의 바람을 보여달라고 초대했습니다. 두 명의 남자와 한 명의 여자가 일어섰습니다. 그중 한 남자는 자신의 죄를 고백하며, 니스벳 선교사에게 세례를 받았지만 그 후에 멀어졌고 하나님 앞에서 끔찍한 죄를 범했다고 말했습니다. 그는 이제 돌아오기를 원하지만 자신의 힘으로는 아무것도 할 수 없다는 것을 알고 있으며, 우리가 그가 올바른 길을 갈 수 있도록 기도해 주기를 원한다고 말했습니다. 그의 목소리는 거의 떨렸고, 그는 진지했습니다. 한 번 믿음에서 떨어졌다가 후에 다시 돌아오는 것은 처음 믿음을 시작하는 것보다 훨씬 더 어렵다는 것을 아는 그는 그것이 의미하는 바가 무엇인지를 더 잘 이해하고 있는 것 같습니다. 그의 참회는 특별히 어떤 누구를 향한 어떤 반감이나 원망으로부터 벗어나 있었습니다. 참회는 오로지 자기 자신이 얼마나 오류 투성이인 인간인지에 대한 이야기와 하나님께 용서를 구하는 울부짖음이었습니다. 그를 기억해 주십시오. 이를 계기로 믿기로 결단하며 일어선 사람들과 그리고 세례를 받았던 사람들을 기억해 주십시오.

불신자 어린이들을 위한 주일학교 사역은 계속해서 가장 용기를 북돋아 줍니다. 우리들의 새로운 학교는 우리가 수업을 위해 빌려 사용하던 그 집에 있었던 죽음 때문에 몇 가지 불운을 겪었습니다. 그러나 전망은 좋습니다. 그리고 어제 출석은 대부분 다른 학교의 평균까지 이르렀습니다. 새로운 학교의 지도자 아래 선생님은 새로 시작된 주일학교 근처에 있는 작은 중국 초등학교 선생님을 방문하여 일요일마다 학생들을 한 시간 쉬게 해주기로 약속을 받았습니다. 그래서 이제 그 선생님과 학생들은 '예수 복음'을 들을 수 있습니다. 제가 지난 편지에서, 새로운 학교에서 말씀을 듣고 교회에 정규적으로 출석하며 믿고자 하는 마음을 표현한 두 할아버지를 언급하였습니다. 이러한 사실들로 인하여 우리 마음은 너무나 즐겁습니다.

11월 3일에는 황태자 즉위를 기념하는 축하 행사가 열렸습니다. 이는 일본제국 전역에서 매우 중요한 날이었습니다. 동경에서 열린 가장 위대한 기념식은 그의 아버지가 황태자에게 '수보키디노'라는 검을 수여하는 것이었습니다. 이 검은 조상 대대로 내려온 것으로 황태자의 권력을 상징합니다. 검을 수여 받는 그때 조상들의 영이 분명히 후계자에게 들어가고, 그 이후 그와 함께 머문다고 여겨집니다. 하루 종일, 특히 밤에 각종 행진과 퍼레이드가 열렸습니다. 가장 큰 퍼레이드는 한국과 일본의 모든 학생이 함께 참여한 등불과 깃발 행진이었으며, 대략 저녁 7시경에 시작해 9시경까지 이어졌습니다. 멀리서 보이는 등불의 긴 행렬은 장관이었고, 끝이 보이지 않을 정도였습니다.

도시의 모든 큰 기업들은 등불 퍼레이드와 다양한 종류의 행사에 참여했으며, 상점들은 보다 밝은 전등으로 장식되어 화려하게 빛났습니다. 가장 아름다운 광경은 엄청난 규모의 꽃 전시회로, 일본 특유의 매력을 보여주는 아름다운 화병과 대나무 바구니에 정교하게 배열되었습니다. 마틴 양이 말했던 것처럼 일본인 하층민조차도 발달된 예술적 감각을 가지고 있어 꽃 몇 송이를 배열해도 지나가는 모든 사람의 시선을 사로잡을 것입니다.

다음 수요일은 한국의 추석입니다. 그날 전주와 광주에 있는 두 성경학원에서 여성 사역자들을 훈련하기 위한 한 달간의 가을 수업이 시작됩니다. 이 수업은 아마도 이 편지를 받으시는 시점까지도 계속 진행될 것입니다. 이 훈련에 참석하는 여성들이 이 학습을 통해 받은 메시지를 알지 못하는 많은 이들에게 전할 수 있도록 기도를 부탁드립니다. 그리고 교사들이 그들이 하는 모든 일에 있어 위로부터 오는 지혜를 갖도록 기도해 주십시오. 목포에서 온 마틴은 전주에서, 맥머피는 광주에서 이 훈련을 도울 예정입니다.

우리는 잘 지내고 있으며 우리에게 베푸신 모든 축복에 감사하고 있습니다. 콜레라는 적어도 올해 안에 끝나리라 생각됩니다.

저는 이 편지가 여러분께 크리스마스 이전에 배달되기를 소망합니다. 그 시간에 맞추어 미리 여러분 모두에게 크리스마스 인사를 전합니다. 이번 크리스마스가 여러분께 가장 행복하고 최상의 시간이 되기를 바라며, 새해에도 여러분의 사역 가운데 풍성한 축복이 함께하시기를 기원합니다.

항상 주님의 섬김 안에서

윌리엄 P. 파커 드림

1916년 12월 30일 (한국, 목포)

친애하는 동료 사역자님들께,

예전에 우리가 보낸 것 같은 그런 특별한 크리스마스여! 우리는 이곳에서 고국의 모든 친구를 많이 생각하였고, 여러분 역시 여기서 우리가 보낸 것만큼 좋은 시간을 보냈기를 바랍니다. 여기에서는 크리스마스를 여러 날에 걸쳐 축하합니다. 본국에서 보내온 선물들이 일찍 도착하기도 하고, 아직 도착하지 않은 것들도 있으며, 어떤 것은 미리 열어본 것도 있고, 어떤 것은 특정한 날짜에 열라는 지시가 있어 그때까지 기다려야 하므로 하루 만에 크리스마스의 모든 행사가 끝나지는 않습니다. 올해는 특별히 방문객들 덕분에 즐거운 시간을 보내고 있습니다. 광주, 군산, 순천에서 몇몇 독신 남성과 독신 여성들이 내려와 파티 모임이 연일 이어지는 일정이 되었습니다.

운이 좋게도 우리는 장식용으로 사용할 아름다운 호랑가시나무를 구할 수 있었는데, 그 나무에 맺힌 열매가 풍성해서 집 안을 푸르고 예쁘게 꾸밀 수 있었습니다. 올해 아침에는 각자가 개별 크리스마스트리를 설치하였고, 모두 함께 니스벳 가족 집에서 저녁을 먹었습니다. 저녁 메뉴는 야생 오리구이, 크랜베리 소스, 호박, 다양한 채소, 견과류, 사탕 그리고 스페인 푸딩 등이었습니다.

저녁 식사 후 우리는 모두 니스벳 가족 거실에 걸린 꽃게 모양의 바구니에서 지역 선물을 꺼내 나누고, 이후 밤 예배 준비를 위해 흩어졌습니다.

크리스마스 아침은 강한 바람이 불고 구름으로 가득한 흐린 날씨였으며, 곧 눈이 내릴듯한 분위기였습니다. 추운 날씨와 냉랭한 바람에도 오전 11시에 드린 교회 예배는 지역 '불신자' 주일학교 아이들을 위한 특별 행사로 진행되었으며, 많은 사람들이 참석하여 즐거운 시간을 보냈습니다. 남학교와 여학교에서 특별 찬송을 준비해서 불렀고, 각 주일학교의 아이들은 낭독을 하였습니다. 이 어린 불신자 아이들은 참으로 감동적이었고, 그들의 모습을 여러분이 보았으면 좋았을 텐데 하는 아쉬움이 남습니다. 낭독의 대부분은 아이들을 위한 교리 문답서나 소요리 문답서에서 발췌한 것들이었습니다. 일부는 성경 구절을 암송하고, 일부는 찬송가나 사도신경을 암송하였습니다. 특별히 가장 기억에 남는 인상적인 것은 몇몇 어린 소년들이 아이들을 위한 교리 문답서의 첫 번째부터 서른여덟 번째까지의 질문과 답변을 암송한 것입니다. 한 어린 소년이 질문을 하면 나머지 아이들이 대답하는 반복적인 방식이었고, 몇몇 질문은 다 함께 외우는 형식으로 진행되어 매우 효과적이었습니다. 규모가 큰 학교에서는 각기 다른 방식으로 낭송한 154개 외에도 그들의 본토 언어 방식으로 질문과 답변을 암송했는데, 이는 매우 인상적이었습니다.

좀 더 부연하자면, 교회는 소나무와 그림으로 장식되었습니다. 파커 선교사는 칠판에 분필로 그림을 그려 교회를 더 아름답게 장식하였습니다. 행사에 사용된 모든 비용은 10엔(약 5달러)도 되지 않았고, 모두가 매우 만족스러워했습니다. 아이들이 날로 큰 진전을 이룬 것은 매우 고무적인 일이고 저희에게는 큰 격려가 됩니다. 소년 소녀들이 성탄절에 축하한 구세주의 탄생을 통해 그들 스스로 구원의 지식을 얻기를 소망합니다. 물론 우리는 이미 많은 아이들이 구원의 지식을 얻었고, 그 길로 계속 나아가고 있다고 믿습니다.

올해 크리스마스 헌금은 한국 남쪽에 위치한 제주도에서 진행 중인 선교 사역을 위해 사용할 예정입니다. 이 사역은 전라남북노회의 주도로 남장로교 한국 선교회가 수행하고 있습니다. 헌금 총액은 아직 확인되지 않았지만, 사람들이 이 사역을 위해 넉넉히 기부했을 것으로 믿고 있습니다. 제주도는 이곳에서 가장 가까운 지역으로 우리에게 특히 중요한 거점입니다. 제주 사람 중 일부는 이곳 목포로 이주해 정착하기도 했습니다. 그들은 여러 면에서 한국 본토 사람들과 다릅니다. 예를 들어, 그곳의 여성들은 가정을 책임지고 생계를 꾸리는 가장 역할을 합니다. 그곳에서는 한국어와 유사한 언어를 사용하며, 기본적인 성격은 본토 사람들과 비슷합니다. 그 섬에서 매년 1월 초부터 신학 수업이 시작되며, 선교사들과 한국인 조사들이 신학 수업을 돕기 위해 목포를 경유하여 수업을 도우러 갈 예정입니다. 그 섬에는 제주 선교에 전념할 두 명의 현지 목회자가 이 사역을 위해 헌신하며 살고 있습니다.

크리스마스 밤에는 뉴랜드 선교사가 교회에서 예수 그리스도의 생애를 주제로 한 매직 랜턴 슬라이드 상영과 강연을 하였습니다. 청중들은 매우 감사하는 마음으로 이를 경청하였습니다. 그때는 눈구름이 계속해서 날아가고 있었으며, 크리스마스 다음 날에는 모든 것이 하얗게 변했습니다. 날씨는 매우 추웠고, 눈은 여전히 내리고 있습니다.

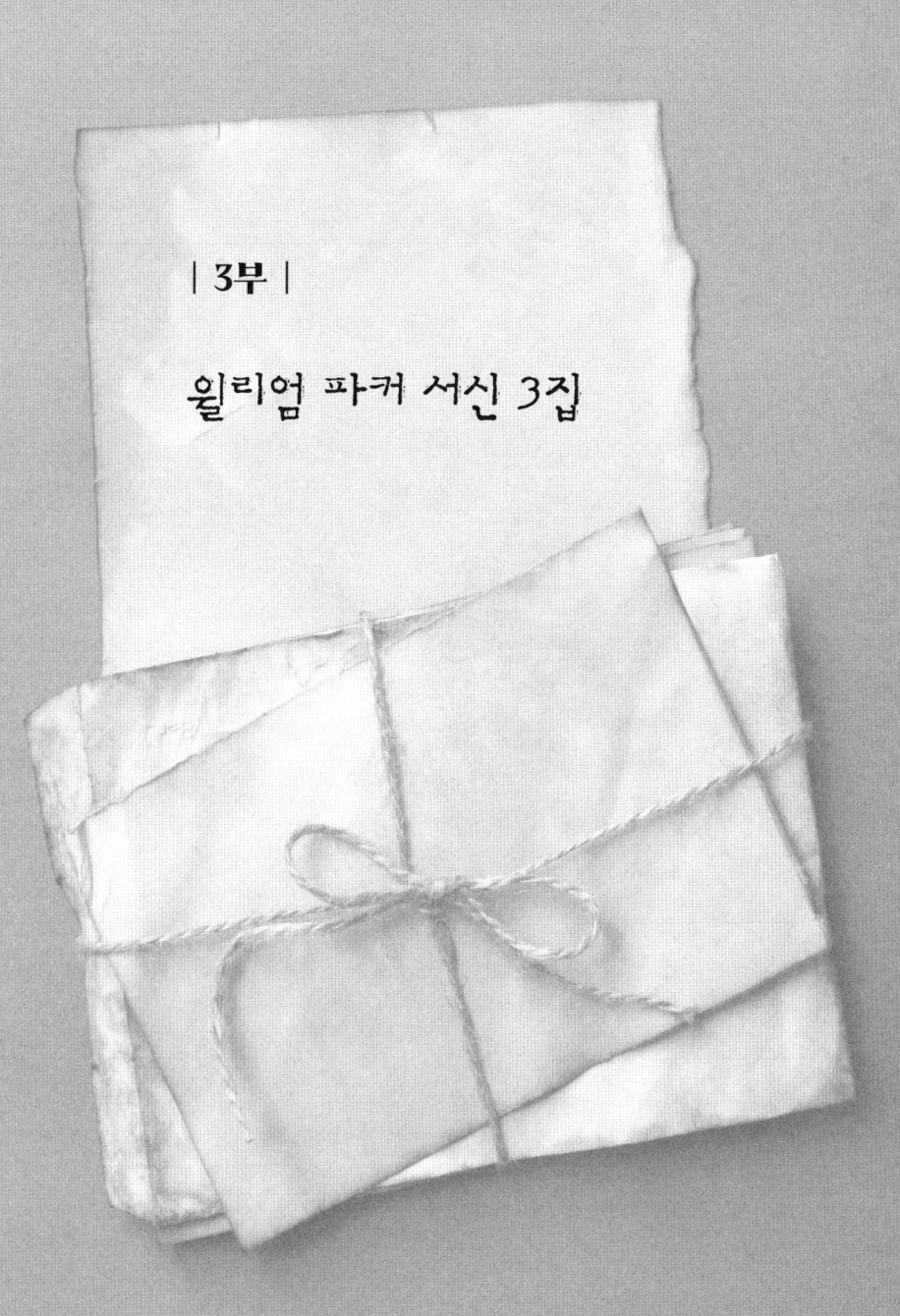

| 3부 |

윌리엄 파커 서신 3집

Letter 1

친애하는 동료 사역자님들께,

이른 아침에 한국 소년들이 우리 집 아래쪽에 있는 얼어붙은 연못에서 스케이트를 타면서 즐겁게 놀고 있었습니다. 한편, 눈 때문에 가난한 사람들은 더 큰 고통을 겪어야 했지만, 이제 바람이 잦아들었고 곧 날씨가 따뜻해질 것으로 보입니다.

크리스마스 날, 가난한 사람들을 위한 헌금이 모금되었고, 일부는 예배 중에 전달되었습니다. 한 노파는 털실로 짠 코트를 받았습니다. 이후에는 쌀도 배분되었습니다. 폭풍우가 몰아치는 목요일에 한 불쌍한 어린 소녀가 우리 집 주위를 빙빙 돌다가 저의 집에 들어왔습니다. 어린 소녀는 그날 부잣집에서 쫓겨났다고 말하며 갈 곳이 없다고 했습니다. 우리는 그 소녀를 교회의 한 집사에게 보냈고, 얼마 후에 제가 직접 그 집사를 방문해 이 소녀의 상황을 물어보며 가능하다면 이 소녀를 도와달라고 요청하였습니다. 우리는 외국인이기 때문에 이런 불쌍한 아이들의 처지를 정확히 판단하기 어렵습니다. 그래서 교회 집사들을 통해 도움을 주는 방식을 취하고 있습니다.

올해는 쌀 수확량이 많아서 그런지 어려운 상황에 처한 사례가 상대적으로 적었던 것 같습니다.

남학교는 지난 금요일 저녁부터 열흘 간의 방학에 들어갔습니다.

방학 전 우리는 소년들을 위한 작은 예배를 열어 그들이 직접 예배 프로그램의 일부를 진행할 수 있도록 했습니다. 각 학급의 학생들은 성경 수업 중 제가 그들에게 주었던 암송 구절들을 발표했고, 전교생은 파커 부인이 도와 준비한 몇 곡의 크리스마스 노래를 불렀습니다.

이 지역의 장로님께서는 특히 기숙사 소년들을 대상으로 적절한 말씀을 전했는데, 이 소년들은 다음 날 모두 고향으로 떠날 예정이었습니다. 예배가 끝난 후 우리는 다시 모여 소년들이 직접 준비한 특별한 공연을 보는 시간을 가졌습니다.

소년 중 많은 이들이 속담, 격언, 농담 등이 포함된 연기를 했고, 일부는 가면을 쓰고 노인, 거지, 상인 등의 역할을 연기했습니다. 두세 명은 옛 한국 노래와 동작이 포함된 노래를 선보이기도 했습니다. 마지막으로, 소년들과 함께 식탁에 앉아 일본식 과자와 차를 나누었고, 그들은 축음기 음악을 들으며 즐거운 시간을 보냈습니다.

방학 기간 동안 초등 저학년을 제외한 모든 학생은 일기를 작성해야 하며, 이를 위해 우리는 값싼 종이로 만든 작은 공책을 제공했습니다. 이 공책에는 성경 구절과 함께 지침이 포함되어 있습니다. 학생들은 이 구절들을 암기하고, 공책을 다음 학기 시작일인 1월 4일에 선생님들에게 제출해야 합니다.

모든 학생이 시험에서 뛰어난 성과를 보여주어 매우 만족스러웠습니다. 특히 불신자 소년이 성경 시험에서 1등을 차지했는데, 제가 일부러 질문을 어렵게 출제했음에도 훌륭히 답변했습니다. 학생들의 답변은 그들이 공부와 복습에 얼마나 열심히 임했는지를 보여주었습니다. 두 개 반은 마태복음 1장부터 18장까지, 다른 두 개 반은 마가복음 1장부터

9장까지를 학습했으며, 최고 학년 반은 예수님의 생애 후반부를 공부했습니다.

이 학생들 대부분은 지난 9월 초까지 성경이 무엇인지조차 몰랐으며, 성경에 관한 어떠한 교육도 받은 적이 없었습니다. 따라서 그들에게 이 과정을 수행하는 것이 얼마나 힘들었는지 짐작할 수 있을 것입니다. 수많은 날 동안 저는 거의 절망할 뻔한 순간도 있었고, 모든 것이 암울하고 이해할 수 없었습니다. 그러나 조금씩 많은 반복과 복습을 통해 결국 이 학생들은 본국의 많은 사람들을 부끄럽게 할 만큼 훌륭한 성경 지식을 보여주었습니다.

이 소년들을 위해 함께 기도해 주시기를 바랍니다. 그들이 단순히 말씀과 사건을 기억하는 데 그치지 않고, 자신들을 위해 죽으신 예수님을 참으로 믿는 자들이 되기를 간절히 소망합니다.

진심 어린 축복을 드리며,

주님의 사역 안에서

W. P. 파커 드림

Letter 2

1917년 1월 1일 (한국, 목포)

사랑하는 친구들에게,

제가 오늘 해결해야 할 일들 가운데 하나는 바로 여러분께 편지를 쓰는 것입니다. 이 편지는 오래전에 계획했던 것으로 크리스마스 인사를 전하기 위해 제때 보낼 수 있기를 기대했습니다. 만약 제가 11월 25일에 편지를 쓰면 그것이 크리스마스 즈음에 집에 도착할 것이라고 예상할 수 있겠지요. 저는 11월 말에 이 편지를 시작했지만, 보시다시피 "인간의 계획은 자주 어긋나는 법"입니다.

저는 마치 "구두 속에 사는 노파"처럼 느껴집니다. 많은 자녀들을 둔 것도 아닌데, 종종 무엇을 해야 할지 모를 때가 있습니다. 편지를 쓰기 위해 앉으면 여기저기서 일이 생깁니다. 예를 들어, 한 학교 여학생이 와서 말합니다. "어머니, 꼭 여쭤보고 싶어요. 제 수중에 불타오르게 하는 고약 같은 것이 있는데, 다른 소녀들에게도 그냥 발라도 될까요?" 그러는 동안 요리사는 현관에 와서 말합니다. "저기 앞에 있는 남자가 여기서 살겠다고 합니다. 제발 그를 내보내 주시겠어요?" 또는 학교에서 누군가 달려와서 말합니다. "쌀겨에 불이 붙었어요. 한 소녀가 심하게 화상을 입었는데, 그녀가 죽었는지 확인해 주시겠어요?"

장작 가격이 거의 감당할 수 없을 정도로 비싸졌기 때문에 한국 사람들은 이제 쌀겨를 연료로 사용하고 있습니다. 최근 저희 학교에서도 쌀겨를 연료로 사용하기 시작했습니다. 하지만 아이들은 아직 그것을 제대로 사용하는 방법을 배우는 중이라, 쌀겨를 마치 솔가지처럼 화덕에 쌓아두곤 해서 몇 번 사고가 있었습니다. 다행히도 심각한 사고는 없었습니다.

저는 한국에서 화재가 더 많이 발생하지 않는 것에 놀랐습니다. 사람들은 모두 면으로 된 옷을 입고, 대부분의 집은 짚으로 지붕을 덮고 있기 때문입니다. 만약 집이 불에 타면 집을 잃는 것뿐만 아니라, 부주의로 인해 집이 불타게 된 것에 대해 정부에 벌금을 내야 합니다. 만약 벌금을 낼 형편이 되지 않는다면 감옥에 가야 하는 경우도 있습니다.

저는 현재 훌륭한 학교를 운영하고 있습니다. 지금까지 제가 맡았던 학교 중에 가장 좋다고 생각합니다. 현재 학교에는 98명의 소녀가 있으며, 이 중 42명은 기숙사에 살고 있습니다. 기숙사에 거주하는 학생 중 일부는 먼 시골 지역에서 왔습니다. 기독교 사역을 위해 이 소녀들을 훈련할 수 있는 기회를 가지게 되어 매우 기쁩니다. 여러분은 이 소녀들에게 있어 한 해의 학교에서의 시간이 얼마나 큰 의미를 가지는지 상상도 못 할 것입니다.

섬사람들은 매우 가난하고 무지합니다. 그들은 자신이 가진 자원을 어떻게 활용해야 할지 모릅니다. 한 어머니가 저에게 이렇게 말했습니다. "학교에서 배우고 난 후 감자를 일곱 가지 방법으로 조리할 수 있다는 것을 알게 되었어요."

우리는 소녀들에게 단순히 쌀만 먹는 것이 아니라, 쌀 이외의 음식을 영양학적으로 더 지혜롭게 먹는 방법을 가르치고자 합니다. 이곳에서는 감자와 콩이 잘 자라지만, 그들은 이러한 것들의 식량 가치를 잘 모르고 있습니다. 우리는 소녀들을 서구화하지 않고, 그들 자신이 가진 것을 최대한 활용하는 방법을 보여주려 노력하고 있습니다.

그들은 한국식 바느질과 미국식 바느질, 한국 요리, 집 청소, 위생 원칙, 아기 돌보기 등뿐만 아니라 산수와 지리도 배웁니다.

물론 우리의 주된 바람은 앞으로 남은 10년 동안 기독교 교육을 통해 기독교 사역자들로 양성하는 것입니다. 저는 헌신적인 아내와 어머니를 만드는 데 제 최선을 다하고 싶습니다. 제 학교는 저에게 큰 기쁨을 주지만, 미국인 어머니가 한국인 딸들을 완전히 이해하는 것은 매우 어렵다고 종종 느낍니다. 제 딸들은 항상 새로운 무언가로 저를 놀라게 합니다.

바로 그때 복음이와 족한아가 연필을 가지러 왔습니다. 복음이 (Pokumi)의 아버지는 기독교인 문 씨입니다. 그래서 그녀의 이름은 '축복'이라는 뜻의 복음으로 불렸습니다. 반면, 족한아(Choke-Hanna)의 아버지는 비기독교인이었고, 그녀가 태어났을 때 이미 여러 명의 딸이 있었기에 그녀를 '족한아', 즉 "이제 충분하다"라고 불렀습니다. 그는 더 이상 딸을 원하지 않았던 것입니다.

Mrs. Parkers

1917년 1월 23일 (한국, 목포)

친애하는 동역자 여러분께,

새해 첫날입니다! 중국 달력에 의하면 오늘은 새해의 시작입니다. 적어도 구세대의 한국인들은 이날만을 새해로 인정하며, 거의 모든 한국인이 이날을 여전히 가장 큰 명절로 지키고 있습니다. 물론 일본인들은 이제 서양과 같은 날을 새해로 인정하지만, 얼마 전까지만 해도 그들도 이날을 새해로 알고 있었으며, 시골 지역에서는 여전히 이를 기념합니다.

오늘을 기념하며 어제(월요일) 하루 종일 학생들에게 공부를 시키고, 오늘은 평소 절반의 휴일을 주었습니다. 우리 학교가 주간에 주는 절반의 휴일은 보통 월요일에 주어지는데, 그 이유는 학생들이 일요일에는 예습 공부를 하지 않도록 하기 위함입니다.

오늘 아침 몇몇 학생들이 인사를 하러 왔고, 저는 그들에게 사진을 보여주며 즐겁게 해주었으며, 우리 딸 진도 보여주었습니다. 학생들은 특히 이를 가장 즐거워했습니다.

한국의 설날에는 아이들이 밝고 화려한 색상의 새 옷을 입고, 몇날 며칠 동안 즐겁게 차려입고 다닙니다. 하지만 그들이 더러워진 옷을 벗고 다시 새 옷을 입으려면 한 해가 지나야 제대로 차려입습니다. 이 명절이 왜 큰 명절인지 알 만하지 않습니까!

그밖에 어떤 일들이 있을까요? 설날은 대중적인 공휴일(국경일은 아니다)로 사정이 허락하는 한 사람들을 방문하고 담소를 나누고 음식을 먹으며 시간을 보냅니다. 새 옷 외에도 각 가정에서는 명절을 위해 특별한 떡을 준비합니다. 보통 평소에는 단순한 밥을 먹습니다. 물론 예전에 말씀드렸던 것처럼 이와 관련된 이교적 관습들도 있지만, 기독교인들은 이러한 관습을 지키지 않으며, 해가 갈수록 설날의 중요성을 덜어내고 있습니다.

고국에서처럼 우리에게 가장 긴 휴일은 크리스마스이며, 이는 우리의 사고방식뿐 아니라 1월 1일에 시작되는 일본의 학사 일정과도 더 잘 맞아떨어집니다. 참고로 올해 설날은 매우 이른 시기에 왔습니다. 보통은 2월에 해당합니다.

크리스마스 전날부터 지금까지 우리는 거의 계속되는 겨울 날씨, 눈보라와 추위를 겪고 있습니다. 저는 지금까지 본 적이 없는 가장 오래 지속된 눈 내림을 경험했습니다. ―물론 제가 이런 현상을 많이 본 것은 아니지만… 버지니아에서도 눈이 오기는 합니다― 그리고 이곳 한국 지역에서는 가장 많이 쌓인 눈을, 그리고 가장 오랫동안 지속된 추위를 겪었습니다. 날씨가 잠깐 맑아지고 대부분의 눈이 녹았다 싶으면 다시 눈이 내리기 시작했습니다. 지금도 마치 폭설이 언제 내렸느냐는 듯, 그런 소리를 들어본 적이 없다는 듯이 계속해서 쏟아지고 있습니다. 눈이 내리는 광경은 아름답지만, 가난한 한국인들에게 많은 고통을 주기 때문에 우리는 항상 눈이 그치기를 바랍니다. 이들이 이러한 고통 가운데 하나님으로부터 참된 위로를 찾을 수 있도록, 특히 이때 이들을 위해 기도해 주시기 바랍니다. 하나님은 우리가 받기를 원하는 것보다 훨씬 더 주시기를 기뻐하시는 분이기 때문입니다.

물가가 전반적으로 상승하고 있으며, 우리는 미국에서도 그랬던 것처럼 여기에서도 그 영향을 피하지 못하고 있습니다. 그럼에도 불구하고 올해는 좋은 쌀 수확 덕분에 대체로 번영한 한 해였습니다.

제 학생들 대부분은 고향에서 학교로 돌아오는 데 상당히 어려움을 겪었습니다. 많은 학생들이 섬에 살고 있어 배를 타고 와야 했는데, 무서운 강풍으로 인해 거의 이동이 불가능할 정도였습니다. 몇몇 새로운 학생들이 입학했지만, 한두 명은 돌아오는 데 실패하였습니다. 그래서 학생 수는 이전과 거의 같습니다.

저는 학교를 관리하고 제가 맡은 수업으로 바쁘게 지내고 있습니다. 이번 봄에는 2월 11일부터 남성 사경회가 시작될 것이고, 3월 말에는 평양으로 이사를 가야하기 때문에 특히 더 바쁠 예정입니다. 그러므로 우리는 일본식 학사 일정에 따라 새로운 학년이 시작되는 4월 1일부터 평양에서 사역을 시작할 것입니다. 목포와 이곳 친구들로부터 떠나야 하는 것이 아쉽지만, 새로운 자리에서 정착하게 되는 것을 기쁘게 생각하며, 이번이 마지막 이사가 되기를 희망합니다.

저희 가족은 감기를 제외하면 모두 건강합니다. 오늘부터 3일간 광주에서 전도대회가 열립니다. 참석하고 싶었지만, 학교 일이 시작된 후에는 떠나기가 어렵습니다. 파커 부인이 지도하는 바느질반은 훌륭한 성과를 내고 있으며, 그녀는 학생들을 가르치는 데 큰 기쁨을 느끼고 있습니다.

우리는 여러분께 진심 어린 최고의 소원을 보내며, 여러분의 기도 속에서 우리를 기억해 주시기를 바랍니다. 저희도 여러분을 기억하며 기도하고 있음을 알아주셨으면 합니다.

진심으로,

주님의 사역에서 함께하며

Wm. P. Parker 드림

Letter 4

1917년 3월 5일 (한국, 목포)

존경하는 동역자 여러분,

지난 한 달은 매우 바쁘게 보냈습니다. 물론 이런 경우 쓸 이야기가 많지만, 지금은 모두 다 이야기할 시간은 없을 것 같습니다. 오히려 그런 이유로 이 편지가 더 마음에 드실지도 모르겠습니다.

1월 말에 파커 여사께서 손에 아주 심각한 감염이 생겼습니다. 그래서 그녀는 손을 수술해야 했고, 그 이후로 손을 사용할 수 없는 상태입니다. 수술한 손이 오른쪽이어서 그녀에게 더 어려움이 많았으며, 여전히 많은 고통을 겪고 계십니다. 의사는 그녀의 오른손, 열에서 열두 부위를 여섯 차례에 걸쳐서 수술을 하였습니다. 그중 한 번은 마취하에 진행되었습니다. 열흘 동안 병원에 입원하여 침상에 있어야 했습니다. 한때 의사는 그녀의 손을 절단해야 할지도 모른다고 우려했으며, 파커 여사의 상태를 매우 걱정했습니다. 하지만 우리의 기도와 친구들의 기도에 하나님께서 응답해 주셨고, 저희는 하늘 아버지의 보살핌과 인도하심에 진심으로 감사드립니다. 지금은 점차 상태가 호전되고 있다고 말씀드릴 수 있어 다행입니다. 의사도 27일까지는 상태가 더 좋아질 것이라고 보고 있습니다.

저는 4월 1일부터 평양에서 대학에서의 일을 시작해야 하며, 잠시 서울에 머물러 치과 치료와 교육협회 회의에 참석해야 합니다. 그러므로

27일에 떠나면 평양에 도착하여 새롭게 정착하는 데 적절한 시간을 가질 수 있을 것 같습니다. 평양에서는 베어드 선교사(Mr. Baird, 북장로교)의 집 일부를 사용할 수 있을 것으로 기대하고 있습니다. 제 업무는 이전과 동일하게 대학에서 수학과 영어를 가르치고, 지역 주일학교에서도 활동할 예정입니다. 파커 여사는 이미 제4 교회 여성 사역을 맡아 달라는 요청을 받았습니다. 다만, 그녀는 손의 부상으로 인한 긴 투병 끝에 휴식이 절실히 필요한 상태라 조금 더 쉬기를 바라고 있습니다. 파커 여사는 목포에서의 여학교 실과 사역을 무척 즐거워하였고, 그 일을 매우 성공적으로 운영해 왔기에 이 일을 내려놓는 것을 아쉬워하고 있습니다.

우리 부부는 여러 가지 이유로 목포를 떠나게 되어 매우 아쉽지만, 하나님의 뜻이라고 믿고 평양에서 더 잘 정착하여 기쁘게 살 것입니다. 이곳 목포 학교의 학기는 3월 22일에 끝나며, 저는 졸업식 준비로 바쁜 나날을 보내고 있습니다(이곳의 학제는 4월부터 다음 해 3월까지). 제가 떠난 뒤에는 니스벳 선교사께서 학교를 맡으실 예정입니다. 여러 면에서 이 학교의 전망은 매우 밝습니다.

2월 11일부터 열흘 동안 우리는 연례 남성 사경회를 진행하였습니다. 이번 사경회는 역대 최대 규모였으며, 목포 현지 주민 외에 약 220명의 사람들이 시골에서 찾아왔습니다. 참석한 남성들은 열심히 공부했고, 모든 교사가 매우 만족하며 큰 영감을 받았다고 말했습니다. 저는 첫해 과정을 맡아 야고보서와 산상수훈을 가르쳤습니다. 사경회는 수강 연도에 따라 다섯 학급으로 나뉘어 운영되었습니다.

전주의 윈 선교사(Mr. Winn)와 테이트 선교사(Mr. Tate) 그리고 평양의 스왈렌 선교사가 강의에 도움을 주었고, 특히 스왈렌은 부흥회를 인도했습니다. 그 결과는 지금으로서는 다 헤아릴 수 없지만, 분명 하나님께서 역사하셨음을 느낍니다. 다만, 현지 교회는 받을 축복을 충분히 누리지 못한 것 같아 아쉬웠지만, 시골에서 온 분들은 특별히 큰 도움을 받은 듯합니다. 스왈렌은 성령 충만한 분으로, 우리 선교사들 한 사람 한 사람도 그분의 말씀을 통해 큰 축복을 받았습니다. 마틴 선교사가 말했듯, 스왈렌 선교사가 전하신 말씀은 하나님으로부터 직접 받은 메시지처럼 느껴졌으며, 그분의 헌신된 삶은 모두가 주목하지 않을 수 없었습니다. 그분의 마음은 오직 하나님의 메시지를 여기 모인 사람들에게 전하는 데 집중되어 있었고, 다른 모든 것은 뒤로 미루어졌습니다.

이번 주에는 여성 사경회가 시작됩니다. 많은 분들이 참석할 것으로 기대하고 있습니다. 목포에서의 사역과 우리가 곧 가게 될 평양에서의 사역을 위해 기도해 주시기를 부탁드립니다. 또한 파커 여사의 건강을 위해 기도해 주시고, 하나님의 뜻이라면 더 이상 고통받지 않도록 해주시기를 바랍니다.

여러분 모두의 사역을 위해 저희도 기도하며, 주님의 은총이 늘 함께하시기를 바랍니다.

진심으로

윌리엄 P. 파커 드림

Letter 5

1917년 4월 11일 (한국, 평양)

존경하는 동역자 여러분,

우리는 3월 27일 오전 6시 30분에 목포를 떠나 그날 저녁 서울에 도착했습니다. 파커 여사와 저는 치과 치료를 받아야 했고, 저는 교육협회 회의에 참석할 예정이어서 서울에 며칠 머물렀습니다. 저는 31일에 혼자 먼저 평양으로 올라왔고, 파커 여사는 손 치료를 위해 전기 치료를 받느라 나흘 더 서울에 머물렀습니다. 그러나 마침내 모두 이곳 평양에 도착했고, 이제 조금씩 정착해 가고 있습니다. 며칠 안에 가정용 물품들이 도착할 예정이며, 그 후에는 본격적으로 짐을 풀어 정리하려고 합니다. 이사를 한다는 것이 결코 쉬운 일이 아니기에 하루빨리 끝내기를 바라고 있습니다.

현재 우리는 베어드의 집에 머물고 있습니다. 베어드 선교사께서 세 방을 사용하시고, 우리는 집의 다른 부분을 사용하고 있습니다. 베어드는 우리와 함께 식사를 하고 지내고 있습니다. 모두가 우리를 반갑게 맞아주었고, 거의 2년 만에 이곳으로 다시 돌아오게 되어 저희도 매우 기쁩니다.

목포에서는 니스벳이 남학교를 맡게 됐습니다. 새 학기에 몇 명의 학생들이 등록했는지 아직 소식은 듣지 못했지만, 이전보다 더 많을 것이라는 예측이 있습니다. 여학교 또한 지속적으로 학생 수가 늘어나고 있었으며, 새로 입학하는 학생들도 있었다고 합니다. 3월에 졸업한 여학생 세 명은 여기 평양으로 올라왔고, 스눅(Miss Snook)의 아카데미(Academy, 숭의여학교)에서 계속 학업을 계속할 것입니다.

아마 제가 이미 말씀드린 바와 같이 저는 이곳 대학에서 수학을 가르치고, 영어 수업도 한 강좌 맡게 되며, 시내에서 주일학교 사역도 하게 될 예정입니다.

수학에서는 1학년 대수학, 2학년 삼각법, 3학년 해석기하학 수업을 맡고 있으며, 가을 학기부터는 미적분 수업도 추가될 예정입니다. 주일학교를 섬기는 저의 사역은 아마도 번하이슬 선교사(Mr. Bernheisel, 북장로교)의 교회에서 하게 될 것 같습니다. 이곳 평양에는 현재 장로교 교회가 7곳, 감리교 교회가 2-3곳 있는데, 번하이슬의 교회는 제가 이전에 이곳에서 사역할 때도 함께 일했던 교회입니다.

파커 여사는 제가 봉사하는 같은 교회에서 여성 주일학교를 담당할 예정입니다. 현재 이 교회에서는 매주 일요일 오전에 세 번의 모임이 열리고 있습니다. 오전 9시에 아동 및 불신자 어린이를 위한 주일학교가 먼저 열리고, 10시 30분에는 남성 모임이, 마지막으로 정오에는 여성 모임이 시작됩니다. 따라서 파커 여사는 오후 1시 30분까지 그 자리에 있어야 합니다.

이곳의 외국인 예배는 매우 규모가 큽니다. 감리교와 장로교 선교사들은 매주 일요일 오후 4시 30분에 대학 예배당에서 함께 예배를 드리며, 매주 목요일 저녁 7시 30분에는 선교사 가정 중 한 곳에서 모임을 갖습니다. 매년 외국인 중 한 사람이 담임 목사로 선출되며, 이는 보통 북감리교와 북장로교 교단 출신 중에서 교대로 임명됩니다. 모든 남성 선교사는 순번에 따라 예배를 인도합니다. 올해는 베어드 선교사께서 목사로 섬기고 계십니다.

지난주 일요일에는 성찬식 예배를 드렸고, 그 앞 전 주일에는 부활절을 기념했습니다. 특별히 이날을 위해 마련된 음악 프로그램이 있었습니다. 크레인 선교사(Miss Georgia D. Crane)가 아름다운 독창을 불렀고, 외국인 학교 아이들이 특주를 하였습니다. 외국인 기숙사 소년들은 각 가정을 다니며 많은 예쁜 꽃과 고사리잎으로 예배당을 장식했습니다. 방문객을 포함하여 예배에 참석한 사람은 약 60~70명이었습니다.

여러분도 아시다시피 현재 장로교 신학교가 3월부터 6월까지 학기를 운영 중입니다. 이로 인해 북장로교 선교회의 외부 스테이션에서 온 교수들뿐만 아니라, 한국 내 다른 세 장로교 선교회(남장로교, 캐나다장로교, 호주장로교)의 대표들도 이곳에 머물고 있습니다. 우리 선교회에서는 벨과 레이놀즈 선교사(Dr. Reynolds)가 신학교를 대표하고 있으며, 볼링 레이놀즈(Mr. Bolling Reynolds, 레이놀즈의 아들로 1894년 서울 출생)는 대학에서 가르치고 있습니다.

또한, 여성 성경학교도 진행 중이라 이를 가르치기 위해 방문하신 분들도 있습니다. 샤프 부부(the Sharps)는 자녀들의 학교 교육을 위해 이곳으로 이사 왔지만, 샤프 선교사는 여전히 재령(Jaeryŏng) 지역에서 순회 사역을 하고 있습니다. 더불어, 이곳 스테이션에 한 분의 새로운 가족이 합류했습니다.

여기에서의 사역을 위해 기도해 주시기를 부탁드립니다. 저희도 기도 중에 여러분의 사역을 늘 기억하고 있습니다. 특히 이 시기에 여러분을 위해 기도하고 있습니다. 하나님께서 여러분의 사역에 풍성한 축복을 내려주시기를 기원합니다.

주님의 사역 안에서

윌리엄 P. 파커 드림

| 4부 |

윌리엄 파커 서신 4집

Letter 1

1917년 5월 22일 (한국, 평양)

친애하는 동료 여러분,

　지난주에 연례 보고서 사본을 보내드렸습니다. 일반적인 소식은 거의 추가할 것이 없지만, 지난달 작업에 대해 몇 마디 말씀드리겠습니다.

　대학에서의 사역은 큰 기쁨이었습니다. 학생들은 모두 훌륭한 친구들이며, 그들을 알면 알수록 더 좋아집니다. 물론 서로 다른 사고방식 때문에 문제들이 발생하기도 합니다. 서로 간의 더 깊은 이해를 위해 언어의 한계를 극복하고 언어의 더 풍부하고 자유로운 사용을 갈망하게 됩니다. 그러나 언어를 배우는 교사로서 우리는 문화적 차이 때문에 오는 다름이 우리를 가르치고 있다고 믿고, 이로 인해 격려받고 있습니다. 제 수업은 매우 좋은 성과를 거두었으며, 학교 일정은 6월 14일에 마무리되기 때문에 공부할 시간이 아직 꽤 남아 있습니다. 날씨가 계속 매우 쾌적해서 우리는 학기 내내 문제없이 수업을 진행할 수 있을 것입니다. 실제로 두세 번의 더운 날을 제외하면 더위다운 더위는 없었습니다. 물론 평양은 목포보다 훨씬 시원하고 계절도 많이 뒤처져 따라가고 있습니다.

　이로 인해 우리의 정원에 있는 식물들은 아직 많이 성장하지 않았지만, 학생들과 교사들에게는 학습하기에 훨씬 좋은 환경인 것은 분명합니다.

　저는 매주 주일, 도시 교회 가운데 한 곳에서 가르치고 있으며, 이는 큰 기쁨과 영감을 줍니다. 그러나 나중에는 가까운 시골 교회에 가서 일할 생각을 하고 있습니다. 더 큰 도움을 주고 싶기 때문입니다.

여기는 남쪽보다 발전된 상태이며, 일할 수 있는 인원도 더 많습니다. 제가 가르치는 제4 교회는 어린이들을 위해 주일학교를 성공적으로 크게 운영하고 있습니다. 대부분의 다른 교회들도 마찬가지입니다. 그러나 아직까지 주일을 최대한 활용하지는 못했습니다. 특히 대학 회계 업무를 맡게 된 이후로 여러 가지 일이 추가되어 현재로서는 제가 감당할 수 있는 모든 것을 다하고 있는 느낌입니다. 해석기하학에서의 수업은 새로운 것이며, 일본어 교과서가 영어 교과서와는 이론적으로도 상당히 다르기 때문에 준비하는 데 시간이 걸립니다. 그러나 대체로 일본어 교과서가 제 수학 수업에 매우 만족스럽고, 학생들의 요구에 잘 맞는 것으로 입증되었습니다. 제가 사용하는 대수학 교과서는 찰스 스미스(Charles Smith)의 책을 번역한 것이며, 삼각법은 직접 만든 것으로 보입니다.

외국인 학교 어린이들은 도시 바로 외곽의 '피그빌'(Pigville)이라는 마을에서 불신자 어린이들을 위한 작은 주일학교를 운영하고 있습니다. 그들이 사는 동네에서는 돼지를 허용하지 않아서, 소유자들이 모든 돼지를 동네 밖으로 모아야 했고, 그래서 많은 돼지들이 이 피그빌이라는 마을에 놓여 있습니다. 이들은 한국 집과 밖에서 최선을 다해 학교를 운영해 왔으며, 피그빌에는 신자 가정이 없어도 학교는 잘 운영되고 있습니다. 최근 클리랜드 선교사(Miss Cleland, 북장로교)가 이 마을에 작은 예배당을 세우기 위한 기부를 받았으며, 아이들은 매우 기뻐하고 있습니다.

조지아 크레인은 서울에서 우리 선교사 윌슨(Mr. Thomas E. Wilson)과 결혼한 지 일주일이 훨씬 지났습니다. 그들은 6월에 결혼할 계획이었지만, 윌슨은 심각한 병으로 인해 즉시 미국으로 돌아가는 것이 바람직하다고 판단되었습니다. 윌슨은 심각한 흉막염에 걸려 생명이 위태로웠습니다. 최근에 그가 조금 나아졌다는 소식을 들었습니다. 그들은 가능한 한 빨리 떠날 계획을 세우고 있으며, 여러분의 간절한 기도가 필요합니다.

여러분의 사역 가운데 하나님의 축복이 있기를 기도합니다.

진심으로,

주님의 사역자

Wm. P. Parker

Letter 2

Wm. P. Parker의 1917년 5월 30일 연말 개인 보고서

지난해는 선교지에서의 변화가 많아 삶이 단조롭게 느껴지지 않았습니다. 적응하기엔 오히려 변화가 너무 많았던 것 같습니다. 연례 회의에서 3월까지 목포에 머무르고, 이후에 평양으로 돌아가라고 결정했습니다.

목포에서의 제 작업은 이전과 같았습니다. 주일학교 사역과 교육 사역 그리고 지역 남자 아카데미를 담당했습니다. 여러 가지 이유로 아카데미의 등록 인원은 작년보다 적었지만, 학생들과 교직원 모두 훌륭한 한 해를 보냈습니다. 학교의 분위기는 좋았고, 모든 것이 조화롭게 움직였습니다. 많은 수의 불신자 학생들이 등록했으며, 그들은 신뢰할 수 있는 학생들이었고, 매사 성실하게 학업에 임했습니다. 물론 그들은 기독교에 관심이 있었고, 그렇지 않았다면 등록하지 않았을 것입니다. 이 관심은 참으로 진실되어 보였습니다. 저는 그들에게 성경을 가르칠 기회를 가졌고, 이는 저에게는 기쁨이자 서로 간에는 축복이 되었다고 믿습니다. 그들은 확실히 복음을 받아들이는 데 수용적이었으며, 그들의 마음에 심어진 믿음의 씨앗이 열매를 맺을 것이라고 믿습니다. 이 가운데 한 학생은 이번 학기에 공립 상업 학교에 다니고 있으며, 최근에 그가 정기적으로 교회에 다니고 있다는 소식을 들었습니다.

지난 학기 학교에 다녔던 기존의 거의 모든 학생이 돌아왔습니다. 그리고 새로운 학생들도 꾸준히 입학하여 학교는 잘 운영되고 있습니다.

학교와 교직원들은 지역 주일학교에서 불신자 어린이들을 위한 사역에 도움을 주었고, 학생들을 잘 가르치고 모았습니다. 이 사역은 제가 담당했으며, 저에게 매우 격려가 되었습니다. 학교는 한 곳이 추가되어 총 세 곳이 되었고, 한 학교는 중단되었으며, 두 개의 새로운 학교가 시작되었습니다. 출석 인원은 거의 늘어나지 않았지만, 정기적으로 참석하지 않던 학생들이 걸러졌고, 주일이 언제인지조차 모르는 아이들이 꾸준히 참석하는 모습이 있었습니다. 저는 과거 목포 북교동에서 가르치고 도왔으며, 그때 사역은 저에게 큰 영감을 주었습니다. 순회하지 않는 모든 선교사는 이 학교 사역에 큰 도움을 보태주었습니다. 이 학교 사역의 결실에 대해 이전에 언급했었고, 앞으로 더 큰 일을 기대하고 있습니다.

교회에서의 크리스마스 연극은 성공적이었습니다. 각 학교는 성경, 찬송가 또는 교리 문답을 낭독하였고, 여러 특별한 노래가 있었습니다. 모든 프로그램은 큰 관중들에 의해 철저히 즐겨졌습니다. 예배를 드린 후 각각의 아이들은 일본식 종이와 연필을 받았습니다(두 가지의 가격은 약 3전, 즉 1.5센트 금액에 해당합니다).

여기에서는 학년이 3월 말에 끝나고, 새로운 학기는 4월 초에 시작됩니다. 목포에서 학교는 3월 22일에 학기가 끝났습니다. 거기 살림살이들을 싸서 평양에 30일에 도착하였으며, 4월 1일 대학이 개강하자마자 사역을 시작했습니다. 여기에서 제 사역은 1) 수학(대수학, 삼각법, 해석기하학과 후에 미적분학을 포함)과 영어 수업을 맡고, 2) 대학 회계 일을 맡고, 3) 지역 주일학교 사역을 하는 것입니다. 매주 주일마다 번하이슬이 섬기는 교회에서 중등과정 학생들을 가르치고 있으며, 기회가 되면 불신자 어린이들을 위한 사역도 할 계획입니다.

제 사역은 모두 즐겁고, 하나님께서 이 일을 하게 해주셔서 감사드립니다. 수학을 가르치는 일이 전통적인 선교 업무는 아닐지라도, 기독교 학교 기관에서의 이 일은 확실히 선교적입니다. 수학은 한국인들의 교육에서 매우 중요한 부분을 차지합니다.

파커 여사는 목포의 여학교 실과 부서에서 매우 성공적인 한 해를 보냈습니다. 그녀는 현재 이 사역을 인수 받아 맡고 있는 매컬리 여사(Mrs. McCallie)에게 210.30엔을 넘겨줄 수 있었습니다. 1916년 4월 1일부터 1917년 3월 31일까지의 회계 내역은 다음과 같습니다.

이 내역에는 현재 자재와 미국에 아직 팔리지 않은 상품, 즉 최소한 80.00엔 정도의 가치로 추정되는 금액이 포함되지 않았습니다.

연말에 실과 부서에는 39명의 여학생이 있었습니다. 그들은 뛰어난 기술 작업을 수행하고 있었고, 일부는 스스로를 완전히 부양하고 있었습니다. 잔액은 실과 부서가 선교에서 원래 빌린 150.00엔을 갚을 수 있게 해주며, 추가 수입이 들어올 때까지 충분한 금액이 남아 있습니다.

파커 여사는 지난 1월 말에 손에 심각한 감염이 되었고, 그로 인해 생명이 위험한 상태였습니다. 우리의 기도가 응답 되어 그녀의 생명이 구해졌고, 손 역시 잃지 않게 되어 매우 감사하게 생각합니다. 그녀는 이제 손을 다시 사용할 수 있을 정도로 차츰 회복되고 있지만, 여전히 매우 약합니다.

6월 26일에는 진 랜돌프(Jean Randolph)가 우리 가정에 탄생했습니다. 그녀는 우리 가정에 더 많은 기쁨과 즐거움을 주고 있습니다.

사역과 사역자들은 항상 여러분의 기도가 필요합니다. 하나님께서는 우리가 드리는 기도를 가장 놀라운 방식으로 응답하십니다. 그분께서 베푸신 풍성한 축복에 대한 찬양과 감사가 항상 그분께 드려져야 합니다.

여러분께 존경을 표하며,

주님의 사역자

Wm. P. Parker

Letter 3

1917년 8월 8일 (한국, 평양)

친애하는 동료 사역자 여러분,

최근까지 매우 더운 여름을 지내느라고 고생하였습니다. 그러나 며칠 전 더운 대지 위에 비가 내리면서 조금 시원해졌습니다. 이제는 전혀 날씨가 나쁘지 않으며, 밤에는 꽤 많은 이불을 덮어야 할 정도입니다.

물론 평양은 남쪽보다는 조금 더 시원하지만, 여름철에는 한국 전역이 더위가 심합니다. 거의 항상 시원한 소래 해수욕장은 예외이겠지만 말입니다.

우리는 여름 내내 여기에 있었고, 마지막으로 쓴 편지에서 언급했듯이 연례 회의가 끝난 후에 서울로 군(軍) 등록을 하러 간 여행이 있었습니다. 광주에서 돌아올 때 서울에 들러 미국 시민으로서 제 가족과 제 자신의 군 등록을 다시 했습니다. 이전에 군 등록을 했을 때 군 등록 카드가 도착하지 않았기 때문입니다. 카드가 도착하자 저는 다시 서울로 특별히 가야 했습니다. 그 당시 나이 제한에 해당하는 유일한 사람은 길리스 선교사(Mr. Gillis, 북장로교)였습니다. 한국 전체에서 미국 선교사와 다른 미국 사람들을 포함해 약 50명이 나이 제한에 해당했던 것 같습니다. 많은 사람들이 서울에 가는 데 어려움을 겪었습니다. 그 이유는 특히 북쪽 지역에서 많은 비로 인해 농촌 도로가 심하게 유실되었기 때문이었습니다.

여름 기간 동안 일본어를 열심히 공부하지는 못했을지라도 적어도 공부하려고 노력했었고, 수학 번역 작업도 했습니다. 일어 공부를 시작할 때보다 일본어를 조금 더 알게 된 것은 분명하지만, 더위 때문에 사실 큰 진전에 이르지는 못했습니다. 대부분의 사역이 한국인들과 영어 또는 한국어를 이해하는 일본인과 관련되어 있기 때문에 일본어를 이해 하는 것이 필수적이지 않습니다. 그러나 일본어 사용을 더 많이 연습하고 싶습니다. 제 일본어 선생님은 한국인으로 제 비서이기도 하며, 일본에서 몇 년 동안 살아서 일본어를 자신의 모국어처럼 잘 알고 있습니다. 그는 목포에서 제 일본어 선생님이었고, 제가 대학에 오기로 결정을 내린 후 그는 대학 과정을 수강하지 못했습니다. 그는 훌륭한 젊은이로 여기에 있는 동안 좋은 사역을 계속해 가고 있습니다. 그는 이곳 지역에서 설교를 하고 선교회에서 일하고 있습니다. 그는 대학을 마친 후 신학교 교육을 받고 싶어 하며, 언젠가는 설교자로서 그에 대한 더 많은 이야기를 듣게 되기를 소망합니다. 제게 있는 일본어 대수학 교과서는 제게 완벽하 지 않아서, 제 수업에 보충 노트를 추가하고 있습니다. 또한, 여러 일본어 수학 교과서를 검토하는 과정에서 대수학과 삼각법에서 더 나은 책들을 발견했습니다. 일본 정부로부터 이 책들의 사용 허가를 받을 수 있다면 미래에 사용할 계획입니다. 제가 가지고 있는 고급 수학 교과서는 매우 만족스럽습니다. 왜냐하면 거의 영어 번역본이기 때문입니다.

요즈음 저희의 마음을 짓누르는 무거운 부담이 있습니다. 물가 상승으 로 인해 한국인들이 생계를 유지하기가 점점 어려워지고 있으며, 여름 내내 학생들이 대학이나 중등학교를 돕는 일자리를 구하러 저를 찾아왔 습니다. 실과 부서는 한정된 양의 일만 제공할 수 있으며, 게다가 학생들은 최소한 한 학기 이상 학교에 다닌 후에만 받을 수 있습니다. 도움받기를 원하는 사람들은 많지만, 자금에는 한계가 있어 실과 부서는 일정 금액으로 운영될 수밖에 없습니다. 최근 월요일에 한 학생이 바에서 운동 중 넘어져 등을 다쳐서 무거운 일을 할 수 없게 되었습니다. 그는 무엇인가 일을 구해 학교를 계속 다닐 수 있기를 원했습니다. 그는 좋은 학생이며, 우리 순천 지역 출신입니다. 그의 가족은 그를 도울 수 없어서 비서 일을 맡을 수 있는 기회라도 얻지 못하면 학교를 떠나야 할 상황입니다. 저는 현재 두 명의 학생을 돕고 있고, 모든 사람이 자립 가능한 상태입니다. 대학생들도 있으며, ─방금 언급한 학생은 중등학교 학생입니다─ 이들 중 일부는 가을에 상황이 나아지지 않으면 중퇴해야 할 수도 있습니다. 그들은 교육을 절실히 원하며, 대부분 열심히 기독교를 믿고 있으며, 해당 지역 교회에서 지도자가 될 가능성이 높습니다. 이들을 거절하는 것은 정말 힘든 일입니다. 그들이 절실히 필요로 하는 교육을 받을 수 있는 방법이 찾아질 수 있도록 기도해 주시기를 바랍니다. 저는 그들이 어떤 어려움을 겪더라도 낙담하지 않기를 소망합니다. 그들 중 일부는 인간적으로 볼 때 중퇴해야 할 것 같습니다.

제가 여기 온 후에 저희가 고용한 학생 중 한 명이 있습니다. 그는 군산 출신의 훌륭한 젊은이입니다. 이 학생과 모든 학생을 위한 기도를 부탁드립니다. 특히 제가 고용한 학생과 저의 비서를 위해 ─그들이 모든 기회를 최대한 활용하고, 항상 주인에게 충실할 수 있도록─ 기도해 주시기를 부탁드립니다!

파커 여사는 집안일과 교회 일로 바쁩니다. 딸 진이 커가면서 장난도 더 많이 치고 있고, 더위 때문에 몇 주간 주일 교육을 한국인에게 맡기기도

했습니다. 한국의 태양은 외국인에게는 매우 힘들기 때문에 건강을 고려하지 않거나 어떤 방식으로든 면역이 된 경우가 아니면, 여름에 많은 일을 시도하는 것은 매우 손해입니다. 매년 최소한 잠깐이라도 집을 떠나는 것이 바람직합니다.

파커 여사는 이전에 여러분께 언급했던 적이 있던 그 여인에게서 새로운 격려를 받았습니다. 그 여인은 파커 여사의 전도부인과 다른 사람들(제 비서의 아내도 포함된) 덕분에 나쁜 삶에서 구출되었고, 작년에 목포의 다른 선교사들의 도움으로 노예에서 벗어나게 되었습니다. 이 여인은 우리와 함께 올라왔지만, 도중에 서울에 있는 부모님 집에 들렀습니다. 여기 도착한 후 일주일 정도 지나서 그녀는 부모님과 함께 살기 위해 돌아가고 싶다고 요청했습니다. 처음에 그녀가 스스로를 노예로 팔았을 때 ─그녀의 부모들은 불신자였고, 불신자들은 딸을 파는 경우가 종종 있지만─ 부모님은 이 일에 개입하지 않았습니다. 그리고 그녀가 여기에서 좋은 신앙의 모습을 보였기 때문에, 그녀의 부모를 전도할 수 있을 것이라고 저희는 판단했습니다. 그녀는 현재 두 살 정도 된 아들을 두고 있습니다. 그래서 우리는 그녀를 서울로 보냈으며, 부모님이 그녀를 지원할 수 없기 때문에 일부 도움을 주기로 했고, 동시에 그녀가 배운 킬트 작업을 하도록 했습니다. 이 킬트는 지역 실로 생산되어집니다. 스와인하트 여사(Mrs. Swinehart)는 여기서 만든 킬트를 미국에서 잘 팔고 있습니다. 그래서 시간이 지나면 이 여인이 자립할 수 있을 것으로 생각됩니다.

제가 여러분께 그녀의 이야기를 쓴 것처럼 목사가 그녀를 시험해 본 후 그는 이 여인이 믿음을 가지고 있다고 확신했습니다. 기도해 주시고, 아직도 끔찍한 노예 상태에 있는 수많은 사람들을 위해 기도해 주세요. 이 노예 거래는 어떤 땅에서도 저주이며, 이곳에서는 더욱 심각합니다. 그녀가 우리에게 발견된 집에서 구출되기 전의 모습을 보면 그녀의 진지함을 쉽게 믿을 수 있을 것입니다.

하나님께서 여러분의 사역에 풍성한 축복을 주시기를 기도합니다.

늘 변함없이,

주님의 사역에 헌신하는

Wm. P. Parker

1917년 9월 3일 (한국, 평양)

친애하는 동료 사역자 여러분,

8월이 평소보다 훨씬 더 빨리 지나간 것 같습니다. 그리고 학교 업무들은 이제 본격적으로 시작되었습니다. 아카데미 과정(숭실학교)은 지난 수요일에 개강하였고, 대학은 오는 목요일에 열립니다. 아카데미에는 거의 300명의 학생이 있으며, 우리는 여전히 학생들의 등록과 시험을 진행하고 있습니다. 수업은 곧바로 시작되었습니다. 제가 대학과 아카데미의 재무를 맡고 있기 때문에 최근 며칠 사이 상당히 바빴습니다. 오늘은 다소 한가해졌지만, 모레부터는 대학생들과 함께 다시 바빠질 것입니다. 이번 학기에는 아카데미에서 매주 영어 수업을 6시간 맡게 되었습니다. 학생들과 만났는데 좋은 학생들로 보이고 매우 밝은 것 같습니다. 다만, 영어가 그들에게는 매우 어렵습니다. 이외에도 같은 과목들—영어(한 반), 해석기하학, 삼각법, 대수학—을 맡고 있으며, 대학에서는 미적분학이 추가될 가능성도 있습니다. 미적분학의 추가는 선택 사항이므로 아직 한국인 학생들은 미적분학과 같은 어려운 과목을 —언제나— 선택할 만큼 수학에 강하지 않습니다. 그러나 이번 해가 지나면 고학년 학생들이 더 많이 있을 것으로 예상합니다.

레이너 선교사(Mr. Reiner, 북장로교)의 병에 대해 이미 말씀드린 적이 있을 것입니다. 그는 7월 중순에 소래 해수욕장으로 가서 2주간 머무를 예정이었으나, 심한 이질로 매우 아프게 되어 여름 내내 소래에서 머물러야 했고, 아직도 그곳에 있으며, 사역을 시작할 수 없을 만큼 약해졌습니다. 레이너 부인(Mrs. Reiner)은 지난주에 소래에서 집으로 돌아왔지만, 내일 다시 돌아가야 합니다. 의사들은 레이너가 두 달 정도 더 소래에 머물어야 한다고 조언하고 있습니다. 번하이슬은 대학에서 정규 수업 외에도 아카데미와 대학의 교장직을 대신 맡아야 했으며, 그는 이미 상당히 바쁩니다. 번하이슬은 －많은 교회에 한국인 목사들이 있음에도－ 30개의 농촌 교회를 감독해야 하지만, 이번 가을에는 모든 교회를 방문할 수 없으므로 다른 대책을 마련해야 합니다. 레이너 교장의 부재로 인해 우리 모두 조금 더 바빠졌고, 그의 수업도 신경 써야 합니다. 솔타우 선교사(Mr. Soltau, 북장로교)가 이번 주에 평양에 와 에드먼 선교사(Mr. Erdman, 북장로교)가 미국에서 돌아올 때까지 도와줄 예정입니다. 에드먼은 올해 대학 사역을 맡고 있습니다.

우리 남장로교 선교회에서 볼링 레이놀즈가 지난주에 도착했고, 대부분의 일본인 교사들도 이제 도착했습니다.

아카데미 학생들이 돌아오면서 저는 제 담당인 정기 주일학교 수업을 다시 맡게 되었습니다. 모두를 다시 만나게 되어 기쁩니다. 여름 동안 여러 가지 대체 수업을 하면서 즐거웠고, 제가 맡았던 몇몇 어르신들도 매우 주의 깊이 참여했고 무척 흥미로워했습니다. 더욱이 지난 주일에는 학생들이 너무 반응이 좋아서 제게 큰 힘이 되었고, 서로가 도움을 주었다고 믿습니다. 이 사람들은 성경 교육을 참으로 갈망합니다. 이곳은 남쪽보다 훨씬 더 많은 교육을 받았고, 더 발전된 상태입니다. 그러나 공부에 대한 열정은 여전히 같습니다. 우리는 그들에게 전할 메시지를 잘 준비하고 공부해야 합니다. 그리고 그들의 반응을 보는 것은 큰 도전이 됩니다. 지난 주일의 수업 주제는 에베소에서 일어난 소요에 대한 이야기였으며, 바울 시대의 이교도 신앙과 숭배와 관련된 여러 가지가 최근에 많은 유사한 신앙을 가진 이들에게 매우 쉽게 이해되었습니다. 에베소의 다이아나 숭배의 모든 흔적이 이제 지구상에서 완전히 사라졌듯이, 우리는 이 믿음이 이제 사라졌다는 것을 알고 있으며, 이 신자들도 알고 있습니다.

특히 이 시기에 여러분을 위해 기도합니다. 미국에서 방금 돌아온 기텐스(Miss Gittens)는 현재 전쟁에 참전하는 학생들을 보면서 기도해야 한다는 사실이 더욱 실감 난다고 말했습니다. 우리 역시 이곳에서 그 사실을 여실히 실감하고 있습니다. 하나님께서 우리의 용감한 군인들을 지켜주시고, 그들이 훈련이나 실제 봉사에 들어가면서 평화가 빨리 돌아오기를 기도합니다.

올해가 여러분 각자에게 가장 좋은 해가 되기를 바랍니다.

모든 좋은 소원과 함께
늘 변함없이
주님의 사역에 헌신하는
Wm. P. Parker

| 5부 |

윌리엄 파커 서신 5집

1917년 10월 9일 (한국, 평양)

제가 마지막으로 여러분께 편지를 썼을 때는 아마도 대학이 아직 개강하지 않았던 것 같습니다. 다만, 아카데미는 이미 시작한 상태였습니다. 9월 6일에 대학이 개강했고 대부분의 학생들이 돌아오긴 했지만, 물가 상승으로 인해 일부 학생들은 돌아오지 못했습니다. 학생들은 생계를 유지하는 데 어려움을 겪고 있습니다. 거의 모든 물가가 두 배 또는 그 이상으로 올랐고, 개인 가정에서 제공하는 하숙비도 작년에는 월 4~5엔(현재 가치 약 40~50만 원, 1엔은 10만 원)에 가능했던 것이 이제는 8엔 또는 8.50엔으로 인상되었습니다. 기숙사에서는 월 약 4엔 남짓한 공동 하숙비로 유지하려 노력하고 있어 음식의 품질은 당연히 낮아질 수밖에 없습니다. 그래도 음식은 영양가 있고 조리가 잘 되어 있으며, 맛만 제외하면 괜찮은 편입니다.

임금은 자연히 물가 상승에 비례하여 오르지 않았기 때문에 모든 한국인은 생계를 유지하기 위해 절약해야 하는 상황입니다. 그리고 우리 역시 이곳에서 전쟁의 여파를 느끼고 있지만, 물가를 억제해 줄 후버(Mr. Hoover, 당시 미국 식량청장, 제31대 대통령) 같은 사람은 없는 상황입니다.

레이너 선교사는 여전히 부재중이며, 그가 맡고 있었던 일들이 어느 정도 우리에게 분배되었기 때문에 우리 모두가 조금 더 바빠졌습니다. 회계 업무도 이로 인해 약간 더 많아졌고, 저는 제 수업 외에 레이너

씨의 수업 중 하나를 추가로 맡게 되었습니다. 솔타우는 대학을 돕기 위해 이곳에 내려와 있었지만, 어제 북쪽 끝의 강계로 떠났습니다. 그는 결국 만주로 가서 그곳으로 이주한 한국인들을 위한 새로운 사역을 시작할 예정입니다. 솔타우의 자리를 대신하기 위해 대구의 에드먼 선교사가 며칠 내로 이곳에 올 예정입니다.

지난해에는 한국인 선생님이 성경을 가르쳤지만 매우 만족스럽지 못한 결과를 얻었기 때문에, 올해는 외국인 교수가 가르치도록 시도하고 있습니다. 에드먼은 올해 성경학과 담당 교수로 오게 됩니다.

파커 여사는 수업과 유치원 업무로 매우 바쁜 시간을 보내고 있습니다. 현재 그녀는 시골 지역 여성 성경 교사들을 가르치고 있으며, 그러면서 제5 교회 유치원 관리와 교육받을 기회를 얻지 못했던 젊은 기혼 여성들을 위한 학교도 감독하고 있습니다. 최근 한 달 동안 그녀는 심한 기침에 시달렸지만, 점차 나아지고 있는 듯합니다. 다만, 가르치는 일이 그녀의 목소리에 부담을 주고 있습니다.

우리 딸 진은 이제 거의 걷고 말할 수 있을 정도로 성장했지만, 아직 완벽하지는 않습니다. 그녀는 약간 장난꾸러기이며, 우리는 진이 장차 무엇을 할지 예측할 수 없습니다.

현재 우리는 여전히 쾌적한 가을 날씨를 보내고 있으며, 일하기에 좋을 만큼 시원하지만 아직 춥지는 않습니다. 그러나 겨울이 빠르게 다가오고 있어 곧 날씨가 추워질 것입니다. 물론 이곳은 우리가 지난 2년간 머물렀던 남쪽 지역보다 춥지만, 어느 곳에 있든 추위나 더위를 느끼는 정도는 비슷하다고 생각합니다. 다만, 만주나 강계처럼 북쪽 끝 지역으로 가는 경우는 예외겠지요. 이곳에서나 목포에서나 월동을 위해 준비해야 할 사항은 거의 비슷합니다.

다행히도 석탄은 이곳에서 구하기가 조금 더 수월하며, 남쪽보다 더 저렴한 유일한 품목입니다.

우리 선교사들의 병환에 대해 아마 들으셨으리라 생각합니다. 제가 이미 언급했을 수도 있지만 다시 말씀드리겠습니다. 베너블 선교사(Mr. Venable)는 몇 달 전 안식년에서 돌아온 지 얼마 되지 않았는데도 신경 쇠약으로 인해 아내를 다시 본국으로 데려가야 했습니다. 이는 그와 그의 가족에게 정말 힘든 일이었습니다. 그들은 두 아이, 아들과 딸을 레이놀즈 부인에게 맡겨야 했습니다. 베너블은 아내를 본국에 남겨두고 혼자 돌아올 예정입니다.

또한, 윌슨 선교사에 대한 소식도 알고 계실 것입니다. 최근에 그에 대해 들은 소식은 약간 희망적이었지만, 바로 그 이전에는 종양과 계속 투쟁해야 하며 회복의 가능성은 없다는 소식을 들었습니다. 그는 다만 조금 더 오래 생존할 수 있을 뿐이라고 합니다.

하나님께서 이러한 고난을 통해 우리 선교회에 어떤 교훈을 주시고자 하시는 것 같습니다. 우리가 항상 하나님을 더 깊이 신뢰하며, 우리를 떠날 수밖에 없었던 우리 동료들을 위해 기도해 주시길 바랍니다. 우리는 항상 여러분의 기도를 필요로 하며, 저희도 하나님의 은혜의 보좌 앞에서 여러분을 기억하면서 기도하겠습니다.

언제나 변함없는 좋은 소원과 함께,

여러분의 동역자

윌리엄 P. 파커

Letter 2

Blank(날짜) 이원필(Yi Un Pil) 목사님과의 작별 인사 (목포)

이원필 목사(Mr. Yi)는 지역 교회(목표)의 목사로서 지난 2년간 봉사하였습니다. 그러나 8월 전라노회에서 군산 교회의 부임 요청을 받아들였고, 오늘 9월 26일 그곳에서의 사역을 시작하기 위해 떠났습니다. 지난 주일 저녁, 그는 작별 설교를 하였고, 월요일에는 남학교 건물에서 열린 환송 연회에서 그의 명예를 위해 한국식 만찬이 있었습니다. 이 자리에는 많은 외국인 손님들과 한국인 손님들이 참석했습니다. 교회의 장로와 몇몇 청년들이 송별사를 하며, 이 목사님이 떠나시는 것에 대해 아쉬움을 느끼게 해주었습니다. 오늘 정오 열차로 떠나실 때 교인들이 역으로 배웅하러 갔으며, 학교 학생들도 공부를 마치고 쉬는 시간에 역으로 가서 송별했습니다. 니스벳 선교사가 새 목사가 청빙될 때까지 임시로 이 지역 교회를 맡을 예정입니다.

이 목사님을 위해 특별히 기도가 필요합니다. 그는 불교 승려로 전주 지역에서 활동하다가 신자가 되었고, 적절한 훈련을 받은 후 매커첸 선교사(Mr. McCutchen)의 조사로 일했습니다. 그는 사역에 매우 충실하고 열정적으로 일하였습니다. 그래서 그가 신학교에 입학해 목사가 되고자 하는 뜻을 밝혔을 때 흔쾌히 허락받았습니다. 그는 훌륭한 영성을 지녔으며, 하나님께서 그의 사역을 통해 역사하셨습니다. 그러나 그는 많은 가족 문제로 인해 크게 낙심하곤 했습니다.

노회에서는 이 목사의 아버지가 생존해 있는 동안에 목사직을 사임할 것을 심각하게 고려하기도 했습니다. 주된 이유는 그의 아버지가 신자가 아니고, 아들 목사와 함께 살면서도 이교적인 관습을 집에서 행했기 때문입니다. 이로 인해 이 목사님은 많은 고통을 겪었고, 자녀들도 기대에 부응하지 못했습니다.

많은 기도와 고민 끝에 그는 목사직을 포기하지 않고 다시 한번 도전해 보기로 결심했습니다. 그는 자신이 하는 모든 말에서 용기를 얻었다고 느끼고 있습니다. 니스벳은 이곳에서의 사역과 그의 미래에 대해 이 목사와 상의했습니다. 이 목사님은 정말로 어려운 시기를 겪었습니다.

한편, 우리가 그를 잃게 되어 아쉽기는 하지만, 동시에 그가 여전히 목회를 이어가겠다는 결정을 한 것에 기쁨을 느낍니다. 우리는 이번 군산으로의 이사가 그에게 가장 좋은 일이 되길 바라며, 하나님께서 이 땅에서 그의 사역을 통해 더욱 크게 역사하시길 기도합니다.

이 목사님은 군산시에 있는 교회(개복교회)를 맡게 되실 예정이며, 그곳은 우리 선교 사택이 있는 마을 교회(구암교회)는 아닙니다. 군산시에 있는 교회는 최근 더 큰 건물을 새로 지었으며, 교회가 번창하고 있습니다. 우리는 이 목사님이 그 교회의 훌륭한 목사가 되어주시길 바랍니다. 여기 외국인들과 한국 형제들의 기도가 새로운 사역지로 향하는 그와 함께합니다.

니스벳은 올해 후반기에 이곳에서 부흥회를 열 계획을 하고 계십니다. 현재 광주에서 경험하고 있는 것과 같은 영적인 축복이 우리에게도 임하기를 소망합니다. 매컬리는 지금 광주에서 재령 출신 한국인 목사님(김익두 목사)의 인도 아래 경험하고 있는 것과 같은 영적 각성을 전라도 남쪽에서 본 적이 없다고 했습니다. 김 목사님은 진리의 복음을 전하며 사람들의 마음을 움직이는 설교를 하십니다. 김 목사님께서는 광주에서 순천으로 가서 부흥회를 열 계획이며, 저희도 그분을 이곳으로 초청할 수 있을 것입니다.

여러분께서 목포 교회와 우리를 떠나신 이 목사님을 위해 기도해 주시기를 부탁드립니다. 또한, 니스벳 선교사가 지역 교회와 시골 사역을 함께 이끄시는 이중적인 어려운 과업을 감당해 나가는 데 하나님의 인도하심이 있기를 기도해 주시길 바랍니다.

1917년 11월 12일 (한국, 평양)

친애하는 동역자 여러분께,

제가 지난번에 여러분께 편지를 쓴 바로 다음 날, 대학생들이 평양에서 약 35마일 떨어진 항구 도시인 진남포로 하루 소풍을 다녀왔습니다. 우리는 오전 6시 50분에 평양에서 출발하여 급행열차를 타고 오전 8시 30분에 진남포에 도착했습니다. 굉장히 빠른 여정이었습니다! 한국과 일본 교회의 목사님들 그리고 한국교회의 장로님들과 집사님들 몇 분이 역에서 우리를 맞이하여 도시의 주요 명소를 안내해 주었습니다.

우리는 먼저 조선에서 가장 큰 제련소를 방문했습니다. 이곳은 전국에 흩어진 광산들에서 채굴된 광석을 모아 제련하는 곳입니다. 제련소는 일본인들이 운영하고 있었지만, 광산들은 외국인이 관리하고 있었으며, 그중 한 광산의 광석을 소유하고 있는 외국인도 있었습니다. 제련소의 일본인 직원이 영어를 조금 할 줄 알아 우리를 안내하며 모든 과정을 상세히 설명해 주었습니다. 우리가 이해하지 못하는 부분은 대학에서 화학을 가르치는 일본인 교사 나라하시 선생님이 통역했습니다. 이곳에서는 구리, 금, 은을 제련하며, 그 과정 전체를 학생들에게 보여주었습니다. 이러한 과정을 처음 접한 학생들에게는 교육적으로 많은 도움이 되었습니다.

한국에는 철광석이 상당히 많이 있지만, 이 광석은 다른 지역에서 제련됩니다. 현재 한국에서 철 제품은 매우 비싼데, 이는 철 제품의 대부분이 미국에서 수입되기 때문입니다. 조선 내에 제조 공장이 없기에 이런 상황이 지속되고 있습니다. 이제부터는 한국에서 철 제품을 직접 제조하는 것이 경제적으로 이익이 될 것입니다.

제련소 방문 후 우리는 한 지역 장로님이 큰 호텔에서 제공해 주신 점심을 먹었습니다. 점심 메뉴는 한국의 '국수'로 마치 마카로니 같은 요리인데 정말 맛있었습니다. 저는 제 몫의 절반 정도를 먹는 데 성공했지만, 한국인들이 커다란 그릇(보통 베이킹 접시 정도의 크기)을 순식간에 해치우는 데 비해 여섯 배나 더 긴 시간이 걸렸습니다.

한국인들은 먹는 동안 소리를 내는 것에 거리낌이 없었습니다. 사실 다양한 소리를 충분히 내지 않으면 음식을 제대로 감사히 여기지 않는 것으로 간주될 정도였습니다!

잠시 휴식을 취한 뒤 우리는 다시 도시를 돌아다니며 많은 명소들을 보았습니다. 항구에는 약 400톤 정도의 작은 화물선이 정박해 있었습니다. 한 학생이 저에게 "이게 세상에서 제일 큰 배인가요?"라고 물어보기도 했습니다. 대부분의 학생들이 증기선을 본 적이 없었기 때문입니다. 저녁 식사를 위해 우리는 20명씩 조를 나누었고, 학생들에게 아주 푸짐하고 맛있는 식사가 제공되었습니다.

저녁 식사 후 모든 학생이 기차역에 모였고, 우리는 밤 7시 20분에 출발하는 기차를 기다렸습니다.

진남포에는 꽤 번창하는 한국교회가 있습니다. 저희의 눈에는 교인들이 대체로 경제적으로 여유가 있어 보였고, 활기차고 역동적인 모습이었습니다. 이 지역의 한국인들은 대체로 남쪽 사람들보다 더 활력이 넘치며,

물가가 더 비싼 상황에서도 교회는 거의 자립하고 있었고, 재정적으로도 스스로를 관리하는 능력이 훨씬 뛰어났습니다.

진남포교회는 최근 새 예배당 건축을 마쳤는데, 이 건축비는 전액 교인들의 헌금으로 충당되었으며 부채가 전혀 없습니다. 이는 이 지역에서는 규칙처럼 여겨지며, 외국인들은 특별한 이유가 없는 한 재정적으로 돕지 않습니다.

여행에서 돌아온 다음 날, 레이너 선교사께서 병으로 치료를 받는 동안 아카데미와 대학을 맡아 가르치시는 번하이슬 선교사께서 심한 이질에 걸렸다는 소식을 들었습니다. 그 결과 한 주 동안 그의 업무를 제가 대신 맡아야 했습니다. 이미 레이너의 수업 중 하나를 추가로 담당하고 있었기에 번하이슬이 복귀했을 때 정말 기뻤습니다. 다행히 번하이슬 선생님께서 아프신 동안 처리해야 할 일이 많지는 않았습니다.

대구에서 오신 에드먼 선생님께서 솔타우 선생님의 자리를 대신했으나, 약 3주 동안 머물다 병에 걸리셔서 지난주에 떠났습니다. 이후 우리는 한 한국인을 그 자리에 임명하는 데 성공했습니다. 조만간 이곳의 업무를 맡기 위해 곧 미국에서 새로운 분이 오실 수 있기를 바랍니다.

레이너 선생님께서는 이달 2일에 복귀하였습니다. 그의 건강은 꽤 호전된 상태인 것 같으며, 또 다른 건강 문제가 생기지 않기를 희망합니다. 아카데미와 대학 두 곳을 동시에 맡는 것은 한 사람에게는 너무나 많은 부담이며, 누군가 아카데미 학원을 맡아줄 수 있기를 바랍니다. 그러나 과연 누가 맡을 것인지 아직 결정되지 않았습니다.

한국에서 우리 학교가 가르치는 성경 교육 과정에 대한 의문이 일부에서 제기되었습니다. 몇몇 사람들은 우리가 더 이상 성경을 가르칠 권리가 없다고 생각하는 것 같습니다. 그러나 이것은 옳지 않습니다.

1915년 이후에 허가를 받은 학교들은 새로운 규정을 따라야 했습니다. 그래서 1915년 이후 설립된 학교들은 정규 교육 과정에서 성경을 제외해야 했습니다. 우리 선교회의 순천 학교(은성학교)는 이 규정을 따라야 했던 학교에 속했으나, 이에 따르기보다는 폐교를 선택했고, 해당 학교들은 여전히 문을 닫고 있습니다. 이를 재개하자는 움직임도 있었지만, 우리는 아직 이 문제에 대해 결정을 내리지 않았습니다. 그리고 최근 선교회 회의에서 다음 장로회 협의회 이후에 조치를 취하기로 했습니다. 북장로교 선교회는 새 규정을 따르는 것을 선호하지 않지만, 감리교 선교회는 새 규정에 따라 허가를 받고 있습니다. 서울의 한 대학(북장로교 교수가 있지만 장로교선교부공의회와는 연결되어 있지 않음, 연희대학)도 새 법에 따라 허가를 받았습니다.

1915년 이전에 허가를 받은 학교들은 1925년까지 성경을 가르칠 수 있지만, 새로운 허가를 즉시 받으라는 강한 권유를 받고 있습니다. 우리는 가능한 한 오랫동안 성경을 유지해야 한다고 생각하며, 적어도 어떤 이들은 성경이 정규 교육 과정의 일부가 아니라면 학교를 폐쇄하는 것이 낫다고 느낍니다. 그러나 우리는 의견에서 지나치게 독단적이지 않으려 하며, 이 새로운 규정조차도 이 땅에서 하나님의 나라를 확장하는 데 사용될 수 있도록 기도와 소망을 품고 있습니다. 우리는 그분을 신뢰하기만 하면 됩니다. 우리의 결정에 하늘로부터 오는 지혜가 주어지기를 기도하며, 이 학교 상황을 여러분의 매일 기도에 기억해 주시기를 바랍니다.

올해 가을은 매우 아름다웠지만 이제 꽤 추워졌습니다. 모든 물가가 오른 상황에서 이번 겨울은 가난한 사람들의 고통이 예상되며, 아마도 평소보다 더 많은 도움 요청을 받게 될 것입니다. 연료는 부족하며, 비싼 가격에도 구하기 어렵습니다. 겨울옷의 솜을 위해 사용하는 목화는 1파운드당 60전이나 됩니다. 우리는 가능한 한 많은 국산 제품을 사용하려 노력하고 있으며, 현지 밀, 쌀, 조 등은 비싸긴 하지만 여전히 수입 식품보다 저렴합니다. 또한, 현지에서 재배된 옥수수도 구할 수 있습니다.

이 전쟁의 끔찍함이 얼마나 심각한지 용감한 젊은이들이 전선으로 나가는 모습을 보며 더욱 실감하고 있습니다. 이 시기에 여러분 모두를 특별히 기억하고 있습니다. 하나님께서 우리의 병사들을 순수하게 지켜 주시고, 고통받는 세상에 속히 평화를 주시기를 기도합니다.

이번 크리스마스 전에 보내드리는 마지막 소식이 될 듯하여, 이 시기와 다가오는 새해를 위한 제 진심 어린 축복을 전하고 싶습니다. 이번 해가 여러분의 최고의 해가 되기를, 그리고 다가오는 모든 일들 속에서 하나님이 함께하시기를 기원합니다.

이곳의 원주민 교회에서 부흥이 일어나기를 기도해 주십시오.

늘 주님의 사역을 위한 동역자로서

윌리엄 P. 파커

P.S. 코이트 선교사께서 스프루병에 걸리셨습니다. 현장에서 치료를 받으며 완쾌되기를 희망하고 있습니다. 그의 빠른 회복을 위해 기도해 주시기 바랍니다. _ 윌리엄 P. 파커

Letter 4

1917년 12월 5일 (한국, 평양) — 재무부

친애하는 동료 사역자 여러분,

이번 달에는 저의 아내가 작성한 보고서를 보내는 것으로 제가 그동안 보낸 서신의 단조로움을 대신하려고 합니다. 또한, 여성 사역에 대한 생각을 전하고자 합니다. 저는 학교에서 일하고 있기 때문에 하루하루가 비슷하여 종종 새로운 이야기를 전하기 어려울 때가 많습니다. 지난 한 달 동안은 꽤 바빴고, 크리스마스 방학 전까지 제 재무 담당 업무와 관련해 아직 해야 할 일이 많습니다. 저희 학교는 12월 20일에 방학을 하고 1월 5일에 다시 개강하지만, 저는 1월 2일에 시작되는 겨울사경회를 돕기로 약속한 상태입니다. 방학 동안에는 조금이라도 공부를 하고, 마무리하지 못한 다른 일들도 해내기를 바라고 있습니다.

저희는 매우 즐거운 추수감사절을 보냈습니다. ─정확히 말하자면, 한국에서는 저희보다 일주일 앞서 추수감사절을 지키기 때문에 두 번의 감사절을 보낸 셈입니다.─ 아침에는 필립스 선교사(Mr. Phillips, 북장로교) 댁에 모였고, 기도회는 필립스가 인도하였습니다. 그 자리에서 많은 유익한 간증이 나왔고, 모두에게 영적 유익을 주었습니다. 저녁에는 다시 필립스 선교사 댁에 모여 함께 저녁 식사를 했습니다. 저녁 메뉴는 채소, 야생 오리와 꿩, 쿠키 그리고 아이스크림으로 구성되었습니다. 저녁 식사 후에는 이야기를 나누고 함께 찬송을 부르며, 하나님께 기도와 찬양을 드리는 것으로 하루를 마무리했습니다. 하나님께서 우리에게 주신 모든 축복에 대해 깊이 감사드렸습니다. 이 기도 시간에 고국에 있는 여러분과 우리 조국도 잊지 않고, 여러분을 위해 기도했습니다.

여러분이 이 편지를 받으실 쯤이면 이미 새해가 되어 있을 것입니다. 하나님께서 여러분을 축복하시고, 새해와 다가오는 모든 해에 걸쳐 여러분을 사용하시기를 기원합니다.

가장 따뜻한 마음을 담아

늘 그렇듯

주님을 위한 동역자

윌리엄 P. 파커 드림

Letter 5

1917년 — 윌리엄 P. 파커 부인 보고서

올해의 제 사역에 대해 문의를 받았기에, 질문에 답하기 위해 제 경험에 관한 이야기를 조금 하려고 합니다. 비록 그 이야기가 제가 마을을 순회하면서 전도하는 것인 만큼 흥미진진하지 않더라도 말입니다.

제가 생각하는 '전도 사역을 하는 독신 여성 선교사'는 말을 타거나, 짐을 실은 조랑말을 끌고, 인력거 또는 가마를 타고 시골로 나가 한국 가옥에서 머물며 다양한 교회나 신자 그룹의 여성들과 성경 공부를 하고, 수업 시간 외에는 각 가정을 방문해 격려하는 등 함께 기도하는 것입니다. 하지만 저희 가족은 두 명의 독신 남자 하숙생(그중 한 명은 올해 우리가 머물고 있는 베어드의 집에서 함께 방을 쓰고 있습니다)과 같이 지내고 있기 때문에 몇 주 동안 그렇게 시골로 나가기는 어렵습니다.

저의 첫 번째 책임은 저희 아이를 바르게 양육하여 그녀가 어린 시절부터 하나님께 속하도록 하는 것입니다. 두 번째는 우리 집에서 일하는 하인들에 대한 책임입니다. 오래된 선교사들로부터 하인들이 우리의 영적 자녀가 되어야 한다는 말을 종종 들었습니다. 확실히 동양인들에게 깊이 뿌리내린 부정직한 경향으로 인해 이들이 우리 집에서 받는 유혹은 큽니다. 물론 몇몇은 잘못된 길로 가기도 하지만, 어떤 이들은 헌신적인 조력자나 설교자 혹은 선교사가 되기도 합니다. 특별히 주목할 만한 예로는 이기풍 목사가 있습니다. 그는 처음 평양에 발을

디딘 선구적 선교사 마펫 박사님을 돌로 쳤던 사람 중 하나였으나, 이후 스왈른 선교사의 요리사가 되었고, 마침내 신학교를 졸업하여 한국 남쪽의 큰 섬인 제주도에서 선교사로서 훌륭한 사역을 하였습니다. 건강이 악화된 뒤로는 다시 본토로 돌아와 사역을 이어갔습니다.

올해 저에게 맡겨진 선교지의 업무는 다음과 같습니다.

첫째, 제4 장로교회의 주일학교 사역(평양에는 장로교회 7개, 감리교회 3개 있음)입니다.
둘째, 젊은 기혼 여성들을 위한 학교를 운영하는 일입니다.
셋째, 교회 유치원을 감독하는 일입니다.
넷째, 아카데미 여자학당(숭의여학교)에서 주 2회 미술 수업을 가르치는 일입니다.

마지막 임무는 일본 정부의 교육 일정 요구사항이기 때문에 필수적으로 해야 할 일로써 정규적인 선교 사역처럼 보이지 않을 수도 있습니다. 그러나 이 시간은 제가 한국인들에게 매우 필요한 가치를 강조할 좋은 기회였습니다. 예를 들어, '정직'(작품을 베끼지 않고, 서로 대신 만들어 주지 않으며, 어떤 방식으로든 속이지 않는 것)과, '순종'(제가 지시하는 대로 정확히 따르는 것 - 이는 거의 불가능에 가까운 일입니다) 그리고 관찰과 실행의 '정확성'과 '독립성'입니다.

한국인들은 돈, 경제, 또는 학교 사역과 관련해서 다루기가 힘든 반면, 성경 공부를 하거나 그들의 가정을 방문할 때는 참으로 가르치기 즐거운 사람들입니다. 그들은 손님들에 대해 매우 정중하고 환대하는 태도를 가지고 있으며, 영적인 성향이 강합니다. 이러한 진술들이 참이라는 사실을 여러분은 분명히 알 수 있습니다. 반면에 명예, 정확성 그리고 경제에 대한 관념은 그들이 동양인이라는 단순한 사실에 비추어 볼 때 우리들의 가치관과 반대로, 정직, 순종, 정확성과 독립성과 같은 문제는 그들이 동양인이라는 부분적 진술만으로 우리와 다르다는 점을 설명할 수 있습니다.

유치원 전문가가 아닌 저는 유치원의 운영 방침을 기존에 정해진 방식에 따라 하도록 맡겨두고 있으며, 단지 선생님들이 새로운 활동을 위해 제게 조언을 요청할 때 약간의 지도를 제공하는 정도입니다. 가장 가까운 유치원에는 약 60명의 학생이 있으며, 이들의 나이는 대략 6세에서 13세입니다. 이곳에서는 한국어와 한문으로 산수, 읽기, 쓰기 등의 실용적인 과목도 가르치고 있습니다. 한국인들은 아이들에게 유용한 것을 가르치지 않으면 일부 불신자 부모들이 자녀를 보내지 않을 것이라고 말합니다. 물론 찬송가, 성경 읽기나 이야기 그리고 기도는 매일 일과의 일부로 포함되어 있습니다.

일부 학생들은 학비를 내고 여러 권의 책을 구입해야 하며, 하루 종일 학교에 머물러야 하는 일반학교에 다닐 형편이 되지 않아 이곳에 대신 다니는 것 같습니다. 그래서 나이 제한이 높은 편입니다. 제가 앞서 언급했듯이, 이 유치원은 주로 교회에서 운영하고 있습니다.

젊은 기혼 여성들을 위한 학교는 가을에 6주에서 8주 동안 운영됩니다. 올해는 거의 모든 학생이 미망인인데, 그중 일부는 20세도 되지 않은 과부들입니다. 그녀들은 농촌과 도시에서 와서 읽기와 쓰기를 배우고, 기본적인 교육과 성경 공부를 익히고 있습니다.

여성의 고등교육은 여기에서 비교적 최근에 발전된 영역입니다. 만일 젊은 여성들이 충분한 준비를 하고, 부모나 시부모의 동의를 받고, 나아가 충분한 자금을 마련할 수 있다면, 대부분 미혼 여학생들로 이루어진 여자학당에 입학할 수 있습니다. 올해 우리 학교(북한 방언으로 젊은 아내를 뜻하는 '색시'에서 따와 '색시학교'라고 부릅니다)의 학생 중 일부는 몇년간 반복되는 학습 과정을 통해 필요한 준비 과목을 마치고 여자학당에 진학할 계획입니다.

그렇지 못한 학생들은 26세까지 기다렸다가 성경학교에 입학할 것을 기대합니다. 이 성경학교는 매년 봄에 시작하여 3개월간 운영되며, 4년간의 과정을 마치고 성적이 충족되면 졸업하게 됩니다. 졸업생들은 '전도부인'(Bible women)이 되어 가정에 얽매이지 않는 경우 한 달에 4~5달러 (80~100만 원)의 급여를 받으며 시골 지역에서 가르치고 전도하는 사역을 할 수 있습니다. 저는 이 학교의 목표가 정규 교육을 받지 못한 여성들을 이 중요한 사역을 위해 준비시키는 것이라고 믿습니다. 현재도 많은 성경학교 졸업생들이 있지만, 일꾼은 여전히 턱없이 부족합니다.

과거 구한국에서는 조혼 관습(제가 본 것 중에는 8세 소년과 9~10세 소녀가 결혼한 경우도 있었습니다)이 있었습니다. 이제 교회의 영향, 그리고 만 16세 미만의 결혼에 대해 교회가 징계를 시행하는 제도에 의해 많이 개선되었습니다. 그러나 이러한 조혼은 온갖 악행과 문제를 초래했습니다. 과거뿐만 아니라 현재에도 어린 과부들이 상당히 많이 있고, 전통에 따르면 이들은 합법적으로 재혼할 수 없었습니다. 이들은 첩이 되거나 그렇지 않으면 젊고 예쁜 경우 집에서 버릇없는 나쁜 남자들에게 강제로 빼앗길 수도 있었습니다.

한국에 관한 책을 읽어 보았다면 이런 이야기를 접했을 것입니다. 약혼한 소년이 죽어도 약혼녀는 과부로 여겨지며 달리 결혼할 수가 없었습니다. 부모나 후견인이 어린아이 때 약혼을 시키는 경우가 많아 과부의 수는 늘어났습니다. 교회는 이들에게 재혼이 잘못된 일이 아니라고 가르치며 이를 권장하고, 이러한 오래된 악습을 바로잡으려고 노력하고 있습니다. 과부가 되는 것보다 더 나쁜 것은 결혼하지 못하는 것입니다. 병들었거나 장애가 있는 사람들만 결혼하지 못했으며, 과거에는 미혼으로 죽은 소녀의 시신을 길 위에 묻어 사람과 짐승이 영원히 짓밟도록 했습니다.

이러한 설명은 이곳 여성들의 삶, 특히 과부들의 어려움을 이해하도록 돕기 위함입니다. 결혼한 여성들의 삶은 때로 더 힘들 수 있습니다. 술에 취한 남편, 권위적인 시어머니, 반항적이고 훈육되지 않은 자녀들(한국인들은 순종을 강요하는 방법을 거의 알지 못하기 때문에 학교와 교회에서 반란이 일어나기도 합니다) 그리고 끝없는 허드렛일이 그 예입니다. 이런 이유로 우리는 과부들에 대해 깊은 연민을 느끼고 있습니다.

주일학교 사역은 매주 일요일 교장으로서 학교를 운영하고, 기회가 있을 때마다 학급을 가르치며, 평일에는 가정 방문을 포함하고 있습니다. 성경학교와 이곳의 학급에서 가르치는 일 모두는 가장 시골 사역에 가까우며, 직접적인 전도 활동에 해당합니다.

지난주 가정 방문은 매우 다양한 모습과 대조로 가득했습니다. 한 가정에서는 한 할머니, 어쩌면 '여성 므두셀라'라고 부를 수 있을 정도로 연로하신 분이 있었는데, ─추정컨대─ 손녀가 불신자 남성과 결혼하도록 허락한 일로 인해 겪은 징계로 인해 슬픔에 잠겨 있었습니다.

다른 한 곳에서는 새로운 신자, 약 38~40세 된 여성이 있었습니다. 그녀는 아들과 외아들을 익사로 잃은 절망 속에서 그리스도를 찾았고, 위로를 받았으며, 전주 교회에 버려진 다섯 달 된 아기를 입양하고 싶어 했습니다. 하지만 남편은 가난을 이유로 반대했습니다.

또 다른 잘 사는 가정은 아버지가 오랜 신자로 고백했음에도 '죄에 빠져' 첩을 들이면서 어려움을 겪고 있었습니다. 이 문제의 변명은 이교도들의 관습인 제사 문제와 아들을 가져야 한다는 필요성에서 비롯된 것이었습니다. 어머니와 딸은 주일학교에 규칙적으로 참석하며, 단정하고 세련된 얼굴을 가지고 있었지만, 수치심을 깊이 느끼는 것처럼 보였습니다. 이 가정에서 여성 두 명과 함께 가족을 위해 기도할 때, 노인이 방에 들어와 있다가 한 조사가 그에게 회개하라고 직설적으로 말하자 화를 내며 방을 뛰쳐나갔습니다. 이후 그는 마당에서 거닐며 예의 없는 태도로 우리에게 떠나라고 요청했습니다.

또 다른 가정에서 가난한 어머니와 두 어린 자녀를 보았는데, 어수선하고 정돈되지 못한 모습이었습니다. 그녀는 입을 만한 옷을 제대로 갖추지 못해 주일학교에 오지 못했다고 말했습니다. 가련한 그 집의 백발에 눈이 먼 할머니는 어둠 속에서 바닥에 쭈그리고 앉아 있었고, 우리가 구세주가 필요하다는 점을 강조했음에도 여전히 '세상의 빛'을 거부했습니다.

또 다른 집에서는 모두 신자로 보였지만, 아들은 봄에 다른 이들과 함께 정부의 명령으로 대학에서 퇴학당했습니다. 스파이가 그들의 연설에 대해 허위로 보고했기 때문입니다. 이 젊은이와 퇴학당한 다른 이들 모두는 선량하고 신실한 크리스천이었고, 우리는 그들이 이번 봄에 재입학할 수 있기를 바라고 있습니다.

다른 집에서는 거주자들이 꿀벌처럼 바쁘게 김치(우리의 사우어크라우트와 비슷)를 담그며 연간 식량을 준비하고 있었는데, 김치는 쌀과 함께 한국의 일반적인 식단을 구성합니다. 그렇게 바쁘게 김치를 담그는 와중에도 그들은 언제나 우리를 환영해 주었고 함께 대화하고 기도했습니다.

올해 말에는 대도시와 시골 주민들을 대상으로 하는 연례 성경 강좌를 성경학교에서 가르칠 예정입니다. 제 사역은 기혼 여성 사역자들이 하는 일반적인 사역을 보여줍니다. 반면, 미혼 여성 사역자들은 여학교를 운영하거나, 시골에서 순회 전도를 하며 방대한 성경 강좌 시스템을 감독합니다.

마지막으로 슬픈 인생 이야기를 전하고자 합니다. 지난 수요일, 평양의 길 목사님(길선주 목사)의 아들이 세상을 떠났습니다. 길 목사님은 이곳 교회뿐 아니라 한국교회에도 가장 널리 알려진 한국인 중 한 분입니다. 복음이 그의 삶에 들어오기 전에 그는 이 땅의 많은 이들처럼 진리를 알거나 권능을 얻고자 산으로 나가 금식하며 영들에게 제사를 드리고 기도했습니다.

이 외로운 밤을 지새우는 가운데 그는 계속 깨어 있기 위해 눈에 물을 부었고, 결국 시력을 잃게 되었습니다. 그가 복음을 듣고 믿은 후 백내장 수술을 통해 한쪽 눈의 시력을 되찾았고, 지금은 하나님의 사명을 위해 불타오르는 전도자가 되었습니다. 그의 장남은 음모 재판에

연루되어 고문으로 인해 건강이 악화되었습니다. 재판 후 길선주 목사의 장남은 미국으로 탈출하였고, 약 4년간 그곳에서 살다가 집으로 돌아왔습니다. 여행의 여정 속에서 일본과 서울을 경유하여 체력을 회복하려고 시도했음에도 가까스로 집에 도착한 다음 날 결핵으로 세상을 떠났습니다.

자신과 나이가 같은 스물다섯의 그의 젊은 아내와 그가 미국으로 도피했을 때 태어난 어린 아들 그리고 헌신적인 그의 부모님은 그를 잠깐 동안만 볼 수 있었습니다. 임종이 가까워졌을 때 그는 그의 아버지, 어머니와 함께 '내 주를 가까이 하게 함은'을 찬송하며 이 땅에서의 삶을 마감하였습니다.

장례식은 많은 외국인과 한국인들이 참석한 가운데 제일 교회(장대현 교회) 마당에서 열렸으며, 깊은 슬픔으로 가득했습니다. 찬송, 기도, 그의 생애 이야기… 다양한 친구들과 학식 있는 목사들이 그의 삶과 인격에 대해 증언하였으며, 그들 중 몇몇은 볼을 타고 흐르는 눈물에 말을 잇지 못했습니다. 교회와 외국인들 그리고 잘 알려진 한국인 친구들로부터 온 위로 편지와 전보에 대한 상주의 감사 인사도 이어졌습니다. 그의 노부모님은 슬픔에 빠졌고, 젊은 미망인은 울음에 잠겨 고통을 이겨내기 어려워 보였습니다. 많은 사람들은 여러 모습으로 그들에게 동정을 표시하였습니다. 집으로 돌아오는 길에 제가 잘 알지 못하는 낯선 한국인 자매가 "우리나라에 이런 일이 있었던 적이 있었습니까?"라고 물었습니다. 그녀의 질문은 아마도 "이처럼 슬픈 경우를 들어본 적이 있습니까?"라는 의미였을 것으로 생각됩니다. 우리는 모두 길 목사님이 하나님께서 그에게 주신 이 큰 슬픔을 통해 더욱더 많은 축복된 자리로 나아가기를 기도합니다.

| 6부 |

윌리엄 파커 서신 6집

Letter 1 — 875 ORP-1

1918년 2월 11일 (한국, 평양)

사랑하는 동역자 여러분께,

제가 마지막으로 편지를 쓴 지 벌써 두 달이 흘렀습니다. 제가 여러분께 더 일찍 편지를 쓰지 못한 이유에 대해 변명을 하자면, 물론 변명하는 것을 좋아하지는 않지만, 이번만큼은 타당한 이유가 있다고 생각합니다.

제가 1월에 편지를 쓰려고 했던 때에 갑자기 심한 독감 혹은 이와 유사한 심각한 병에 걸렸습니다. 제가 침대에 누워 있었던 시간은 일주일도 채 안 되었지만 제 건강은 아직도 완전히 회복되지 못했습니다. 게다가 최근은 유난히 바쁜 시기였기에 그동안 밀린 일들을 따라잡느라 여유 시간마다 일을 해야만 했습니다. 이처럼 단 일주일의 공백으로도 꽤 뒤처질 수밖에 없었습니다.

남성 사경회는 1월 2일에 시작되었으며, 저는 약 40명의 수강생과 함께 출애굽기를 공부하였습니다. 이 수업은 저에게 큰 영감을 주었습니다. 남자 수강생들은 이 수업에 깊은 관심을 보였고, 열심히 공부했으며, 하나님의 은혜로 그들의 영적인 삶에 실질적으로 큰 도움이 되는 것 같았습니다. 학생들은 많은 질문을 하였는데, 그 질문들은 그들이 학습에 대해 얼마나 깊이 고민하고 있는지를 보여주었습니다. 그들의 질문들에 답하는 것이 항상 쉬운 것은 아니었습니다. 그래서 수업 준비를 위해 더 많은 노력을 기울여야 했습니다. 이곳 북쪽 지역의 기독교인들은 남쪽 지역보다 더 진보된 상태이며, 성경에 대해 이미 많은 것을 알고 있었습니다. 그 이유는 여기 사는 이들이 성경을 학습할 기회가 더 많았기 때문입니다.

혹시 여러분이 그들의 질문 중 어떤 것들을 흥미롭게 여길지 궁금합니다. 첫 번째, 그들의 의문점은 하나님께서 바로의 마음을 강퍅하게 하셨다는 말씀이었습니다. 이 말씀은 일부 수강생들에게 혼란을 주었습니다. 하지만 대부분은 바로가 스스로 먼저 자신의 마음을 강퍅하게 했다는 것을 이해할 수 있었습니다. 그 이후에 그의 마음이 더욱 강퍅해지는 것은 하나님의 법칙 가운데 하나로 받아들였습니다. 두 번째, 또 다른 질문은 이집트 마술사들이 어떤 힘으로 마술을 행했는가에 대한 것이었습니다. 그러나 학생들은 마술사들을 별로 중요하게 생각하지 않았습니다. 한 사람은 개구리 재앙과 관련하여 이렇게 말했습니다. "마술사들이 개구리를 더 많이 만들기보다 개구리를 없애는 것이 좋았을 텐데요." 세 번째, 또 한 사람이 물었습니다. "바로의 딸이 모세에게 히브리어 이름을 지어준 것인 건가요? 아니면 그가 '건져내다'라는 의미를 지닌 이집트어 이름을 사용했나요?"

우리 모두는 이번 학습을 통해 유익한 교훈을 얻었고, 저 자신도 많은 것을 배웠다고 확신합니다. 수업은 2주 동안 진행되었으며, 우리는 출애굽기 1장부터 16장까지 자세히 다루었습니다. 나머지 장들에 대해서는 개요를 제공했습니다. 마지막 날에는 우리가 학습한 내용을 바탕으로 구술 시험을 보았고, 남자 수강생들은 훌륭히 대답했습니다. 수업의 마지막 날, 수강생들은 일어나 이 모든 것을 자신들에게 가르쳐 준 저에게 감사를 표했습니다.

이번 사경회의 참석 인원은 예년보다 조금 더 많았으며, 총등록 인원은 587명이었습니다. 이는 평균보다 약간 적은 수치였습니다. 블레어(Blair, 북장로교) 선생님께서 사경회를 총괄하였고, 수강생들의 열정에 매우 만족해했습니다. 수강생들은 공부한 햇수에 따라 9개 또는 10개 반으로 나뉘었고, 등록 후 끝까지 참여한 사람들에게는 다음 단계로 올라갈 수 있는 자격증이 수여 되었습니다. 일부는 수료 후에도 계속 참석하여 내용을 복습하거나 재학습하기도 합니다. 교회 조사로서 특별 훈련을 받고자 하는 사람들은 성경학원에 참여할 수 있었습니다. 이 학원은 사경회와 동시에 시작되어 한 달 동안 운영되며, 올해 성경학원의 참석자는 103명이었습니다.

대학은 예정대로 1월 5일에 개강하였습니다. 몇몇 학생들은 중도에 자퇴했지만, 나머지 학생들은 모두 신속하게 복귀했습니다.

올해는 석탄 부족 사태로 인해 아카데미 학당(숭실학당) 개강이 19일까지 미뤄졌습니다. 아카데미 학당은 수업 시간 손실을 만회하기 위해 여름에 2주에서 3주 더 연장 운영될 예정입니다.

이번 겨울은 12월에 가장 추운 날씨를 기록했으며, 1월에도 상당히 추운 날씨가 이어졌습니다. 거의 봄 같은 날씨가 2~3주 동안 이어지다가 현재는 다시 몹시 추워졌지만, 우리는 가능한 한 빨리 추위를 겪고 끝내는 것이 낫다고 생각합니다. 모두가 이른 봄이 오기를 희망하고 있습니다.

대학과 아카데미 학당에는 각각 선교회가 조직되어 주 1회씩 모임을 갖고 있으며, 한 달에 한 번 정도는 두 선교회가 함께 모입니다. 모든 사업은 공동으로 진행됩니다.

작년 가을부터 학생들은 특별 기도회와 헌금 캠페인을 통해 불신 한국인들을 위한 선교사를 지원하기 위해 모금 활동을 해 왔습니다. 모금이 진행되었고, 학생들은 이에 크게 호응해 주어 한 명의 선교사를 파송하는 데 필요한 충분한 금액을 모았습니다. 많은 기도와 숙고 끝에 한 사람이 선정되었는데, 그는 이 학교 졸업생 중 한 명으로 남쪽 전라도 지역에 사는 불신자들을 대상으로 사역하기로 결정되었습니다. 아시다시피 전라도는 남장로교 선교부의 사역지 중 하나입니다.

　　지난 토요일, 복음 전도사가 평양에 도착했고, 토요일 저녁 아카데미 학당 채플에서 그를 위한 송별 예배를 드렸습니다. 이 예배는 모든 면에서 깊은 감동을 주는 시간이었습니다. 선교회 활동에 깊은 관심을 가지고 있는 지역의 한 목사님은 복음 전도사에게 "바울처럼, 예수 그리스도와 그가 십자가에 못 박히신 것 외에는 아무것도 알지 않기로 결심하라"라고 권면하였고, 그에게 그가 맡은 모든 사역에 주님께서 함께하실 것을 확신하라고 말씀하였습니다. 복음 전도사는 짧은 인사말을 하였는데, 그는 자신 앞에 놓인 사역의 본질을 깊이 이해하고 있었습니다. 여러분도 그가 하는 모든 사역을 위해 함께 기도해 주시기 바랍니다. 그는 매우 호감 가는 인품을 가진 분으로 그보다 적합한 사람을 찾기는 어려울 것 같습니다.

　　선교회는 그 전도사의 생활비로 월 20엔(2백만 원)과 여행 경비를 전적으로 지원하기로 하였습니다. 이는 학생들에게 큰 희생을 요구하는 일이지만, 그들은 가난하기 때문에 그들에게 작은 금액은 우리에게 큰 금액보다 더 큰 의미가 있습니다.

　　대학 선교회 회원은 60명이며, 아카데미 학당 선교회 회원까지 합하면 100여 명의 학생이 이 사역을 책임지고 있습니다. 학생들의 열정이 식지 않고, 그들이 맡은 일을 성실히 감당할 수 있도록 기도해 주십시오. 생계비가 두 배 이상 상승한 지금 많은 학생들이 매우 어려운 상황에 처해 있습니다. 이러한 시기에 이 사역은 더욱 큰 의미를 가집니다.

복음 전도사는 오늘 오후 그의 사역지로 출발할 예정이며, 대부분의 학생들이 그를 배웅하러 갈 것입니다. 그가 하는 모든 일에 하나님의 은혜가 함께하길 바랍니다.

오늘은 한국의 설날입니다. 지금부터 2주 동안 큰 축제의 기간입니다. 물론 우리는 서양력을 따르기 때문에 우리의 업무는 멈추지 않지만, 이교도인들에게 이날은 특별한 새해로 기억됩니다. 오늘은 또한 국가 공휴일이기 때문에 저희 학교 역시 내일까지 학업을 하지 않습니다.

저의 사역은 지난 가을과 거의 동일합니다. 하나님께서 이곳에서 봉사할 수 있는 기회를 주심에 감사드립니다. 또한, 하나님께서 우리에게 베풀어 주신 놀라운 축복들과 이 사역지로 저를 보내주신 은혜에 대해 날마다 더욱 찬양하게 됩니다. 진과 파커 여사는 대체로 건강하지만, 어린 딸아이 진은 현재 매우 심한 감기에 걸려 있습니다. 그녀는 꽤 오랜 시간 동안 걸음마를 배우고 있으며, 부모님께 점점 더 큰 기쁨이 되고 있습니다.

여러분의 사역에 언제나 가장 좋은 소원과 기도로 함께합니다.

변함없는 동역자
W. P. Parker 드림

1918년 3월 15일 (한국, 평양)

사랑하는 동역자 여러분께,

저는 여기에서 교사로서 매일 해야 하는 일들을 계속하고 있으며, 지금 당장은 특별히 쓸만한 내용이 많지는 않지만, 항상 제 스케줄은 가득 차 있습니다. 오늘 시험이 끝났고, 다음 주에는 졸업식이 있습니다. 제가 가르치는 과목의 시험 결과는 대체로 만족스러웠습니다. 제가 우려했던 것보다 불합격한 학생 수가 적었습니다. 그러나 몇몇 학생들에게는 정말 열심히 공부해야 합격할 수 있도록 다소 어렵게 만든 부분도 있지만, 이를 통해 그들이 이 과목을 더 깊이 이해할 수 있었으면 좋겠습니다. 이번 학기에는 시험 문제를 다소 어렵게 출제했지만, 지나치게 어렵지는 않았다고 생각합니다. 저는 교사로서 많은 것을 배웠으며, 이러한 경험을 통해 내년에는 더 나은 수업을 할 수 있기를 희망합니다.

올해 졸업생은 여섯 명뿐입니다. 이는 작년에 졸업한 열여섯 명의 학생 수에 비하면 줄어든 숫자입니다. 이렇게 감소한 이유는 현재 졸업반 학생들이 신입생으로 입학했을 당시 상황이 여러모로 불안정하여 첫해에 많은 학생들이 학교를 떠났기 때문입니다.

졸업생 중 한 명은 감리교 신자이고 나머지는 장로교 교인입니다. 장로교 졸업생 중 두 명을 제외한 나머지는 모두 신학대학원에 곧 입학할 계획이며, 두 명은 이미 3월 1일에 시작된 새 학기에 신학대학원 과정을 시작했습니다. 학장은 이 두 학생이 신학대학원 공부를 병행하도록 허락했는데, 이는 대학 수업이 종료하기까지 일정이 어느 정도 남아 있었기 때문에 학부와 대학원과의 수업이 겹침으로써 생길 충돌을 감수한 결정이었습니다.

이 여섯 명의 졸업생은 훌륭한 인재들로서 학교의 명예를 드높이며, 이 땅에서 주님을 위한 사역의 지도자가 될 것으로 믿습니다. 이런 젊은이들을 훈련하는 일에 함께할 수 있는 것은 정말 큰 특권이며, 동시에 막중한 책임입니다. 우리가 이곳에서 하는 모든 일에 대해 주님께 충성되고 진실히 사역할 수 있도록 기도해 주시기를 바랍니다. 그리고 이번에 우리를 떠나는 졸업생들을 위해 기도해 주시기를 부탁드립니다. 또한, 이 졸업생들이 나가서 전한 주님의 이름을 많은 사람들이 믿고 구원의 자리에 나아갈 수 있도록 주님께서 이들을 사용하시기를 기도해 주십시오.

지난주 화요일과 수요일에 대학 이사회가 있었습니다. 우리는 알차면서도 상당히 바쁜 회의를 진행했습니다. 학장은 보고서에서 지난 한 해 동안 우리가 많은 진전을 이루었다고 말했습니다. 일부 실망스러운 측면이 없었던 것은 아니지만, 전체적으로 우리가 앞으로 계속해서 나아가야 할 이유가 충분하다는 결론에 도달했습니다. 우리는 하나님께서 모든 것을 주관하시며, 때로 우리에게 어두워 보이는 일도 결국에는 하나님의 뜻을 이루는 과정일 뿐이며, 더 큰 결과가 나타날 것이라고 확신합니다. 우리는 주님의 일을 하고 있음을 느끼며, 그분의 약속을 믿고 그분이 우리와 함께하신다는 것을 알고 있습니다. 또한, 본국에 계신 여러분이 이 기관과 우리를 위해 기도하고 계심을 느끼며, 이

기도에 강한 힘이 있음을 알고 있습니다.

학장은 이번 가을 소래에서 돌아온 이후로 특히 많은 문제를 직면하고 해결해야 했으며, 그의 위치는 여전히 매우 어려운 상황에 놓여 있습니다. 그의 건강은 좋지 않았으며, 가을 이후로 여러 차례 병환을 겪고 있습니다. 그를 위해 특별히 기도해 주시기를 간곡히 부탁드립니다.

이곳에서의 생활비는 계속해서 오르고 있으며, 한국인들이 주로 먹는 쌀과 기장의 가격은 상상을 초월할 정도로 치솟았습니다. 물건을 팔아 수익을 내는 사람들 사이에서는 평소보다 돈이 더 많아졌지만, 가난한 한국인들 사이에서는 더 큰 고통을 겪고 있으며, 그들은 점점 생계를 유지하기 어려워지고 있습니다. 그러나 이제 겨울의 가장 힘든 시기는 지나갔고, 날씨가 따뜻해지면서 상황이 나아질 것을 기대하고 있습니다.

파커 여사는 도시 여성들과 시골 여성들을 위한 두 개의 사경회를 가르치느라 매우 바빴습니다. 이 두 반 모두 참석률이 높았으며, 특히 시골 여성들의 사경회에는 약 600~700명이 참여했습니다. 특별 지도자 양성을 위한 여성 성경학교는 다음 주에 시작되어 6월 중순까지 계속될 예정이며, 파커 여사 역시 이곳에서 강의할 예정입니다.

우리 지역 사회는 지난 월요일에 있었던 클리랜드 선교사의 갑작스러운 죽음으로 큰 슬픔에 잠겼습니다. 클리랜드는 외국인 학교 기숙사의 사감으로 근무하며, 그녀의 책임 아래 있는 아이들뿐 아니라 한국인과 일본인들 사이에서도 훌륭한 사역을 하며 많은 친구를 사귀었습니다. 그녀는 아직 현지 언어를 구사하지 못했지만, 그녀의 영향력은 컸으며, 자신을 아낌없이 헌신하고 항상 다른 사람들을 위해 무언가를 하려고 노력했습니다. 그녀는 인근 마을의 불신자 아이들을 위한 주일학교를 운영했으며, 그곳에서 끊임없이 성실히 헌신했습니다. 또한, 여학교 아카데미 학당과 대학 그리고 일본 총독 및 기타 관리들의 딸들로 구성된 일본 소녀들 반에서 영어를 가르쳤습니다. 그녀의 죽음은 우리 모두에게 큰 충격이었습니다. 그녀는 건강하고 활기찬 중년 여성으로 불과 3주 전만 해도 매우 건강해 보였습니다. 그러나 갑작스럽게 급성 류머티스성 관절염에 걸렸고, 2주간의 극심한 고통 끝에 심부전증으로 병원에서 생을 마감했습니다.

지난 수요일에 열린 그녀의 장례식에는 매우 많은 인파가 그녀의 죽음을 애도하고 마지막 경의를 표하기 위해 참석했습니다. 그녀를 본국에서 알고 지냈던 맥머트리 선교사(Mr. McMurtry, 북장로교)는 그녀가 해외 선교를 위해 헌신했던 사역과 평생 동안 외국 선교에 깊은 관심을 가졌던 이야기를 전했습니다. 하나님께서는 이 사역지에서의 그녀의 삶이 비록 짧았지만, 뜻깊은 사역으로 마무리하도록 허락하신 것 같습니다. 우리는 그녀가 선한 싸움을 싸웠고, 이제 그녀가 큰 상급을 누리고 있음을 확신합니다.

우리는 종종 본국에 계신 여러분을 생각하며, 여러분의 사역을 위해 기도하고 있습니다. 하나님께서 여러분을 지키시고 여러분이 하시는 모든 일에 축복을 내려주시기를 소망합니다.

가장 좋은 소원과 함께,
변함없는 주님의 동역자
윌리엄 P. 파커 드림

사랑하는 동역자 여러분께,

어제 사무실로 가는 도중에 한 노파가 오래된 잡초 줄기와 풀을 한 움큼씩 주워 모으는 모습을 보았습니다. 그녀는 몇 시간 동안 도랑과 길가에서 겨우 한 묶음 정도를 모을 수 있었습니다. 눈이 녹은 이후, 저는 이 광경을 매일 보고 있습니다. 우리 대학과 아카데미 캠퍼스에는 어린아이들, 노인들 그리고 할머니들이 가득하여 음식을 조리할 수 있는 연료를 조금이라도 얻기 위해 잔디, 잡초, 낙엽을 긁어모으고 있습니다. 레이너 선교사는 며칠 전에 "다음엔 아마 빗자루를 들고 밭을 쓸어 모을 것이다"라고 농담을 하였습니다. 매 해마다 땔감을 이렇게 모으는 모습을 흔히 볼 수 있지만, 올해는 그 열기가 유난히 더 강해 보입니다. 그야말로 아무것도 낭비되지 않습니다. 농부들은 밭에서 모든 뿌리를 캐냈으며, 시골에서 옥수수 줄기 뿌리를 잔뜩 실은 지게가 들어오는 모습도 흔히 볼 수 있습니다.

연료는 이곳에서 늘 큰 문제였고, 특히 석탄을 땔 수 없는 한국인들에게는 더 심각합니다. 올해는 연료 문제가 어느 때보다 심각했으며, 저희 선교사들도 석탄을 구하는 데 어려움을 겪었습니다. 연료뿐만 아니라 식료품도 부족하고 또 가격이 치솟고 있습니다. 현지 농산물 가격은 지난해에 비해서 3배 혹은 3배 이상 올랐습니다. 몇 년 전만 해도 감자를 한 자루에 6전 그리고 8전 정도에 살 수 있었지만 지금은 75전입니다. 약 1년 반 전에는 닭 한 마리에 15전이었는데, 이제는 70전에서 1엔 20전까지 합니다. 쌀 가격은 전례 없는 1포대에 1엔 40전으로 올랐으며, 이는 이 나라에서 처음 있는 일입니다. 작년에는 한 되에 1엔까지 올랐고, 1~2년 전에는 40전에 살 수 있었습니다. 이러한 상황은 가난한 한국인들에게 큰 고통을 안겨주었고, 그들에게 이번 겨울은 매우 힘든 시기였습니다.

그러나 쌀 가격 상승이 아무런 유익이 없는 부정적인 것만은 아닙니다. 한국인들은 점차적으로 쌀의 대체 식품을 더 많이 사용하게 되었으며, 그 시기의 기후에 따라 변화하는 쌀 수확에 의존해야 하는 한국인들에게 이러한 점은 좋은 일입니다.

한국어에서 쌀과 음식은 같은 단어로 표현됩니다. 지금까지 그리고 지금도 어느 정도는 사람이 밀떡, 국수(일종의 마카로니), 과일 등을 아무리 먹더라도 큰 밥그릇 가득한 쌀밥을 먹지 않으면 '밥을 먹지 않은' 것으로 여겼습니다. 한국인들은 잔치에서 얼마나 많이 먹는지 정말 놀랍습니다. 물론 일부는 잔치에 오기 전에 미리 굶었기 때문이라지만, 그게 전부는 아닙니다.

얼마 전 한 한국인이 저에게 어떤 한국인들은 한 번에 국수를 여덟 그릇에서 열 그릇(각 1쿼트 이상)을 먹을 수 있다고 말한 적이 있습니다. 그가 과장했을 수도 있지만, 제가 본 바로는 아이들이 케이크와 사탕을 먹은 후에도 쉬지 않고 국수 세 그릇에서 네 그릇을 먹는 모습까지 보았습니다. 그러나 물론 이런 일은 드뭅니다. 잔치는 매일 있는 일이 아니며, 가난한 아이들이 이런 기회를 얻으면 다음 잔치가 올 때까지의 배를 채우려 합니다. 그러나 제가 앞에서 말씀드린 대로 쌀의 높은 가격은 오직 쌀만이 진짜 '음식'이라는 생각을 버리게 하였습니다. 많은 한국인들은 기장, 밀, 콩, 감자 등을 더욱더 사용하고 있습니다. 이러한 잡곡들은 영양가 대비 쌀보다 훨씬 저렴합니다. 쌀이 좋은 음식이 아니라고는 할 수 없지만 다른 좋은 음식들도 존재합니다. 한국인들은 모든 음식을 솥에 넣고 일종의 죽처럼 요리하기 때문에 우리가 사용할 수 있는 다양한 재료 모두를 사용할 수는 없지만, 그들도 지금보다 더 나은 선택을 할 수 있을 것입니다. 여기 한국은 그렇게 어려운 시기였습니다.

제가 마지막으로 편지를 쓴 글은 소년들과 함께 근처의 작은 항구인 겸이포를 방문하기 직전이었습니다. 이곳에서는 민간 기업이 대규모 제철소를 건설하고 있었습니다. 이 공장이 완공하는 데 2,200만 엔의 비용이 들 것으로 예상되며, 현재 공사는 절반 정도가 완공된 상태입니다. 일본에는 제철소가 여러 곳에 있지만, 이곳은 한국에서 유일한 제철소입니다. 제가 알기로는 이 지역의 철광석이 아주 높은 품질은 아니지만, 매장량은 상당히 많다고 합니다. 새 공장은 철과 강철봉뿐만 아니라 강판도 생산할 계획이라고 합니다. 우리는 공장을 구체적으로 설명해주는 안내자들의 도움으로 견학하며 매우 즐거운 시간을 보냈습니다. 완공 후에 다시 방문할 수 있기를 기대합니다.

이전 편지에서 졸업식에 대해 언급한 적이 있습니다. 우리 아카데미 학당에서 39명, 대학에서 6명이 졸업했습니다. 모든 일정은 순조롭게 진행되었습니다. 아카데미 학당 졸업생 중 8명에서 10명은 대학에 진학할 예정이고, 나머지는 다양한 직종에 종사하거나 다른 곳에서 공부를 이어갈 예정입니다. 한두 명은 앞서 언급한 겸이포 제철소에서 일하기를 희망하고 있습니다. 제철소의 관리자는 우리 일본인 교사 중 한 명과 개인적으로 친분이 있으며, 우리 대학 졸업생들을 기꺼이 받아들이겠다고 말한 바 있습니다.

올해 대학 졸업생들은 교육계로 진출하거나 신학교에 입학할 예정입니다. 대학의 목표는 한국교회의 지도자를 양성하는 데 있으며, 올해 배출된 이 졸업생들이 이 땅에서 그리스도의 나라를 확장하는 데 크게 기여하리라 믿습니다. 우리는 그들이 주님의 도구가 될 것임을 확신합니다.

지난 화요일에는 아카데미 학당이 개강했고, 오늘은 대학 일정이 시작되었습니다. 현재로서는 약 20명이 대학에 입학할 것으로 보이며, 아카데미 학당에는 적어도 60명 이상이 입학했을 것으로 추정됩니다. 아직 입학한 정확한 숫자는 확인되지 않았습니다.

몇몇 학생들이 여러 가지 이유로 학교를 그만두었지만, 대학에서는 두 명만 중도에 그만둔 것으로 보입니다. 이처럼 어려운 상황에도 한국인들은 학업에 대한 열정을 보여주고 있으며, 학생 수는 예년과 비슷할 것으로 생각됩니다. 총재학생 수로는 아카데미 학당에는 약 200명에서 250명, 대학에는 약 60명 정도일 것 같습니다.

이번 학기에 제가 가르칠 과목은 대학으로 한정되어 수학(대수학, 삼각법, 해석기하학; 아직 미적분학을 배울 준비가 된 학생은 없습니다)과 영어입니다. 저는 여전히 아카데미 학당과 대학에서 재무를 담당하고 있습니다.

주일에는 번하이슬 목사가 섬기는 교회에서 사역할 예정이지만, 어떤 반을 맡을지는 아직 확정되지 않았습니다. 제가 맡았던 학생 중 몇몇이 졸업했기 때문입니다. 그 학생들은 여러 주일학교에서 불신자 어린이들을 위해 수업을 진행하고 있으며, 이번에 저는 그동안 하지 못했던 만큼 이들 학교에서 더 많이 참여할 수 있기를 원합니다. 만약 여러분께서 주일학교에서 사용할 수 있는 그림이 있는 카드가 있어 보내주신다면 매우 감사하겠습니다. 이러한 자료는 아이들 사역에서 유용하게 활용될 수 있습니다.

파커 여사는 2주 전에 개강한 여자 성경학교에서 강의로 바쁜 시간을 보내고 있습니다. 저의 딸, 진은 하루가 다르게 빠르게 성장하고 있습니다. 저희 모두는 선교사답게 바쁜 나날을 보내고 있습니다. 물론 여러분도 저희보다 더 바쁘실 수 있다는 점 잘 압니다. 그러나 저희는 모두 사역에서 기쁨을 찾고 있다고 믿습니다. 저희가 할 수 있는 일들이 다 처리되었을 때 기다리고 있는 일본어 공부는 끝이 없이 놓여 있습니다. 방학 동안에는 일본어 공부에 조금 더 시간을 할애하려고 노력했습니다. 앞서 말씀드린 바와 같이, 레이너와 저는 정기적으로 매주 두 번씩 일본인 교사 나라하시와 함께 일본어 공부를 하고 있습니다.

여기서 여성들에 대한 사역 이야기를 들을 때마다 더 많은 영감을 받고, 여성 사역자들이 부럽기도 합니다. 물론 동양에서는 여성들만이 여성들을 대상으로 사역할 수 있지만, '목사님들'도 간접적으로 이러한 사역에 관여하고 있습니다. 외국 관습의 영향으로 여성들의 사회적 고립은 과거보다 많이 줄어들었습니다.

우리 교회에서는 과거의 관습이 나쁜 것이 아니라면 이 관습에서 크게 벗어나지 않도록 주의를 기울이고 있습니다. 어젯밤에는 스왈른 여사(Mrs. Swallen)와 즐거운 시간을 보냈습니다. 그녀는 매우 열정적이고, 시골이든 도시든 지칠 줄 모르게 사역을 이어가고 있습니다. 그녀는 자신의 여성 성도들이 보여주는 믿음과 그들이 이루어낸 놀라운 일들 그리고 그들이 온갖 박해에도 굴하지 않았던 이야기를 들려주었습니다.

한 여성은 믿지 않는 남편이 그녀를 교회에 가지 못하도록 매우 잔인하게 대하고 강제로 막았다는 이야기를 전했습니다. 하지만 그 며느리는 밤에 몰래 빠져나와 비밀리에 예배에 참석하곤 했습니다. 이를 알게 된 남편은 동양인 특유의 방식으로 분노를 표출하며 큰 소동을 일으키곤 했습니다. 그러나 그들은 교회에 나가지 못하더라도 믿음을 잃지 않았고, 결국 남편이 집을 떠나며 다시는 돌아오지 않겠다고 선언했습니다. 이후 그 여성과 자녀들(아들과 딸 모두)은 규칙적으로 교회에 출석하게 되었고, 마침내 세례를 받았습니다. 그 남편은 아직 돌아오지 않았지만, 그 여성은 자녀들에게 선한 영향을 미쳤으며, 여전히 남편이 회개할 수 있도록 기도하고 있습니다. 그녀는 남편이 결국 믿음을 가질 것이라고 말합니다.

아, 이 모든 사역은 정말로 큰 영감을 주며, 하나님께서 이곳에서 우리의 사역을 놀랍게 축복하셨습니다. 그러나 저는 한국 여성들이 이곳 교회를 위해 가장 많은 역할을 하고 있다고 믿습니다. 여성들을 대상으로 한 사역은 특히 큰 축복을 받는 것처럼 보입니다.

언제나 그렇듯
주님을 위한 동역자
윌리엄 P. 파커

7부

윌리엄 파커 서신 7집

친애하는 동료 사역자들께,

저는 여기 한국에서 우리가 따라야 하는 일본 법처럼 3월에 졸업식을 해야 하는 문제에 대해 곰곰이 생각해 보았습니다. 생각할수록 학년을 본국에서처럼 6월에 마치는 것이 더 좋겠다는 생각이 듭니다. 그 장점은 매우 분명합니다. 어떤 누구도 4월에 새로운 과목을 시작해 6월까지 배우다가 여름 방학 동안 그 과목을 내려놓고, 이후 다시 중간부터 재개하는 것을 좋아하지 않습니다. 일본 정부 학교의 경우 방학이 한 달 정도에 불과해 큰 문제가 되지 않겠지만, 우리는 약 두 달 반의 방학을 주기 때문에 상황이 다릅니다.

제가 이러한 문제를 다시 고민하게 된 계기는 삼각법 수업 때문이었습니다. 학년 말에 측량에 대한 간단한 과정을 추가로 가르치려 했습니다. 아직 우리 학교에서는 측량을 별도의 과목으로 다루지는 않고, 삼각법 이론을 마친 후 추가적으로 배우는 형식으로만 허가받고 있습니다. 그러나 1월, 2월, 3월의 한겨울에 야외 실습을 하는 것은 날씨가 너무 추워 매우 힘듭니다. 일본 내에서도 학사 연도를 변경하자는 움직임이 있는 것으로 알고 있는데, 저도 그 일이 실현되기를 바랍니다.

저희가 여기에 봄이 왔다고 생각할 때 갑자기 바람이 불기 시작하여 다시 3월처럼 추워져 버리곤 합니다. 그래도 작년 이때보다는 따뜻한 것 같습니다.

저희는 지난 토요일 오후에 가까운 곳에 있는 마펫 선교사의 농장으로 나가 이웃들과 함께 소풍을 즐겼습니다. 작은 소나무 숲속에서 시간을 보내는 것이 참 즐거웠습니다. 다만, 그 나무들은 아직 작은 관목 수준이라 충분한 그늘을 제공하지는 못했습니다. 우리들은 여기에 큰 나무들이 없어서 그립습니다. 일본 정부가 무분별한 벌목을 금지한 덕분에 앞으로는 더 많은 나무가 자라날 것으로 보이지만, 아직 나무들이 자라기에는 그럴 시간이 부족했습니다.

저희는 지난 한 달 동안 매우 바쁘게 지냈습니다. 그리고 이제야 겨우 자리를 잡은 것 같습니다. 일본인 과학 교사인 나라하시 선생님이 방학 동안에 병에 걸려 의사가 두 달 정도의 휴식을 권고하였고, 그가 맡은 중요한 수업들을 우리가 분담해 진행해야 했습니다. 다행히 볼링 레이놀즈 선생님께서 신입생과 2학년 학생들에게 물리와 화학을 가르쳐 주었고, 현지 일본인 목사 한 분이 다른 몇몇 수업을 맡아주었습니다. 덕분에 나라하시 선생님의 공백으로 인한 손실이 한 과목 정도만 생겼습니다. 올해 신입생 수가 너무 많아 두 반으로 나누어 수업을 진행하고 있어 추가적인 업무도 생겼습니다. 오는 가을에 모우리 선교사(Mr. Mowry, 북장로교)가 돌아오시면 해야 할 일이 많이 기다리고 있을 것입니다.

레이너 선생님은 자신의 마당을 정비하여 테니스 코트 하나를 만들었습니다. 우리 신학교와 대학 교수들 모두 이 코트를 매우 즐기고 있습니다. 대학, 아카데미 학당, 신학교 학생들을 위한 많은 테니스 코트가 있지만, 외국인을 위한 코트는 레이너 선생님의 코트 외에 하나뿐입니다. 이곳의 한국인들도 테니스를 매우 좋아하며 잘 칩니다. 다만, 그들의 경기 방식과 규칙은 우리와 조금 다릅니다.

저는 지난 화요일 미국에서 방금 도착한 '질문서'와 관련하여 선서를 하기 위해 서울에 다녀왔습니다. 저는 지난해 여름에 병역 등록을 했으나, 서류가 우편으로 오가는 중 분실되어 2월에 다시 등록 절차를 밟아야 했습니다. 이번에 들려온 소식은 바로 그 두 번째 등록과 관련된 것입니다. 저는 면제에 해당하는 2급 A로 분류되었습니다.

서울에 있는 동안 영사는 한국에서 진행 중인 적십자 활동을 위한 '대규모 모금 캠페인'이 큰 성공을 거두고 있다는 소식을 전해주었습니다. 전쟁이 시작되었을 때 우리는 한국에 거주하는 모든 미국인을 위한 '조선 미국인 협회'를 결성했으며, 거의 모든 미국인이 이 협회에 가입했습니다. 현재 우리는 적십자와 실질적으로 통합되었으며, 대부분이 적십자 회원으로 활동하고 있습니다. 다음 주에는 서울 사중창단, 서울에 거주하는 몇몇 선교사와 다른 외국인들이 적십자 후원을 위해 이곳에서 자선 음악회를 열 예정입니다.

서울 부영사인 커티스(Mr. Curtice)는 여가 시간 대부분을 이 모금 캠페인에 할애하며 광산 지역을 방문하고 많은 서신 교환을 하고 있습니다. 선교사 대다수가 이 사역을 위해 많이 도왔습니다.

우리는 감기 외에는 건강을 계속 잘 유지하고 있습니다. 이곳에서의 사역을 위해 기도해 주시기를 부탁드립니다. 고국에 계신 여러분 모두에게 하나님의 축복이 함께하시길 빕니다.

언제나처럼, 여러분의 동역자

윌리엄 P. 파커

Letter 2

1918년 7월 10일 (한국, 목포)

친애하는 동료 여러분께,

마지막으로 편지를 쓴 지 두 달이 지났습니다. 그동안 유난히 바쁜
두 달을 보냈으니 너그럽게 이해해 주시리라 믿습니다. 새로운 소식이
없었던 것은 아닙니다. 이곳 동양에서는 늘 그렇듯이 어떤 일들이 계속
일어나고 있습니다. 그러나 저는 매달 한 번은 어떤 것이든 소식을
전하려고 노력합니다.

학교는 평소처럼 정상적으로 운영되다가 6월 13일 여름 방학을 맞아
문을 닫았습니다. 이곳에서 학교를 이렇게 닫는 것은 너무 이른 감이
있습니다. 공립학교들은 대개 7월 말까지 운영되고, 많은 교회 학교들조
차도 여전히 수업 중이기 때문입니다. 하지만 외국인 교사가 여러 명
있는 학교는 선교회 모임에 참석하기 위해 일찍 문을 닫는 것이 거의
필수적입니다. 우리가 일찍 방학하지 말아야 하는 가장 큰 이유는 동양의
공부 방식이 우리와는 전혀 다르기 때문입니다. 아무리 서두르려고
해도 설명이 훨씬 더 많이 필요하기 때문에 우리가 해야 한다고 느끼는
만큼 진도를 나가지 못합니다.

그러나 설령 수업 기간을 늘릴 수 있다 하더라도 외국인 교사가
이를 오래 견딜 수 있을지는 의문입니다. 어디에서나 가르치는 일은
쉽지 않지만, 특히 다른 언어로 가르쳐야 하는 이곳에서는 더더욱 그렇습

니다. 오직 하나님의 도우심으로만 우리가 나아갈 수 있으며, 우리는 하나님께 온전히 의지해야 한다는 사실을 배워야 합니다.

학교가 끝나자마자 연례 회의 준비를 서둘러야 했습니다. 우리는 6월 18일 화요일 오후 1시 30분에 평양을 떠나 목요일 늦은 오후에 순천에 도착했습니다. 남쪽 해안까지는 기차로 이동했고, 마산포(馬山浦)에서 순천 항구인 여수까지 작은 배를 탔습니다. 그리고 여수에서 100리(약 40km) 정도를 자동차로 이동했습니다. 마지막 100리 여정이 모든 면에서 가장 즐거운 부분이었습니다.

그 지역은 아름다웠고, 우리가 이전에 한 번도 가보지 않은 곳이라 보는 모든 것이 새로웠습니다. 순천에 이르기까지 바다가 오른편에 펼쳐져 있어 경치가 특히 인상 깊었습니다. 여수가 항구이지만 도시는 100리 떨어져 있고, 바다는 도심에서 약 10리 이내까지 들어옵니다. 순천 스테이션은 제가 조선에서 본 장소 중 가장 아름다운 곳입니다. 선교 구내는 공원처럼 잘 정돈되어 있었고, 각종 꽃이 만발해 있었습니다. 저는 그렇게 멋진 정원을 본 적이 없습니다.

6년 전, 순천역이 개통되기 직전에 순천을 방문했었고, 그때는 첫 번째 건물도 완공되지 않아 그야말로 황무지였습니다. 하지만 지금은 완전히 다른 모습입니다. 당시 보리밭이 펼쳐져 있던 언덕에는 이제 회색 돌로 지어진 집들 앞에 아름답고 잘 관리된 잔디밭이 있고, 나무 한 그루 없던 곳에는 이미 그늘을 드리우는 포플러 나무들이 자라고 있습니다. 주변 언덕 곳곳에는 숲이 우거지고 있었는데, 이는 일본 정부가 조선의 황량한 언덕에 나무를 심고 있기 때문입니다. 말로 다 표현할 수 없습니다. 직접 보실 수 있다면 좋을 텐데요.

우리는 회의가 열리는 한 주 동안 로저스 의사(Dr. Rogers) 댁에서 즐거운 시간을 보냈습니다. 저는 데이비드슨대학(Davidson College)에서 로저스를 알게 되었습니다. 회의가 끝난 뒤에는 잠시 프레스턴 가족을 방문했습니다. 순천이 외진 곳에 있음에도 연례 모임에는 많은 사람들에 참석하여 오랜만에 많은 친구들을 다시 보게 되어서 반가웠습니다. 진은 비록 매우 수줍어하고 지난 며칠 동안 낯설어 했는데도 여러 어린이들과 함께 시간을 보내며 즐거운 나날을 보냈습니다. 출발하기 전 비가 내리기 시작해 하루 정도 더 머물러야 했지만, 그 기간 동안도 즐겁게 시간을 보냈습니다. 순천 방문록에 오웬 부인(Mrs. Owen)이 적은 글귀에 깊이 공감합니다. "왜 순천은 이렇게 가기 어려울까요? 왜냐하면 그렇지 않다면 순천은 언제나 손님들로 북적였을 테니까요."

우리는 아주 훌륭한 연례 회의를 가졌습니다. 제가 이곳에 온 이후로 가장 좋은 모임 중 하나였습니다. 제가 이번 회의 보고서 작성 위원으로 임명되었기에, 추후 이에 대해 더 자세히 말씀드릴 기회가 있을 것입니다. 따라서 이 자리에서 반복하여 언급하지는 않겠습니다. 매일 아침 경건회는 일본에서 사역하시는 북장로교 선교회의 커티스 선교사(Mr. Curtis)가 인도했으며, 그는 기도라는 주제로 말씀을 전하였습니다. 그의 설교는 우리 모두에게 큰 도움이 되었고, 우리는 하나님께서 그분을 보내셔서 우리 모두에게 특별한 메시지를 주셨음을 느꼈습니다.

6월 27일 목요일 아침은 선교부에서 하나님 앞에 특별히 기도와 겸손의 시간을 가지는 날로 정해졌습니다. 이 시간을 통해 우리는 하나님의 도우심으로 사역에 더욱 정진하기로 결단했습니다. 아, 우리가 얼마나 자주 실패했는지, 또 얼마나 계속 실패하는지요! 우리가 모든 일에서 하나님의 사역에 더 헌신할 수 있도록 기도해 주시길 부탁드립니다. 군산의 불 선교사(Mr. Bull)가 기도와 겸손의 시간을 가지자는 제안을 했을 때, 우리는 모두 그가 성령님의 인도하심을 받았다고 느꼈습니다. 그는 지난 몇 달 동안 하나님과의 더욱 가까운 교제를 통해 큰 은혜를 받았으며, 우리가 모두 더 큰 축복을 누리기를 원했습니다.

우리는 조선 전역에 부흥이 오고 있다고 믿습니다. 그 어느 때보다 명확한 증거를 보고 있으며, 우리 선교부뿐만 아니라 다른 선교부들 역시 이전보다 더 기도에 헌신하고 있습니다. 북장로회에서는 가장 성공적인 모임을 가졌다고 보고하며, 특히 이른 아침 기도회에 모두가 참여하여 큰 축복을 받았다고 강조했습니다.

성령님의 역사가 곳곳에서 느껴지고 있습니다. 우리는 이것이 지난 5월에 서울에서 열린 버크먼(Mr. Buchman)과 에디(Mr. Eddy)의 집회에서 시작되었다고 믿습니다. 많은 선교사들과 한국인들이 이 집회에 참석할 수 있었던 것은 큰 특권이었습니다. 저는 참석하지 못했지만, 들려오는 소식에 따르면 모든 이들이 깊은 영감을 받고 큰 도움을 받았다고 합니다. 버크먼 선교사는 개인적인 전도의 중요성을 강조하며, 죄란 우리가 기적을 행하는 자, 즉 영혼을 구원하는 자가 되는 것을 막는 모든 것이라고 말씀하였습니다. 그는 간단하고도 직설적인 언어로 자신의 개인적 경험을 나누었고, 그의 말은 청중들에게 강렬한 인상을 주어 모두가 주님의 영으로 충만한 마음으로 돌아갔습니다.

이 메시지는 한국 청중을 위해 번역되어 전해졌고, 참석한 이들은 그 감동을 고스란히 각자의 교회와 마을로 가져갔습니다. 하나님께서는 중국에서 버크먼 선교사를 놀랍게 사용하셨으며, 이곳에서도 그를 통해 이루신 일이 너무나 큽니다. 우리는 자신이 어디에 서 있는지를 깨닫고, 우리 마음속과 이 땅 전역에 큰 부흥이 필요함을 절감하고 있습니다. 우리 선교부는 이 특별 기도회를 한국장로회 총회에 제안했으며, 전남에서 현재 회의 중인 총회에서도 이에 대해 논의하고 있습니다. 우리 선교지 전체에서 특별 기도 주간을 정하도록 추진하고 있습니다. 이것이 연례 회의에서 가장 중요한 일이자, 제가 여러분께 전할 수 있는 가장 큰 소식입니다.

이 시기에 조선을 위해 간절히 기도해 주십시오. 우리의 열정이 사그라들지 않고, 이 영적 기운을 지속하여 하나님과 더욱 가까운 동행을 통해 더 많은 영혼을 주님께로 인도할 수 있도록 기도해 주십시오.

우리는 지난 금요일 힘든 여정을 마치고 집에 도착했습니다. 비오는 날씨로 인해 이동이 다소 불편했지만, 무사히 집으로 돌아와 감사하며, 모두 건강합니다. 이 어려운 시기에 고국에 계신 여러분을 잊지 않고, 여러분을 위해 기도하고 있습니다. 하나님께서 여러분의 모든 사역에 복을 주시길 바랍니다.

우리는 윌슨 대통령의 선포에 따라 지난 5월 30일 특별 기도회를 가졌고, 그런 날이 지정된 것을 기뻐합니다. 하나님의 은혜가 전선의 용감한 젊은이들과 함께하길 기도합니다.

언제나처럼,

주님을 위한 여러분의 동역자

윌리엄 P. 파커

Report 1

1918년 6월 30일
남장로교 조선 선교부 연례 보고서 발췌
윌리엄 P. 파커 작성

한 해의 사역을 마무리하며 우리는 걸어온 길을 돌아봅니다. 우리의 많은 실패와 부족함에 대한 아쉬움, 낙심과 고난에 대한 슬픔 그리고 몇몇 일들에서 느꼈던 쓰라린 실망이 없지 않지만, 그럼에도 하나님께서 이곳 사람들 가운데서 이루시는 사역에 인간을 도구로 기꺼이 사용해 주신 놀라운 섭리에 깊은 감사를 드립니다. 몇 마디로 지난 한 해 동안 하나님께서 우리를 통해 이루신 일과 우리가 그분의 이름으로 성취한 것에 대해 간략히 전하고자 합니다.

우리는 선교사의 가장 중요한 사역이 농촌 순회 전도라고 믿으며, 올 한 해도 이에 가장 큰 비중을 두었습니다. 이 순회 전도는 교회를 방문하고, 복음이 전해지지 않은 지역에서 집회를 열며, 농촌 성경 강습회를 운영하는 것을 포함합니다. 선교사가 고국에서처럼 목회 방문에 충분한 시간을 할애하기 어려운 경우가 많지만, 농촌에서의 사역 동안 가능한 한 이 일에 시간을 더 내고자 노력했습니다. 이를 통해 선교사들은 사람들과 더욱 긴밀한 관계를 맺었으며, 많은 경우 이전보다 더 효과적으로 그들의 마음에 다가갈 수 있었습니다.

또한, 특별한 사경회가 남성과 여성을 대상으로 각각 진행되었으며, 매회 200명에서 300명에 달하는 많은 교인들이 선교지 전역에서 참석했습니다. 올해는 물가가 상승했음에도 사경회는 성공적으로 개최되었으며, 광주에서는 역대 가장 많은 등록 인원을 기록했습니다. 광주의 남성 사경회와 연계하여 특별 전도 집회가 열렸으며, 1월에는 전주에서 2주간의 특별 전도 사역이 이루어졌습니다. 이 집회들은 신자들과 냉담했던 교인들에게 모두 영적 부흥의 시간이 되었으며, 사역자들은 추가로 기울였던 노력에 충분히 보람을 느낄 수 있었습니다.

선교지 보고서를 살펴보면 두 가지 사역이 하나님께 가장 큰 축복을 받았고, 가장 많은 열매를 맺었음을 확인할 수 있습니다. 그것은 바로 불신자 아동을 위한 주일학교 사역과 복음이 전해지지 않은 지역에서의 천막 집회입니다. 농촌 교회들은 정기적인 안식일 주일학교에서 현저한 발전을 보였으며, 불신자 부모들의 자녀들을 대상으로 한 사역에서도 큰 진전이 있었습니다. 물론 외국인 선교사가 직접 감독할 수 있었던 선교지와 그 주변 지역에서 가장 큰 성과가 나타났습니다. 결혼한 여성 선교사들, 전문 간호사들 그리고 교육 담당 사역자들은 주일학교 사역에 많은 시간을 쏟으며 지칠 줄 모르는 열정과 진지함으로 헌신했습니다.

주일학교와 연계된 활동으로 믿지 않는 사람들을 대상으로 하는 기도회가 특정 요일 저녁에 열렸으며, 아이들이 부모들을 데리고 와 하나님의 말씀을 듣게 했습니다. 이러한 주일학교에서의 점차 정기적인 예배 장소와 교회가 형성되었고, 점점 더 많은 아이들과 부모들이 교회에 받아들여지고 있습니다.

천막 집회는 대부분의 선교지에서 비교적 새로운 시도로 몇 년 전부터 알려지기 시작했습니다. 순천 선교지는 이 분야에서 가장 많은 발전을 이루었으며, 매우 좋은 성과를 거둔 결과 다른 선교지에서도 이 방식을 시도하고 있습니다. 집회는 항상 많은 사람들로 붐비며, 하루에 1,200명이 넘는 참석자를 기록한 경우도 있습니다. 이러한 집회를 통해 예배를 위한 영구적인 장소를 세우기 위한 초기 단계가 마련되었으며, 많은 사람들이 진지하게 믿음을 갖고자 하는 의지를 보였습니다. 물론 이 사역은 지속적으로 후속 조치를 취해야 하며, 이는 항상 쉽지 않은 과제입니다. 하지만 특별한 상황에서 필요성이 제기될 경우 교회가 설립되며, 해당 지역은 여러 차례 다시 방문되어야 합니다.

우리의 학교들은 학생 수와 학업 성취도 모두에서 꾸준히 발전해 왔습니다. 모든 선교지에는 남녀 학생을 위한 학교가 설립되어 있으며, 순천만이 예외입니다. 이는 우리가 새로운 정부 규정을 따를 수 없다는 판단으로 인해 정부가 학교를 폐쇄했기 때문입니다. 여학교들은 한 해 동안 큰 발전을 이루었으며, 담당자들은 학교의 성과에 매우 고무되어 있습니다. 이 학교를 졸업한 여학생들은 비례적으로 남학생들보다 더 큰 영향을 미치는 경우가 많으며, 복음을 전하거나 복음의 전달 매개체가 되어 전체 마을에 영향을 미칩니다.

이 여학생 중 많은 이들이 자활 노동(Self-Help)을 통해 완전히 자립할 수 있게 되었으며, 이 자립 노동은 몇 년 전 광주의 스와인하트 여사에 의해 시작되어 이제는 모든 여학교의 중요한 요소로 자리 잡았습니다. 여학생들은 매우 유능하고 효율적으로 일하며, 높은 수준의 성과를 보여줍니다. 목포의 여학교는 지난해 117명의 학생 등록을 기록했습니다.

주요 남학교 두 곳은 군산과 광주에 위치해 있습니다. 이 두 학교는 모두 실습 노동(manual work)에 중점을 두었으며, 성공적인 자립 노동 부서를 운영하고 있습니다. 광주의 탤미지 선교사는 올해 대부분을 안식년으로 본국에서 보내어 학교가 다소 어려움을 겪었으나, 그의 복귀 후 상황이 안정되었습니다. 군산 학교의 경우 베너블이 미국으로 돌아가면서 모든 부담이 실과 사역을 위해 파견된 린튼 선교사(Mr. Linton)에게 전가되었지만, 그는 맡은 일을 훌륭히 해냈습니다.

또 다른 두 곳의 남학생 학교들도 좋은 한 해를 보냈습니다. 전주의 양돈장은 선교지 전역에 햄과 소시지를 공급했으며, 목포에서는 매컬리 선교사가 새로운 실과 활동으로 파나마 모자 모조품 제작을 도입했습니다. 우리의 기독교 신자들 대부분은 자녀 교육비를 감당하기에 너무 가난하지만, 이와 같은 작업 기회를 제공함으로써 성실하고 능력 있는 학생들이 스스로 학비를 벌어 학교를 다닐 수 있게 하고 있습니다. 이렇게 교육받은 우리 학생들, 즉 남녀 모두가 지역 교회의 지도자로 성장하고 있습니다.

선교회의 의료 활동은 매우 훌륭한 상태를 유지하고 있으며, 각 선교지로부터 매우 고무적인 보고가 들어오고 있습니다. 일부 사람들은 일본 의사들이 들어온 상황에서 병원 활동의 필요성에 대해 의문을 제기할 수 있지만, 우리의 의료 기관은 무엇보다도 기독교 기관이라는 점을 기억해야 합니다. 병원에서 전해지는 말씀을 통해 많은 이들이 그들의 영혼을 위한 위대한 의사, 즉 그리스도를 믿게 되었습니다. 우리 선교회의 진실된 기독교 의사들은 항상 의료 활동의 복음적 측면을 가장 중요하게 여기며, 병원을 찾은 모든 이들이 육체적 치료뿐만 아니라 영혼을 위한 영약(靈藥)도 얻을 수 있도록 전도지 배포와 설교를 통해 복음을 전하고 있습니다.

광주의 나병 환자 사역은 특별히 언급할 가치가 있습니다. 지난

한 해 동안 나병 환자 병원에 설립된 교회는 90명의 교인이 있었으며, 한 명의 세례받은 장로가 세워졌습니다. 윌슨 의사(Dr. Wilson)는 이 불쌍한 사람들이 가장 행복하고 헌신적인 기독교인 중 일부가 되었음을 증언합니다.

대표적인 결과를 보여주는 몇 가지 보고서에서 발췌한 내용을 소개하겠습니다.

"보성 군청 소재지를 방문한 크레인 선교사는 그곳에 여러 기독교인이 있었으나 교회 건물이 없는 상황에서, 그 지역의 영향력 있는 비기독교 시민 한 사람으로부터 특별 집회를 열 수 있도록 손님방을 제공받았습니다.

이 남성은 다음과 같은 강력한 증언을 했습니다.

나는 여러 종교 단체를 보아왔지만, 기독교가 다른 모든 종교를 능가한다는 것을 알고 있습니다. 당신들의 신자는 대개 가난하고 교육받지 못한 사람들로 이루어져 있지만, 개종을 유도하려는 단체들의 유혹에도 그들은 신앙을 지킵니다. 비록 그들이 기독교의 교리나 의미를 완전히 이해하지 못하더라도, 그들이 이를 통해 영혼의 갈증을 해소하고 있음을 증명합니다. 더욱이 기독교는 가장 강력한 종교입니다. 내 친구 한 명은 도박과 음주로 전 재산을 탕진하고 빚을 갚지 않는 신뢰할 수 없는 사람이었습니다. 하지만 그가 기독교인이 되면서 음주를 끊고 빚을 갚기 시작했으며, 이제는 가장 존경받는 시민이 되었습니다. 나는 사람들을 잘 알고 있습니다. 그들이 그렇게 쉽게 습관을 바꾸지 않는다는 것도 압니다. 그 사람은 다른 곳에서, 즉 위로부터 능력을 받았습니다."

또한 목포 지역의 한 어머니는 순회 전도자를 통해 다음과 같은
말을 전했습니다.

"내 딸은 여학교에서 1년간 머무는 동안 많은 유익하고 값진 것을 배웠습니
다. 졸업 후 결혼한 그녀는 자신만의 가정을 꾸렸는데, 그 깔끔함과 매력은
마을 전체의 모범이 되고 있습니다. 그녀는 또한 자신의 삶으로 남편의 온
가족과 마을 사람들에게 사랑받는 존재가 되었습니다."

어떤 보고서를 마무리할 때에도 우리의 사역에 대해 자랑하거나
자부심을 가지려는 마음은 전혀 없습니다. 우리는 오직 하나님께서
기쁘게 우리를 사용하셨기에 그분을 위해 무언가를 이룰 수 있었다는
것을 알고 있습니다.

이번 연례 회의에서는 일본 북장로교 선교회에서 온 커티스 선교사가
기도에 대한 일련의 강의를 진행했으며, 한 아침 전체가 하나님 앞에서
회개와 기도, 고백의 시간으로 할애되었습니다. 이러한 모임과 특별
기도 시간은 이번 회의를 가장 의미 있는 시간으로 만들어 주었고,
우리는 모두 새로운 해를 맞이하며 그분께 더욱 헌신된 마음으로 나아가
야겠다는 영감을 받았습니다.

우리가 누구를 위해 일하는지, 누구의 것인지 항상 기억하며, 열정이
식지 않도록 기도해 주십시오. 날마다 주님의 뜻을 따르며, 그분께서

우리를 부르시는 그 어떤 일이든, 크든 작든 충실히 수행할 수 있는
사람들이 되기를 바랍니다.

테네시주 내슈빌,

1919년 1월

Letter 3

1918년 9월 17일 (한국, 평양)

친애하는 동역자 여러분께,

저희는 7월 초에 연례 회의를 마치고 돌아와 8월 1일까지 이곳에 머물렀습니다. 이후 약 90마일 떨어진 한국 서해안의 선교사 휴양지인 소래 해변으로 가서 8월 한 달을 보냈습니다. 저희는 꽤 많이 지친 상태였기에 학문적인 활동은 거의 하지 않았고, 대부분의 시간을 휴식을 취하는 데 보냈습니다. 그곳에서의 체류는 우리 모두에게 큰 유익이 되었으며, 가을 사역을 위한 준비를 더 잘 갖추게 되었습니다.

중국에서 오신 트윙(Thwing) 선교사께서 소래에서 성경 연구 모임을 진행해 주었는데, 이는 우리의 영적 삶에 큰 도움과 영감을 주었습니다. 이를 계기로 앞으로 더 열심히 성경을 연구하겠다는 결심을 하게 되었습니다. 정기적인 사역 일정으로 인해 모두가 만족할 만한 시간을 찾기는 어렵겠지만, 대부분의 경우 개인적으로 공부해야 할 것입니다. 진은 많이 자랐고 매우 건강하며, 그의 어머니도 작년보다 훨씬 건강해졌습니다. 하나님께서 저희를 참으로 선대해 주셨고, 저희는 이곳에서의 사역 가운데 항상 하나님의 임재를 느끼고 있습니다.

아카데미 학당은 9월 2일에 개교했고, 대학은 그다음 날 문을 열었습니다. 그 결과 저희는 복귀 이후 매우 바쁘게 지내고 있습니다. 게다가 이사를 해야 했습니다. 저희가 자체적인 집을 마련하게 될 날이 오면 매우 기쁠 것입니다. 그때까지는 아마 매년 한 번씩 이사를 해야 할 것 같습니다. 지금은 휴가를 떠난 선교사들의 집을 얻어 사용하고 있습니다. 모두가 저희에게 집을 사용할 수 있도록 친절히 배려해 주었지만, 정착하게 되는 날을 손꼽아 기다리고 있습니다.

몇몇 학생이 학교를 떠나기는 했지만, 출석률은 좋고 새로운 학생들도 들어왔습니다. 일반적으로는 4월 학기 초에만 학생을 받습니다. 모우리 선교사의 귀환은 모두에게 기쁨이 되었습니다. 그는 한국인들에게 큰 사랑을 받고 있으며, 그들의 마음속에 깊이 자리 잡았습니다. 그의 귀환으로 몇몇 다른 선교사들의 부담을 덜 수 있을 것입니다. 하지만 볼링 레이놀즈가 군산으로 이동하면서 모우리 선교사가 작년에 그가 하던 일을 맡게 되었습니다.

일본인 과학 교사인 나라하시 선생님도 복귀하여 완전히 회복된 것으로 보입니다. 그는 지난 봄에 아무 일도 할 수 없었지만, 이번 여름 동안 결핵으로 둘째 아들을 잃게 되어 큰 어려움을 겪었습니다. 저희는 두 명의 일본인 교사를 추가로 고용하고자 했으나, 아직 구하지 못한 상태입니다. 새로운 교장인 마펫 선교사도 일부 강의를 진행하고 있습니다.

이렇게 저희는 모두 다시 사역의 자리로 돌아왔고, 모두 그 자리에 있는 것을 기쁘게 생각합니다. 여러분 모두가 좋은 여름을 보냈으며, 하나님께서 여러분의 사역을 축복하고 계시기를 바랍니다. 저희를 위해 항상 기도해 주십시오. 여러분이 저희를 위해 기도하고 계시다는 것을 알고 있으며, 저희는 그 기도의 힘을 실제로 느끼고 있습니다.

저희가 한반도 전역에서 갈망하고 있는 부흥을 기억하며, 그것이 우리에게서 시작되어 교회 전체로 퍼질 수 있도록 기도해 주시기 바랍니다.

버크먼 선교사가 올가을 다시 한국을 방문할 예정이며, 평양에서도 모임을 가질 계획입니다. 그분이 이곳과 다른 곳에서 인도할 모임을 위해서도 기도해 주십시오.

가장 좋은 축복의 인사를 드리며,

그리스도의 종으로서

윌리엄 P. 파커(Wm. P. Parker)

테네시주 내슈빌, 1918년 12월

Letter 4

친애하는 동역자 여러분께,

지난달 이후로 정말 바쁜 시간을 보냈지만, 그만큼 큰 축복을 경험한 한 달이기도 했습니다. 이곳에서는 이제 본격적인 겨울이 시작되었지만, 아직 난방을 하지 않고 있습니다. 석탄을 구하기가 매우 어려워서 어떻게 해결할지 불확실한 상태입니다. 연탄은 충분히 구할 수 있지만, 연탄은 너무 연기가 많아 우리가 살고 있는 집의 난방로에는 사용할 수 없습니다. 상황에 따라 부엌에서 식사하며 지내야 할 수도 있습니다. 북쪽의 선천에 있는 몇몇 선교사들은 작년에 그렇게 지냈고, 올해는 그보다 더 상황이 어렵습니다. 아이러니하게도 우리가 석탄 광산 바로 옆에 살고 있는데도 말입니다. 반면, 서울에서는 필요한 석탄을 아무 문제 없이 구할 수 있는데, 그 석탄은 여기에서 운송되는 것입니다. 어떤 이들은 우리 지역이 만주와 가까워 만주산 석탄을 사용하도록 강요받고 있는 것이라고 생각합니다. 그러나 저희는 하늘 아버지께서 이 문제를 포함하여 모든 것을 돌보아 주실 것임을 믿고 있습니다. 석탄을 구하기 위해 열심히 노력하고 있지만, 여전히 하나님께 의지하고 있습니다. 가난한 조선인들은 연료 가격이 매우 높아 큰 어려움을 겪고 있지만, 현재 조선에는 이전보다 더 많은 돈이 돌고 있어서, 더 높은 가격을 감당할 수 있는 사람들이 많아졌습니다.

학교 업무는 여러분도 아시다시피 크게 변하지 않아서 매일의 교수 업무에 대해 새롭게 말씀드릴 내용은 많지 않습니다. 대체로 수학은 학생들에게 큰 성공을 거두지 못하는 과목이며, 일부 학생은 전혀 가능성이 없어 보이기도 합니다. 하지만 가끔은 희망이 엿보이기도 합니다. 최근에 우리는 지역 소년들을 위한 야간학교를 시작했는데, 과목은 영어와 일본어입니다. 모우리 선교사와 맥머트리 선교사가 정기적으로 영어를 가르치고, 저는 대체 교사로 참여합니다. 일본어는 교회의 일본인 교사가 담당합니다. 야간학교 학생 대부분은 비기독교인으로 보이며, 이들을 대상으로 한 전도의 기회가 큽니다. 모우리 선교사는 지역 소년들을 위해 지금까지보다 더 많은 일을 해야 한다고 느꼈고, 학교를 시작한 것도 그의 주도로 이루어졌습니다. 현재 약 50명의 학생이 등록해 있습니다.

저는 어제 서울에서 돌아왔습니다. 서울에서는 쇼핑을 하고 여권 신청을 했습니다. 내년 6월에 귀국할 예정인데, 지금 여권이 필수적이기 때문입니다.

지난주에 열린 버크먼 선교사의 집회는 우리 모두에게 큰 축복이었습니다. 버크먼 선교사는 하트포드신학교(Hartford Theological Seminary)에서 개인 전도를 가르치는 교수로, 매년 절반은 특정 국가에서 선교 사역과 연계한 전도 활동을 하고 계십니다. 그는 지난 5월 서울 집회 이후 중국에서 사역하며 놀라운 성과를 이루었고, 그의 사역은 중국에서 현대의 가장 큰 운동 중 하나로 평가되고 있습니다. 버크먼은 중국에서 인도로 갈 예정이었지만, 여권 문제로 계획이 변경되어 한국을 경유해 일본으로 향하게 되었습니다. 이는 우리의 기도에 대한 응답이라고 믿으며, 이 시기에 우리에게 특별히 필요한 은혜였습니다.

버크먼 선교사는 매일 오전 10시와 오후 3시에 소수의 대표자들과 모임을 가졌으며, 밤에는 교회에서 설교했습니다. 그의 사역 목표는 다수의 사람들에게 다가가는 것이 아니라 소수와 깊이 교제하며, 이들이 스스로 영혼을 구원하는 자로 성장하도록 돕는 것이었습니다. 그는 "중국에서 단 다섯 명의 진정한 개인 전도자를 찾는 것이 목표였으며, 이는 중국 전체의 부흥을 일으킬 것"이라고 말했습니다.

버크먼 선교사의 메시지는 단순했지만 강력했습니다. 그는 감정을 자극하지 않았습니다. 그의 메시지의 핵심은 "모든 부흥은 먼저 기독교인들의 죄 고백에서 시작되며, 예수님은 우리 죄인들에게 완벽하게 맞는 구세주"라는 것이었습니다. 그는 "기적은 끝나지 않았으며, 모든 기독교인은 기적을 행하는 자가 되어야 한다"라고 강조했습니다.

저 역시 이번 집회를 통해 설교만 하고 끝나는 것이 아니라 사람들과 더 가까워져야 한다는 것을 깨달았습니다. 특히 두 명의 청년을 위해 기도를 요청합니다. 한 명은 이평호라는 이름의 청년으로 평양 우체국에서 일하고 있습니다. 그는 집회에 참석했고 믿고 싶다고 했지만, 일요일 근무를 포기할 수 없다는 이유로 결단하지 못하고 있습니다.

또 다른 학생은 명목상 기독교인으로 대학생입니다. 그는 곧 졸업하지만 정직하지 못한 모습을 보여 왔습니다. 그의 변화와 성장을 위해 기도해 주십시오.

그리스도의 종으로서

윌리엄 P. 파커(W. P. Parker)

테네시주 내슈빌, 1919년 1월

Letter 5

1918년 11월 12일 (한국, 평양)

친애하는 동역자 여러분께,

마지막으로 글을 쓴 이후, 전 세계적으로 유행한 인플루엔자에 저희도 시달리게 되었습니다. 이로 인해 저희 학교는 약 10일간 문을 모두 닫아야 했습니다. 학생들 대부분이 아팠기 때문입니다. 저희 학교에서는 큰 병은 없었고, 시내에서 몇 명이 사망했지만, 다른 지역의 상황에 비하면 우리는 매우 운이 좋았다고 생각합니다. 개인적으로 저는 하루만 병상에 누워 있었고, 파커 부인도 지금까지는 무사히 지내고 있습니다. 진은 감기에 걸렸지만 다행히 회복이 빨랐습니다. 이제 학교는 지난주에 다시 시작되었고, 대부분의 학생들이 복귀했습니다. 몇몇 선생님들은 여전히 아프지만, 곧 복귀할 것으로 기대하고 있습니다. 일부 학생들은 병이 나아지면서 집으로 갔고, 대부분은 학교에 남아 있었습니다. 저희 학교에는 좋은 병원이 있어 학생들은 병실에서 치료를 받을 수 있었고, 몇몇은 며칠 동안 병원에 입원해야 했습니다. 이제 날씨가 매우 추워져서 이로 인해 병이 더 이상 퍼지지 않기를 바랍니다. 추운 날씨가 반가운 이유입니다. 그러나 연료가 구하기 어려운 상황에서 이번 겨울은 많은 고통이 있을 것입니다. 아직 겨울철 연탄을 구하지 못했고, 구할 수 있을지 확실하지 않지만, 품질이 매우 낮은 석탄은 구할 수 있습니다. 아마도 그것을 전부 사용해야 할 것 같습니다.

지난 월요일에는 박(상훈) 선교사―올해 봄에 신학교를 졸업하고 최근에 안수받은 선교사―가 중국으로 선교를 떠났습니다. 아시다시피 한국교회는 몇 년째 중국에서 선교 활동을 해왔고, 첫 선교사는 1913년에 파송된 것으로 알고 있습니다. 그동안 선교 사역은 여러 차례 어려움을 겪었고, 첫 번째 선교사는 병에 걸려 고향으로 돌아와 사망했으며, 다른 두 명은 약 1년 전에 다른 이유로 떠났습니다. 그러나 지난해 교회는 두 명의 새로운 선교사와 그들의 가족을 중국의 같은 지역으로 보냈으며, 올해 그들은 재차 인력을 요청했고, 박 선교사가 그 자리에 파송되었습니다. 첫 번째 선교사들이 세운 교회는 약 20명의 교인을 가졌고, 그들은 한국인 선교사들에게 큰 사랑을 보였으며, 특히 병에 걸려 돌아와 사망한 선교사의 수고에 깊이 감동했다고 합니다. 이들은 미국 선교사들과 협력하고 있으나, 다른 선교 활동이 미치지 않는 지역에서 사역하고 있습니다. 이 사역은 물론 한국교회가 지원하고 있으며, 한국인 선교사들은 중국어와 그곳의 문화를 배워야 합니다. 다행히 한국인들은 중국어를 배우는 데 더 수월합니다. 이 사역을 기도 중에 기억해 주세요. 특히 박 선교사님이 이 시점에서 사역을 시작하였으므로 그를 위한 기도를 부탁드립니다.

　　지난번에 말씀드린 두 명의 젊은이를 기억하실 것입니다. 그중 한 명은 여전히 우체국에서 근무하고 있으며, 좋은 태도를 보이고 있지만 아직 믿기로 결단하지는 않았습니다. 저는 그에게 한국어 신약 성경을 선물했으며, 그는 매우 고마워했습니다. 대학생은 제가 한 번 그와 이야기한 이후로 저를 피하지 않게 되었지만, 아직까지 자신이 부정직하게 행동한 죄를 깨닫지 못했습니다. 이 두 사람을 위해 계속 기도해 주세요.

아마도 이번 글이 크리스마스 전 마지막 소식이 될 것 같아 그 시점에 대한 인사를 미리 전합니다. 이번 크리스마스가 세계에 평화를 가져오고, 모든 분에게 가장 큰 축복이 되기를 기도합니다.

그리스도의 종으로서

윌리엄 P. 파커(W. P. Parker)

Letter 6

1918년 12월 3일 (한국, 평양)

친애하는 동역자 여러분께,

제가 마지막 편지를 보낸 지 며칠 후 (1차 세계대전) 휴전 소식이 전해졌고, 우리는 그 소식에 대해 말로 다 표현할 수 없을 만큼 기뻐하고 있습니다. 전 세계가 전쟁을 멈췄다는 사실을 믿기 어려운 일이지만, 우리도 그 평화가 어떤 의미인지를 아주 잘 알고 있습니다. 아버지와 어머니들은 총알이 아들들에게 향하지 않는다는 사실에 기뻐하고 있습니다. 우리는 아직 미국 신문을 받지 못했지만, 이제 곧 받을 수 있기를 희망하고 있습니다. 휴전이 체결된 후 소식은 우리가 생각했던 것보다 더 늦게 도착한 것 같습니다. 거의 일주일 동안 소식이 없었습니다. 하나님의 축복, 얼마나 감사한지 모릅니다! 우리는 내년이 되어야 전쟁이 끝날 것이라고 생각했었는데, 이렇게 빨리 끝날 줄은 몰랐습니다. 독일의 상황은 우리가 알았던 것보다 훨씬 더 심각했던 것 같고, 하나님께서 우리의 믿음이 부족한 곳에서도 주권적으로 일하셨음을 깨닫습니다.

올해 한국의 추수감사절은 11월 20일이었고, 그날은 하나님께 감사드리는 날이었습니다. 교회에서는 매년 그날 가난한 사람들을 위한 헌금을 모으고 있는데, 올해는 사람들의 기부가 예년보다 더 넉넉한 것 같았습니다. 11월 28일에는 저희만의 영어로 된 추수감사예배를 드렸고, 그날 저녁에는 스왈렌 가정에서 공동 만찬이 있었습니다. 홀드크로프트 선교사(Mr. Holdcroft)가 예배를 인도하였고, 그는 고국에서 사람들이 전쟁 승리를 위해 얼마나 많은 희생을 했는지 그리고 모두가 공동의 목표를 위해 하나 되어 싸웠다는 이야기를 나누었습니다. 그는 미국의 음식 절약 노력으로 식량이 동맹국과 전선의 용감한 군인들에게 보내졌다는 이야기도 했습니다. 또한, 미군이 가장 청결한 군대였고, 프랑스에서 우리 군인들에게 여러 가지 칭찬이 있었다는 이야기를 나누었습니다. 정말 우리는 우리나라가 자랑스러웠고, 미국이 한 일에 대해 자랑스러웠습니다. 물론 이전에도 이런 이야기를 듣고 읽었지만, 고국에서 방금 돌아온 사람이 직접 우리에게 전해주니 그 의미가 더욱 크게 느껴졌습니다. 저희는 정말 맛있는 저녁을 즐겼습니다. 고기, 채소, 샐러리, 민스 파이 등이 있었고, 그 후에는 몇 가지 연설이나 건배사가 있었습니다. 평양에서는 이 건배사가 전통적인 행사로 매년 추수감사절마다 한 명의 사회자를 선택하여 유머러스하고 애국적인 연설을 합니다. 올해는 감리 교회의 무어(Moore, 북감리교) 선교사가 사회를 보았는데 정말 훌륭하였습니다. 추수감사절 다음 날 저녁에는 외국인 학교 학생들이 애국적인 연극을 공연했으며 모두가 그 공연을 즐겼습니다. 아이들은 잘 차려입고 각자 맡은 역할을 훌륭히 수행했습니다. 저는 여러분이 여기 있는 우리 아이들을 볼 수 있었으면 좋겠습니다. 정말 멋진 아이들이며 어디에서든지 아이들답고 자연스럽고 편안합니다. 우리는 그들이 더욱 그렇게 느껴집니다.

지난주에는 일본 비행기가 우리 마을에 왔고, 모든 학교 아이가 그 비행기를 보는 데 큰 관심을 보였습니다. '크레인의 날개'는 추수감사절에 두 번 비행을 했고, 마을의 모든 학교 아이와 다른 마을에서 온 아이들도 강의를 듣고 그 공연을 보러 왔습니다.

그리스도의 종으로서

윌리엄 P. 파커(W. P. Parker)

Letter 7

1919년 1월 8일 (한국, 평양)

친애하는 동역자 여러분께,

우리는 12월 20일에 가을 학기를 마쳤고, 그때 거의 모든 대학생과 아카데미 학생들이 둘씩 짝을 지어 한 주 또는 열흘 동안 부흥집회를 위해 시골로 나갔습니다. 지금 대부분의 학생들이 돌아오고 있으며, 그들의 활동에 대한 매우 고무적인 보고를 듣고 있습니다. 제 비서도 다른 학생과 함께 멀리 떨어진 교회로 갔고, 그곳에서 지난 몇 년 동안 여러 가지 이유로 신앙을 떠난 사람들이 많았지만, 많은 사람들이 돌아왔고, 새로운 사람들이 많이 신앙을 결심했다고 보고했습니다. 교회들은 이 학생들이 오기를 매우 간절히 원했고, 그들의 모든 비용을 지불했습니다. 모든 준비는 대학과 아카데미의 선교회를 통해 이루어졌고, 가능한 한 각 지역을 지원했습니다. 이 학생들은 거의 모든 휴일을 이 일을 위해 헌신하는 훌륭한 정신을 발휘했으며, 그들이 가는 곳마다 큰 축복이 되었다고 느낍니다. 올해는 작년보다 학생 수가 적지만, 훌륭한 기독교적인 젊은이들이 많아 이들 중에서 사역하는 것은 정말 큰 특권이라고 느낍니다.

우리는 모든 면에서 매우 기쁜 크리스마스를 보냈습니다. 크리스마스 이브에는 오후 4시 30분에 길리스 선교사 가정에서 공동 트리를 선보였습니다. 아이들이 노래와 낭독으로 멋진 프로그램 또한 선보였습니다.

외국인들에게는 나무에 선물이 주어지지 않았지만, 각자는 도시의 가난한 사람들을 위한 음식이나 의류를 기부했습니다. 그리고 그날 동안 가난한 사람들을 위한 '집'에 대한 모금이 있었습니다. 이 집은 선교사들이 운영하고 있으며 약 260엔이 모금되었습니다. 이 집은 길 잃은 사람들을 위한 곳으로 갈 곳이 없는 이들에게 수면 공간과 기장으로 만든 한 끼 식사를 제공합니다. 기장밥은 가장 조악한 음식으로 여겨지지만, 진정으로 도움이 필요한 사람들에게 제공됩니다. 이 집에서 많은 일을 했으며 여전히 큰 도움이 필요하다고 느낍니다. 그동안 이 집을 책임졌던 한국인은 이상적인 사람이었고, 일을 즐기며 그곳에 오는 사람들과 친구가 되었고, 많은 면에서 희생을 감수했습니다. 우리가 그를 올해 잃게 되어 매우 유감스럽게 생각하며, 어떤 사람이 이 자리를 채울 수 있을지 모르지만, 올바른 사람이길 기도하고 있습니다. 이 자리는 쉽게 채워지지 않으며, 올바른 일을 하기 위해서는 자신의 집을 포기할 준비가 되어 있어야 합니다. 작년에는 문을 두드린 구걸하는 이들에게 티켓을 나눠주었고, 이 티켓은 하룻밤의 숙박과 식사를 제공하는 것이었습니다. 그러나 올해에 대한 계획은 아직 완전히 마련되지 않았습니다.

12월은 온화했지만 어제와 오늘은 말할 수 없이 춥습니다. 저는 방금 학교 사무실에 가서 타자기를 가져오려고 했는데, 집으로 가져오는 동안 손이 얼어버릴 뻔했습니다. 물론 세 번째 겨울을 맞이하고 있으니 이제 추위에 익숙해져야겠지만, 매년 조금씩 더 추운 것 같습니다.

고국의 소식을 듣는 것은 항상 기쁨입니다. 새해에는 여러분 각자에게 많은 축복과 가장 큰 행복이 함께하기를 바랍니다. 한국 사람들이 말하는 대로 "만 만 배의 축복이 여러분께 임하시길 바랍니다."

윌리엄 P. 파커(W. P. Parker)

친애하는 동역자 여러분께,

1월이 매우 빠르게 지나갔고, 날씨도 그리 심하지 않았습니다. 지금까지는 매우 온화한 겨울이었으며, 이제 가장 추운 날씨는 지나간 것으로 희망하고 있습니다.

크리스마스 이후 거의 모든 학생이 돌아왔고, 우리는 좋은 학기를 보내고 있습니다. 아카데미는 비용 절감을 위해 크리스마스 동안 5주간 휴교했고, 지난 토요일에 다시 시작되었습니다. 모든 학생이 돌아왔고, 모두 열심히 공부하고 있습니다. 아시다시피 저는 아카데미 학생들을 대상으로 주일학교 수업을 맡고 있으며, 지난 주일에 그들을 다시 만날 수 있어 기뻤습니다. 학생들이 떠나 있을 동안 저는 거의 모든 다른 교회들의 주일학교를 방문했으며, 그곳에서 일어나고 있는 일들을 보는 것을 즐겼습니다. 평양에는 6개의 장로교 교회가 있으며, 이 중 두 교회를 제외한 모든 교회는 두 곳에서 주일학교를 운영하고, 한 교회는 세 가지 종류의 주일학교를 매주 열고 있습니다. 여자 주일학교, 남자 주일학교 그리고 어린이 주일학교(비기독교인과 기독교인 모두 포함) 등으로요. 이 프로그램은 아침부터 1시 또는 1시 30분까지 진행되며, 모든 예배는 오후와 밤에 열립니다. 현재 한국에서는 주일학교 활동이 매우 강조되고 있으며, 우리는 그로 인해 결실을 맺을 것이라고 확신합니다. 특별히 주일학교 관련 문헌이 발행되고 있으며, 우리는 전통적인 주일학교의 분기별 책자뿐만 아니라 이제 주일학교 교사 잡지도 발행하고 있습니다. 서울에 있는 조선예수교서회는 한국의 연합 선교를 위해 모든 인쇄물을 담당하며, 이는 방대한 양의 자료가 사용됩니다. 성경과 성경의 일부는 대영성서공회나 미국성서공회에서 구매하며, 두 공회 모두 서울에 지사를 두고 있습니다. 올해 우리는 1917년의 국제 주일학교 교재를 사용하여 6개월 동안 요한복음을 배우고, 그 후에는 구약을 공부할 예정입니다. 주일학교 교재는 우리 선교부의 유진 벨과 남감리교의 스톡스(Stokes)가 준비하였습니다. 매년 이 일은 특정 선교사에게 주어지며, 그해의 주요 업무 중 하나로 다루어집니다.

유진 벨은 매우 아파서 3월 1일에 시작되는 첫 학기의 신학교에 올 수 없다고 들었습니다. 두 번째 학기에도 올 수 있을지 확실하지 않습니다. 우리 선교부는 현재 인력 부족으로 벨의 자리를 대신할 사람이 없어서 신학교가 매우 어려운 상황에 처해 있습니다. 특히 신학교의 교장인 마펫 선교사는 현재 대학의 교장이 되었고, 그의 업무에 있어 벨의 지원을 기대하고 있었기 때문에 상황이 더 어려워졌습니다. 신학교와 대학의 사역을 위해 기도해 주시고, 이 시점에서 어떤 방식으로든 부담을 덜어줄 방법이 마련될 수 있도록 기도해 주시기 바랍니다.

군산의 불 선교사는 한국 전역에서 부흥을 위해 특별히 기도할 필요가 있다는 강한 느낌을 받았고, 우리 선교부에 그런 부흥을 위해 함께 기도하자는 특별한 기도 요청서를 보냈습니다. 우리 선교부는 심지어 대부분의 어린이들도 함께 기도하기로 했으며, 남감리교와 북장로교도 각자의 선교부에서 비슷한 기도를 시작하고 있습니다. 여러분도 함께 기도하지 않으시겠습니까? 아, 우리가 한국 전역에서 부흥을 경험하고, 그 영향력이 전 세계로 퍼져 나가기를 간절히 기도합니다! 하나님은 우리가 그 값을 치르기만 하면 축복하시려 하십니다. 우리가 모든 일에서 하나님의 뜻을 따를 준비가 되어 있기를 기도해 주시기 바랍니다.

그리스도의 사역에 함께

윌리엄 P. 파커(W. P. Parker)

Letter 9

1919년 2월 26일 (한국, 평양)

친애하는 동역자 여러분께,

현재 날씨가 매우 좋으며, 봄이 일찍 올 것이라는 좋은 징후들이 보입니다. 조선은 봄에 매우 좋은 곳이지만, 사실 언제나 이곳은 지내기에 좋은 곳입니다.

올해 남성 사경회는 1월 초가 아니라 2월 3일부터 13일까지 열렸습니다. 이는 2월 1일에 시작된 한국의 설날을 맞아 더 많은 사람들이 참석할 수 있을 것이라는 예상에서였습니다. 그 결과 예상보다는 조금 적은 수의 사람들이 참석했지만, 평양시의 남성들이 함께 모여 올해의 사경회는 역대 가장 큰 규모로 진행되었습니다. 등록된 인원은 천 명 이상이었으며, 17개의 분반이 있었고, 교사를 모집하는 데 많은 어려움이 있었지만, 평양과 전국의 거의 모든 한국인 목사가 도움을 주었습니다. 우리 선교부의 불도 와서 하루에 한 시간씩 가르치고 아침 기도 모임을 인도하였습니다. 지난 편지에서 불이 한국 전역에서 부흥을 위한 기도의 필요성을 강하게 느끼고, 우리의 단합된 기도를 요청하는 서한을 보냈다고 말씀드린 적이 있습니다. 그 이후 우리 선교부뿐만 아니라 다른 선교부들도 그 요청에 응답하였습니다. 불은 이 부흥을 아침 기도 모임의 주제로 삼았으며, 그가 전한 메시지와 사람들이 반응하는 방식은 정말 놀라웠습니다. 저는 매일 모든 모임에 참석할 수는 없었지만, 아침 모임 대부분에 참석할 수 있었고, 그것은 정말로 감동적이었습니다. 많은 사람들이 죄를 고백하며 눈물을 흘렸고, 그들의 간절함은 매우 분명하게 나타났습니다. 그들은 이 마음을 가지고 농촌으로 돌아갔으며, 우리는 그곳에서 큰 결실이 있을 것이라 믿고 있습니다. 우리가 바라고 있는 이 부흥을 위해 매일 기도에 동참해 주시기 바랍니다.

현재 여성들을 위한 시내 사경회가 끝났고, 내일부터는 시골 사경회가 시작됩니다. 남성 사경회는 대학과 아카데미 건물 일부를 이용할 수 있어 도시와 시골 남성들이 동시에 수업을 들을 수 있었으나, 여성들의 경우에는 이런 방법이 불가능합니다. 또한, 보통 여성들이 남성들보다 더 많고, 교사를 모집하는 것도 어렵습니다. 작년에 파커 여사가 맡았던 미혼 여성들을 위한 학교는 11명의 학생과 함께 좋은 한 해를 보냈습니다. 이 학교는 여학생들이 여학교에 진학하기 전 필요한 준비를 할 수 있도록 도와주며, 그 후 몇몇 학생들은 여학교로 진학하게 됩니다. 이 학교는 선교부에서 지원할 수 없었기 때문에 개인적인 기부로 운영되었으며, 현재 이 학교를 담당하는 도리스 선교사(Miss Dorris)는 때때로 재정적으로 어려움을 겪었지만, 하나님을 신뢰하며 필요한 자금을 구할 수 있었습니다. 물론 이 일은 주요 업무는 아니지만, 선교부에서 자금을 지원할 수 없는 상황에서 누군가 이 학교를 전담할 수 있으면 더 많은 학생들을 돕고 학교를 확장할 수 있겠다고 생각합니다. 항상 너무 많은 일을 마치지 못하고 지나가는 것이 안타깝습니다.

학교는 3월 20일에 마치고, 새 학기는 4월 4일에 시작됩니다. 우리는 지금 한 해의 마무리 작업을 하고 있으며, 졸업식은 3월에 있습니다. 올해는 여러 차례 어려움이 있었지만, 우리는 이 모든 일이 결실을

맺었다고 느끼며, 하나님께서 우리를 이 일을 하도록 허락하신 것에
감사하고 있습니다. 고국에 있는 여러분을 잊지 않고 기도하고 있으며,
더 자주 여러분의 소식을 듣고 싶지만, 선교사만이 바쁜 것은 아니므로
이해해 주시기 바랍니다. 여러분의 일에 하나님의 축복이 함께하시기를
기도합니다.

그리스도의 사역에 함께

윌리엄 P. 파커(W. P. Parker)

내슈빌, 테네시

1919년 5월

Letter 10

1919년 3월 29일 (한국, 평양)

친애하는 동역자 여러분께,

지난 한 달 동안 우리는 많은 사건과 흥분을 겪었습니다. 그동안 우리의 마음을 슬프게 만든 일들이 많이 있었지만, 더 나은 일이 올 수 있다는 희망의 징조도 보이며, 우리는 "하나님을 믿으라"는 교훈을 점점 더 깊이 배우고 있습니다.

아마 여러분은 신문에서 독립운동에 대해 읽었을 것입니다. 많은 보도가 나갔기 때문에 제가 말할 내용은 이미 익숙할 것이므로 긴 설명은 생략하겠습니다. 한국인들에 대한 우리의 존경심은 날마다 커져만 가고 있으며, 그들은 정말로 훌륭한 민족입니다. 우리는 그들이 겪고 있는 어떤 박해나 고난 속에서도 그들이 보여주는 인내를 모두 이해할 수 없습니다. 저는 그들의 행동이 지혜로운 선택이었는지 아닌지에 대해 말하려는 것은 아니지만, 그들은 강한 결단력을 보여주었고, 전반적으로 매우 질서 있게 행동했습니다. 일부 예외(확실하지 않은 경우)가 있긴 했지만, 그들은 그들이 받은 폭력에 의해 격분하기 전까지는 폭력에 의존하지 않았습니다. 심지어 폭력이 사용된 몇 가지 경우에도 지도자들은 폭력과 학대를 사용하지 말라는 엄격한 명령을 내렸습니다.

3월 3일에 서울에서 열릴 예정이었던 고종의 장례식을 계기로, 한국인들은 미리 준비한 '독립선언서' 여러 부를 전국 곳곳에서 3월 1일에 읽었습니다. 이 선언서는 33명이 서명했으며, 그중 16명은 교회의 강력한 목사들과 지도자들이었고, 나머지는 대부분 기독교인이 아닌 저명한 한국인들이었습니다. 지도자들이 모인 가운데 이 선언서는 낭독되었고, 그 후 사람들은 한국 깃발(태극기)을 들고 "대한 독립 만세"를 외치며 행진했습니다. 그날은 토요일이었고, 일요일에는 교회들이 문을 닫았으며, 예배를 드릴 수 없었습니다. 평양에서도 며칠 동안 비슷한 시위가 있었으나, 경찰과 군인들이 이를 막으면서 많은 사람들이 잔인하게 체포되었고, 이후 평양에서는 대규모 시위가 더 이상 일어나지 않았습니다. 그러나 이 운동은 전국으로 퍼져갔고, 2~3주 동안 거의 모든 큰 도시에서 비슷한 집회가 열렸습니다. 이들 모두는 군인들에 의해 진압되었고, 군인들이 민간인들을 향해 총을 쏘고, 구타하고, 상처를 입히는 일은 끔찍할 정도였습니다. 많은 농촌 지역에서는 교회에 대한 박해가 집중되었고, 다른 사람들은 대체로 무사한 경우가 많았습니다. 그러나 서명자들을 보면 알 수 있듯이 이 운동은 기독교인들에 국한되지 않았습니다. 서울과 평양을 비롯한 큰 도시들에서는 대부분의 한국 상점들이 문을 닫았고, 평양에서는 현재 모든 한국 상점이 폐쇄되었습니다. 지금은 다른 한편으로는 비교적 조용한 상황입니다.

우리는 선교사로서 이 일에 미리 관여하지 않았고, 한국인들이 우리를 어떤 식으로든 참여시키지 않았습니다. 그들은 우리가 중립을 지켜야 한다는 것을 알았기 때문입니다. 일본 신문들에서는 우리가 이 운동의 주동자라고 비난한 바 있으나, 이러한 주장은 이후 모두 부인되었습니다. 우리의 학생들은 모두 3월 1일의 집회에 참석했고, 대부분은 결국 체포되었지만, 현재는 몇 명만이 감옥에 남아 있습니다. 사실 대부분은 체포된

날 바로 풀려났습니다. 이 일은 우리 학교뿐만 아니라 정부 학교에도 해당되었으며, 모든 학교가 잠시 폐쇄되었습니다. 정부 학교들은 짧은 기간 동안 재개되었으나, 평양에서는 학생들이 공부할 마음이 없어 다시 문을 닫게 되었습니다. 기독교 학교들도 대체로 그동안 폐쇄되었으며, 예외가 몇 군데 있었습니다. 우리는 4월 새 학기 시작과 함께 학교를 재개할 계획입니다.

신문들이 보도한 내용을 보면 정부(총독부)는 자신들이 잘못했음을 인식하고 있으며, 아마도 일부 변화를 도입할 것입니다. 한국인들이 정부에 더 많은 목소리를 낼 수 있을 가능성도 있습니다. 물론 우리는 정치적 문제에 대해 조언할 수 없고 개입할 수 없습니다. 그러나 지금 감옥에 있는 친구들과 신체적 고통을 겪고 있는 이들을 위해 기도해 주시기를 부탁드립니다. 어떤 결과가 나오더라도 그들의 믿음과 구주에 대한 신뢰가 더 강해지기를 기도해 주세요.

우리의 안전에 대해 말씀드리자면, 외국인이 경찰에 의해 심하게 구타당한 사례가 한 건 있었고, 여성들이 모욕당하거나 거칠게 밀친 사례가 몇 건 있었지만, 우리는 전혀 위험하지 않다고 생각합니다. 이들은 모두 예외적인 사례였으며 사과를 받았습니다. 물론 지금은 외출하는 것이 권장되지 않으며, 그동안 거의 외출하지 않았지만, 근처 교회에는 가곤 했습니다. 일본 신문들에서는 우리가 이 사건의 배후라고 비난했지만, 이러한 주장은 후에 철회되었습니다. 우리는 일본인들로부터 불쾌한 대우를 받지 않았으며, 일본 사람들이 한국인들에 대해 일어난 폭력은 한두 가지 사례를 제외하면 경찰의 명령에 의한 것이었고, 경찰의 질서를 유지하는 데 도움이 되었을 뿐입니다. 군인들이 개입된 것은 정말 안타까운 일이며, 불필요한 잔혹 행위가 다수 발생하였고, 죄 없는 시민들이 죄인들만큼 혹은 더 많이 고통을 겪었습니다.

지난 수요일, 이곳에서 일어난 가장 끔찍한 사고 중 하나가 발생했습니다. 광주에서 온 유진 벨과 부인, 낙스(Knox), 목포에서 온 폴 크레인 선교사가 서울에서 남쪽으로 가던 중 벨 소유의 자동차가 철도 건널목에서 열차와 충돌하였고, 벨 부인과 크레인 선교사가 즉시 사망하였으며, 낙스 선교사는 심하게 부상을 입었습니다. 오늘 「서울신문」에 실린 벨의 성명에 의하면, 그들은 아침 내내 기차를 경계하며 지나쳤으나, 이번 건널목에서 자동차 왼쪽에 있는 차양 때문에 기차를 보지 못했다고 합니다. 참으로 끔찍한 일입니다. 벨의 부인은 군산의 불 선교사의 여동생이며, 두 자녀(대략 12세, 5세)가 있습니다. 크레인은 부인 로우랜드(Rowland)와 두 명의 어린 자녀를 두고 있었습니다. 서울에서 전해온 소식에 따르면, 낙스는 많이 회복되었으며, 벨은 큰 부상은 없었지만 큰 충격을 받았다고 합니다. 지금 이 비극을 맞이한 가족들에게 깊은 위로의 마음을 전합니다. 우리는 왜 이런 일이 일어나야 했는지 이해할 수 없지만, 하나님의 뜻이 우리의 뜻과 다르다는 것을 알며 그분께 의지할 수밖에 없습니다. 이런 때에 하나님을 의지하는 사람이 복이 있다는 것을 확실히 깨닫습니다.

저는 지난주에 진을 서울로 데리고 가서 편도선과 아데노이드(비인두림프)를 제거했습니다. 잘 회복하고 있으며, 앞으로 감기에 덜 걸리기를 바랍니다. 우리는 6월 19일 요코하마에서 출발하는 S. S. 난징호를 예약했으며, 17일 후에 샌프란시스코에 도착할 예정입니다. 이후 로스앤젤레스에서 제 아내의 아버지와 어머니, 여동생을 만나고, 동부로 갈 계획입니다.

우리는 고국에서 공부를 하려고 생각하고 있지만, 아직 구체적인 계획은 정하지 않았습니다.

여기에서의 일을 위해 계속 기도해 주시기 바랍니다. 우리는 고국에 있는 여러분을 잊지 않고 있습니다. 각자 맡은 일에서 하나님의 축복이 함께하시기를 기도합니다.

진심으로

윌리엄 P. 파커(Wm. P. Parker)

내슈빌, 테네시

8부

윌리엄 파커 서신 8집

Letter 1

1919년 4월 24일 (한국, 평양)

친애하는 동료 사역자들에게,

현 상황에서 한국에서 편지를 보낼 방법이 중국을 통하는 것밖에 없어서 저는 이렇게 여러 사람에게 한 번에 편지를 보냅니다. 여러분께서 그 편지들을 전달해 주시기를 부탁드립니다. 제가 여러분 한 분 한 분께 각각 편지를 보내지 못한 이유는 중국을 통한 편지 송달은 환율 문제로 비용이 상당히 많이 소요되므로 우편 요금을 절약하기 위함입니다. 뿐만 아니라, 이와 관련하여 다른 비용이 추가로 발생할 수 있기 때문입니다. 여러분께서는 제가 이 편지를 왜 중국을 통해 보내는지 짐작하실 수 있을 것입니다. 비록 일본이 저희의 예상과는 달리 많은 우편물을 통과시키고 있지만, 현재 모든 발신 우편물을 검열하고 있다는 믿을 만한 이유가 있어 최소한으로 자유롭게 말할 수 없는 상황입니다. 이 편지는 출판용이 아닙니다. 그러나 여러분이 특별한 필요에 의해 일부 내용을 사용할 수 있다고 하더라도 제 이름은 공개하지 말아 주십시오. 저는 여러분이 그렇게 해주시는 것이 현명할 것으로 생각합니다. 저희는 결코 글로 드러내고 싶지 않았지만, 이미 너무 많은 내용이 글로 공개되었습니다.

대략 한 달 전, 저는 독립운동과 관련된 고통스러운 소식을 비교적 상세히 다룬 편지를 데이비슨(Mr. Davidson)에게 썼습니다. 하지만 그 편지가 검열에 통과되었는지는 알 수 없습니다. 설령 통과되지 않았다 하더라도 여러분은 이미 신문에서 상세한 보도를 접했을 것입니다. 비록 일부 보도는 과장되었을 가능성이 있지만, 전반적으로 무슨 일이 벌어졌는지는 아실 것입니다. 독립운동은 3월 1일에 시작되었으며, 그 이후 전국적으로 모든 지역에서 일본의 공포스러운 통치가 계속 이어지고 있습니다. 이 독립운동이 미치지 않은 곳은 거의 없는 듯합니다. 일본은 우리가 보기에 필요 이상의 힘을 남용하는 큰 실수를 저질렀고, 용납할 수 없는 잔혹 행위를 자행한 경우도 많았습니다. 일본은 이러한 행위가 책임 없는 군인, 경찰, 헌병, 소방관들에 의해 발생했으며, 당국이 이를 처벌할 것이라고 주장하지만 신뢰하기 어렵습니다. 남성과 여성, 소년들이 단순히 "대한 독립 만세"를 외쳤다는 이유만으로 총살당하고, 많은 이들이 목숨을 잃었습니다.

지난주 서울 부영사인 커티스가 차를 타고 서울 남쪽으로 내려가 온통 불타버린 마을과 교회에 모여 총살당한 43명의 사진을 찍었습니다. 그는 그 이야기가 너무 끔찍해 믿을 수 없다고 했지만, 사진은 그 참상을 증명합니다. 우리가 듣는 이야기의 대부분을 검증할 수는 없지만, 그중 10%만 사실이라 해도 피가 끓어오르기에, 아니 그보다 더한 분노를 일으키기에 충분합니다. 언제나 그러하듯이 북부 지역의 상황은 남부보다 훨씬 더 심각합니다. 얼마 전부터 서울에서 사람들이 해가 지면 외출을 꺼리고 모든 상업 활동과 교회 예배는 일찍 시작했다가 일찍 마친다고 보도되었습니다. 이는 일본에서 온 300명의 무장한 장정들이 몽둥이를 들고 거리에서 닥치는 대로 사람들을 폭행했다는 소문 때문입니다. 이들을 실제로 일본에서 불러 데리고 왔다는 데는 의심의 여지가 없어 보입니다. 우리는 소방관들이 끝에 갈고리가 달린 긴 막대를 사용해 온갖 악행을 저지르도록 방관되었다는 사실을 알고 있습니다. 이는 우리가 직접 이곳에서 목격했기 때문입니다.

독립선언서에 서명한 사람들 가운데 기독교인의 비율이 절대다수는 아니며, 이 운동은 결코 기독교인들만의 봉기가 아닙니다. 하지만 일본은 이를 기독교인들의 소행으로 꾸미려는 듯합니다. 특별히 교회를 겨냥한 박해가 진행되고 있습니다. 어떤 한 장소에서는 군인이나 경찰이 군중을 멈추고, 기독교인이 몇 명인지를 묻고 숫자를 확인한 뒤, 그 외의 사람들은 무슨 일을 했든 간에 풀어주기도 했습니다.

—위에서 언급한 장정들과 관련하여— 스코필드 의사(Dr. Scofield)는 밤중에 서울의 여러 경찰서를 방문하여 들은 소문에 대해 이야기하며 —자신 역시 직접 실험하여 확인하였던— 거리를 지나다니기 무서운 다양한 실례들을 다음과 같이 제시했습니다. 경찰은 "아닙니다, 위험하지 않습니다"라고 그를 안심시키려 하자, "하지만 저는 일본에서 온 사람들이 300명이나 있다고 들었습니다"라고 답했습니다. 그러자 "아니요. 그것은 사실이 아닙니다. 단지 60명뿐입니다"라고 말했습니다.

이 편지를 서둘러 보내려 하다 보니 (일반적인) 그 문제에 관해 많은 시간을 할애하지 못했습니다. 그러나 이제 지난 3주 동안의 우리의 경험을 전하고자 합니다.

저희는 4월 4일에 학교를 개강하기로 했었습니다. 저희는 몇 명의 학생이라도 오면 수업을 진행할 계획이었지만, 학생들이 곳곳에서 수색 끝에 발각되면 체포되는 상황 속에서 학생이 올 것이라고 기대하기는 어려웠습니다. 마펫 선교사는 지난 3월 5일에 학교를 폐쇄할 때 4월

4일에 학교를 다시 연다고 공지했지만, 학생들에게 학교로 오라는 별도의 통지문은 보내지 않았습니다. 이러한 불확실한 상황에서 학생들에게 등교할 것을 요청하는 것은 현명하지 않다고 판단했기 때문입니다.

그날 아침, 아카데미 학당에 두 명의 학생이 나타났지만, 얼마 지나지 않아 경찰이 학교를 검문하러 오자 이들은 바로 사라졌습니다. 대학 개강 직전의 오후, 일본인 화학 교수 나라하시 교수가 마펫에게 경찰서장으로부터 받은 전갈(傳喝)을 전달했습니다. 메시지 내용은 학생들이 학교에 올 경우 즉시 경찰서에 신고하고, 3월 1일 사건과 관련하여 조사를 받아야 하며, 유죄로 판명되면 처벌받을 것이라는 내용이었습니다. 경찰은 죄 있는 자와 무고한 자를 명확히 구분하지 않았고, 무고하다는 사실이 인정된 학생들조차 심한 구타를 당했다는 점을 고려할 때 우리는 경찰의 역할을 대신할 의도가 전혀 없었습니다. 그래서 유일하게 대학 개강식에 참석하려던 한 학생(제 비서)에게도 떠나는 것이 좋겠다고 제안했고, 그는 이 암시를 받아들여 자리를 떠났습니다. 그 결과 우리는 학생들이 없다고 보고하였습니다.

그날 오후, 저는 홀드크로프트 가정에서 티타임을 가지던 중이었는데, 레이너가 제게 전화로 경찰이 지금 우리 집들을 수색하려 한다고 알려주었습니다. 그래서 저는 서둘러 집으로 돌아갔습니다. 평양 장로교 선교사 거주 구역은 공공 도로에 의해 두 지역으로 나뉘어져 있었는데, 경찰은 도로 서쪽 지역의 모든 집을 수색하고 있었습니다. 수색 대상 중 특히 마펫과 모우리의 집이 주목을 받았으며, 수색 중 선교사 거주지에 머물던 아홉 명의 학생이 체포되었습니다. 또한, 마펫 박사의 하인 숙소에서는 구겨진 상태의 등사 원지가 발견되었는데, 이는 경찰이 오랫동안 추적해

온 독립신문의 사본으로 판명되었습니다. 이 수색은 검사장에 의해 진행되었고, 법적 절차에 따른 것이어서 영장은 필요하지 않았습니다. 그날 저녁 7시 30분경 마펫 박사와 모우리 씨가 경찰서로 소환되어 발견된 물건들에 대해 철저히 심문을 받았습니다. 마펫 박사는 문제가 발생하기 오래전부터 허가를 받고 집에 머물고 있던 한 학생 외에는 자신의 집에서 잠을 잔 학생들에 대해 전혀 알지 못했고, 자신의 등사기가 조선 신문 인쇄나 다른 목적으로 사용되었다는 것도 진정 알지 못했다고 설명했습니다. 결국 경찰들은 그의 설명에 만족했고, 마펫은 가도 된다고 하였습니다. 그러나 마펫 자신은 모우리를 기다리겠다고 정중히 말했습니다. 그럼에도 경찰들은 모우리에 대한 심문이 아직 끝나지 않았으니 먼저 돌아가는 편이 좋을 거라고 하였습니다. 마펫은 밤 12시경에 귀가하였습니다. 다음 날 아침 모우리 부인은 모우리가 아직 집에 오지 않았다고 맥머트리에게 전화를 걸었습니다. 이에 맥머트리와 번하이슬은 무슨 문제가 생겼는지 알아보기 위해서 경찰서로 찾아갔습니다. 그들은 모우리 씨가 독립운동 관련 인사들을 신고하지 않고 은닉했다는 혐의로 감옥에 구금된 사실을 알게 되었습니다. 접견하는 데 많은 어려움이 있었으나 가까스로 5분간 그를 면회할 수 있도록 허가를 받았습니다. 5분간의 면회 중 대화는 오직 가정사에 국한되었고, 감옥에 가둔 혐의 등에 대해서는 언급할 수 없었습니다.

당시 동경에 체류 중이었던 홀드크로프트는 현 상황과 관련하여 변호사를 선임하라는 연락을 받았습니다. 그리고 번하이슬은 영사를 만나기 위해서 서울로 떠났습니다. 이후 마펫과 모우리 부인은 모우리를 면회할 수 있는 허락이 떨어져 그를 만났으나 면회 시간은 매우 짧았고,

대화도 한국말로 가정사에 한해서만 가능하였습니다.

번하이슬과 마펫 박사는 모우리의 보석을 신청하였으나 아무런 성과가 없었습니다. 그들은 모우리의 재판 여부와 날짜에 대해서 문의하였으나, 이 역시 명확한 답변을 받지 못했습니다. 그래서 최소한 재판이 진행되기 며칠 전에 통지를 받을 수 있기를 요청했습니다. 4월 14일 월요일, 한 일본 순사가 감리교 병원에 와서 한국인 간호사에게 모우리의 재판이 다음 날 있을 것이라고 말했습니다. 그녀는 그 순사에게 이 정보를 마펫에게 전달할 것을 요청했으나 그는 거절했습니다. 그래서 그 간호사는 자신이 직접 마펫에게 전화를 하였습니다. 마펫은 그렇게 우회적인 방법으로 전달된 정보가 확실한 사실일 것이라고 크게 믿지 않았지만, 다음 날 그는 번하이슬 씨와 법원을 찾아갔습니다. 다행히도 그 재판은 정확하게 열렸습니다. 조선에서 일본인들의 법에 따르면 피고인은 무죄를 입증할 때까지 유죄로 간주되었습니다. 어떠한 증인 소환도 없었으며 체포된 학생들에 의해 취해진 증거만이 심사되어졌습니다. 검사는 모우리에게 6개월의 강제 노동형을 선고했는데, 판사는 바로 판결을 내리지 않았습니다. 그리고 그 판결을 4월 19일 토요일까지 연기하였습니다. 재판이 끝났을 때 마펫은 즉시 서울로 갔고, 번하이슬은 모우리를 면회하여 그 판결에 대해서 이야기하면서 왜 판결 전에 아무 변호사도 선임하지 못했는지 설명하였습니다. 그들에게 영어로 말하는 것은 허용되지 않아 한국말로 그 문제에 대해 대화를 하였습니다. 모우리는 자신이 무죄라고 느끼고 있었고, 만일 판결이 그에게 불리하게 내려진다면 항소할 의사를 밝혔습니다. 그의 혐의는 3·1운동의 한국 선동자들을 은닉한 일이었습니다. 그러나 모우리는 재판에서 자신의 집에 잠자고 있던 학생들은 모두 3명으로 일부 기간만 머물렀고, 그들이 처음 올 때부터 경찰이 오면 보호해 줄 수 없다고 말했으며, 법을 어기는 어떠한 행동을 해서도 안 된다고 분명히 했다고 진술했습니다. 모우리는 학생들이 3·1독립만세운동에 관여했을 것이라고 추측은 했지만 정확히 알지는 못했고, 경찰이 그들을 수색하고 있다는 사실도 그리고 그들이 체포되리라는 사실도 알지 못했다고 주장하였습니다. 다만, 그들은 그들 자신이 위험 가운데 있다고 생각했을 수도 있다고 모우리 씨는 짐작하였다고 진술하였습니다. 미국 영사는 모우리에게 제기된 혐의가 근거 없다고 밝혔으며, 우리 모두도 같은 입장이라고 말했습니다. 법적으로 볼 때 특정한 범죄 혐의로 체포되거나 기소되기 전까지는 이 학생들을 단순히 보호했다는 이유만으로 범죄자로 간주할 수 없으며, 경찰서에서 이들을 수배하고 있다는 어떠한 통보도 모우리에게 전달된 적이 없었다는 사실은 더더욱 그를 범죄자로 몰아서는 안 된다는 주장을 하였습니다.

마펫은 즉시 서울에서 변호사를 섭외했고, 부영사는 4월 19일 토요일로 예정된 판결에 참석하겠다고 했습니다. 그날 우리 모두는 법정에 갔습니다. 모우리는 범죄자 모자(긴 빨대 바구니 모양의 모자)를 쓰고 법정에 출석했고, 선고 전 판사 앞에 서 있었습니다. 판사는 6개월의 강제 노동형을 선고했습니다. 모우리는 즉시 항소했으며, 마펫은 200엔의 보석금을 냈습니다. 법정은 이를 받아들이고 그를 석방시켰습니다. 모우리의 2심 재판은 다음 달 5월 10일 평양 항소법원에서 열릴 예정입니다.

2심 재판 이후 그는 서울에 있는 대법원에 상고할 수 있으므로, 무죄 선고를 받을 기회가 아직 두 번 남아 있습니다. 조선에는 각 도마다 지방 법원이 있으며, 평양, 서울 그리고 남쪽의 대구에 각각 항소법원이 있습니다. 대법원은 서울에 위치해 있으며, 이곳에서 진행된 재판이 일본 본토로 넘어가는 경우는 없습니다.

현재 모우리는 보석으로 풀려난 상태입니다. 그는 체포될 당시 몸 상태가 좋지 않았고, 지금은 상당히 지쳐 있는 상태입니다. 감옥에 있는 동안 그의 처우는 상황이 허락하는 한 편안하게 지낼 수 있도록 제공되었고, 보통 수감자들은 누릴 수 없는 많은 특혜가 허용되었습니다. 그는 독방을 배정받았고, 의자와 침대를 제공받았으며, 비록 처음에는 침대를 허락하지 않았지만 결국 허용되었습니다. 담당 교도관은 그에게 친절하게 대했으며, 책도 보내져 읽을 수 있었는데, 모든 책은 사전 검열을 통과해야 했습니다. 한편, 모우리 부인은 이러한 상황을 놀라울 정도로 잘 견뎌내고 있습니다. 우리는 그가 다음 달 10일 재판에서 무죄를 선고받기를 간절히 바라며 기도하고 있으며, 시간이 걸리더라도 결국 무죄로 판명될 것이라 믿습니다. 그러나 또 한 번 항소해야 할 수도 있습니다.

제가 아는 한 현재 조선에서 선교 아카데미는 모두 문을 닫은 상태입니다. 그러나 많은 기독교 초등학교들은 여전히 운영되고 있습니다. 서울에 있는 대학은 폐쇄되었으며, 남쪽 지역의 학교들도 아직 개교하지 않았다는 소식을 들었습니다. 또한, 순회 전도 활동 역시 중단된 상태입니다. 선교사가 교회를 방문할 경우 오히려 의심을 불러일으킬 수 있기 때문에 지금으로서는 나가는 것이 현명하지 않다고 판단됩니다. 이러한 이유로 인해 시골 교회들의 상황을 정확히 알 수는 없지만, 전해지는 소식은 매우 암울합니다. 많은 목사, 장로 그리고 교회 지도자들이 감옥에 있으며, 많은 교회가 모이지 못하고 있습니다. 그러나 이 지역 대부분의 교회는 여전히 어떤 형태로든 예배를 지속하고 있는 것으로 보입니다. 참고로 경찰이나 경찰의 사주를 받은 일본인들로 인해 많은 신자들이 부상을 입었습니다.

우리는 조선이 반드시 독립해야 한다고 주장하는 것은 아니지만, 현 정부가 이 민족을 억압하고 있는 것은 분명합니다. 따라서 우리는 조선에 필요한 여러 개혁이 이루어지기를 간절히 바랍니다. 이 시기에 핍박받는 기독교인들을 기억해 주시고, 우리의 사역을 위해 기도해 주시기를 부탁드립니다. 우리는 개인적으로 어떠한 위험에 처해 있지는 않지만, 여러분의 기도가 절실히 필요합니다. 또한, 여러분이 이 땅의 백성들을 진정 기억해 주시기를 바랍니다. 무엇보다도 권력을 가진 자들이 언제나 폭력과 억압을 선택하는 것이 아니라, 공의를 행할 수 있도록 인도되기를 기도해 주십시오.

주님의 사역 안에서, 변함없이

윌리엄 파커(W. P. Parker)

미국 테네시주 내슈빌,

1919년 6월

Letter 2

1919년 5월 27일 (한국, 평양)

사랑하는 가족 여러분께,

갑작스럽게 저는 내일 아침 일찍 편지가 발송된다는 소식을 방금 들었습니다. 지금은 꽤 늦은 시간이라 몇 마디 짧게 요점을 정리하여 전하고자 합니다.

우선 이미 알고 계신 소식이라 굳이 이 편지로 전할 필요는 없지만 말씀드립니다. 프랜시스 앤이 지난주 화요일에 태어났으며, 오늘로 생후 일주일이 되었습니다. 그녀의 몸무게는 9파운드였습니다. 아기와 엄마 모두 건강하게 잘 지내고 있습니다. 다음 주에 선천(평안북도)에서 돌아올 예정입니다. 저희는 6월 22일에 배를 타고 출항할 예정이나, 만약 총독부에서 배를 징발할 경우 몇 달간 출항이 지연될 수도 있습니다. 신문에서는 출항이 취소되었다고 보도했지만, 쿡 선교사(Cook, 북장로교)가 괜찮다고 했고, 22일에 예정대로 출항한다고 썼기 때문에 잘못된 정보라고 생각합니다. 개인적인 소식은 이 정도로 하겠습니다. 진과 저도 건강하게 잘 지내고 있습니다.

이제 이 편지를 중국을 통해 보내는 진짜 이유에 대해 말씀드리겠습니다. 지난 편지에서 언급했듯이 이 편지는 절대 인쇄되지 않도록 유의해 주십시오. 모우리의 재판은 예정대로 10일에 열렸습니다. 일본에서는 독일 시스템 혹은 더 정확히 말하자면 유럽의 사법 시스템을 따르고 있습니다. 추측하건대, 영국과 미국만이 배심원 제도를 따르는 주요 국가들인 것 같습니다. 일본에서는 우리가 아는 배심원 제도가 없으며, 1심 법원에서는 판사가 모든 것을 결정합니다. 그러나 항소법원에서는 세 명의 판사가 배심원의 역할을 하며 판결을 내립니다. 주심 판사가 있으며 그 외 두 명의 판사가 함께 심리를 진행합니다.

법정은 반원형 구조로 되어 있고, 가장 왼쪽에는 검사(일본에서는 검사관이라 불림)가, 그 옆에는 배심원 중 한 명, 그다음에는 영어 통역사(이번 모우리의 재판은 영어로 진행되었기에 영어 통역사가 있었음), 그다음으로 주심 판사가 그 옆에 자리합니다. 그다음에는 한국어 통역사, 나머지 배심원 그리고 마지막으로 서기가 자리합니다.

모우리는 이전과 동일한 방식으로 심문을 받았으며, 답변 내용도 동일했습니다. 따라서 심문에서 새로운 내용은 거의 없었습니다. 이번에는 세 명의 일본인 변호사들이 그를 변호했습니다. 도쿄에서 온 우자와(Dr. Uzawa, 장로교 장로), 서울에서 온 오쿠보(Mr. Okubo) 그리고 평양에서 온 모리오카(Mr. Morioka)가 변호를 맡아 매우 능숙하게 모우리를 변호했습니다. 일본에서 온 몇몇 선교사들도 재판을 참관했는데, 그중 한 명은 이번에는 반드시 모우리가 무죄 판결을 받을 것 같다고 말했습니다.

판결은 17일에 내려졌습니다. 재판 후 나라하시가 전하기를, 세 명의 판사가 판결을 두고 매우 고심했으며, 결국 전날에야 합의에 도달했다고 합니다. 한 명은 무죄를 주장했고, 한 명은 이전과 같은 6개월 징역 및 강제 노동형을 주장했으며, 재판장은 절충안을 제안했습니다. 즉, 모우리에게 4개월 징역형을 선고하되, 2년 동안 형 집행을 유예하는 것이었습니다. 절충안이 채택되었습니다.

판결 선고 당시 통역은 이곳 도청 소속 나가세(Mr. Nagase)가 맡았으며, 재판 중에는 서울에서 온 통역사가 담당했습니다. 그러나 나가세의 영어 실력이 부족했기 때문에, 그는 선고 전날 밤에 길리스 선교사를 찾아가 자신이 다음 날 읽을 판결문을 함께 검토해 줄 것을 요청했습니다. 물론 길리스는 판결을 미리 알지 못한다고 말했지만, 우리는 그의 말을 완전히 신뢰하기 어려웠습니다. 그는 가능한 여러 판결문을 준비했으며, 길리스는 결국 실제로 선고된 판결을 정확히 예측할 수 있었습니다.

2년의 마지막 날까지 형을 집행하는 것을 유예한다는 것은 만약 모우리가 이 기간 동안 문제를 일으키지 않으면 형이 집행되지 않을 수도 있음을 의미합니다. 그러나 동시에 그는 실형을 살지는 않더라도 여전히 형사범으로서의 여러 제약을 받게 됩니다. 따라서 그는 즉시 상고를 결정했습니다. 다음 재판은 아마도 다음 달 말 서울에서 열릴 것입니다.

이번 재판으로 인해 모우리는 상당한 어려움을 겪고 있습니다. 재판이 진행되는 동안 그는 모든 직무에서 배제되었으며, 강의도 할 수 없고, 대학 교수직에서도 해임되었습니다. 또한, 시내 교회에서 맡고 있던 사역도 중단해야 했습니다. 그럼에도 모우리 부부는 모든 상황을 인내하며 놀라울 정도로 굳건한 모습을 보이고 있으며, 조금도 낙담한 기색이 없습니다. 우리 모두는 다음 달 서울 대법원에서 반드시 무죄 판결이 내려질 것이라 믿고 있습니다.

마지막으로 한 가지 소식만 더 전하고자 합니다. 저희 학교들은 모두 개교했지만, 대학은 계속 운영할 수는 없었습니다. 그러나 아카데미 학당은 여전히 운영 중이며, 학생 수는 스무 명 남짓으로 많지는 않습니다.

지금 겉으로는 조용한 듯 보이지만, 우리는 상황이 끝난 것은 아니라고 느낍니다. 여기 상황에 대한 더 많은 개인적인 이야기를 드리고 싶지만 시간이 부족하여 아쉽습니다.

　이 잔혹한 군사 정권이 변화하고, 이곳 사람들이 더 이상 고통받지 않도록 기도해 주시길 부탁드립니다. 또한, 저희 사역을 위해서 기도해 주세요. 남쪽 일부 지역에서는 일부 선교사들이 순회 전도를 나가는 경우도 있지만, 이곳 북쪽에서는 선교사들이 방문한 교회는 어디든지 의심을 받게 되고, 추가적인 박해로 이어질 가능성이 높아 매우 낙담스럽습니다.

늘 그렇듯이,

그분의 사역 안에서

W. P. 파커

미국 테네스주 네쉬빌

1919년 8월

Letter 3

1919년 11월 28일

(1221 웨스트 54번가, 로스앤젤레스, 캘리포니아)

사랑하는 동역자 여러분께,

저는 여러분께 편지를 쓰려고 몇 번이나 시도했으나, 미국에 도착한 이후로 너무 바빠서 그러지 못했습니다. 이 편지에서는 그동안 우리가 했던 일, 현재 하고 있는 일 그리고 앞으로 계획하고 있는 일에 대해 간략히 전하고자 합니다.

우리는 지난 8월 20일에 한국을 떠났습니다. 그 당시 한국은 모든 면에서 조용한 듯했지만 그것은 단지 일시적인 소강상태로 보였습니다. 미국에 도착한 이후 한국에 대한 별다른 소식을 듣지 못했지만, 평양에서는 학교들은 문을 열었고, 대학은 학생 수가 20명 정도, 아카데미 학당은 약 80명으로 시작했다고 들었습니다. 서울의 일부 학교들은 학생이 없어 개교하지 못했습니다. 평양의 대학과 아카데미 학당은 콜레라 때문에 운영이 중단되었다고 들었습니다.

모우리의 최종 재판이 열렸습니다. 대법원은 증거가 불충분하다는 이유로 이전 판결을 파기하고 새로운 재판이 필요하다고 결정했습니다. 이에 따라 새로운 항소법원 재판에서 그는 100달러의 벌금을 선고받았다고 신문에 보도되었습니다. 이는 그가 유죄 판결을 받았음을 의미하며, 특별한 판결이 없는 한 그는 교육 분야에서 완전히 배제됩니다. 일본 법에 따르면 경미한 혐의로라도 유죄 판결을 받은 사람은 교육직에 종사하는 것이 허용되지 않기 때문입니다. 이는 모우리 개인뿐 아니라 우리들의 평양 학교 사역에도 큰 타격입니다. 그는 평양 학교 사역의 주요 인물 중 한 사람이었습니다. 저는 선교사들로부터 어떤 자세한 소식도 듣지 못했으나 신문에서 이 사실을 보았습니다. 이 특별한 사안에 대해 기도합시다. 특히 이런 상황에 처한 모우리를 기억하며 중보합시다. 만약 그가 교육 사역을 포기해야 한다면 매우 힘든 상황이 될 것입니다. 다만, 그는 목사 안수를 받았기에 복음 전도 사역에 전념할 수 있는 길은 열려 있습니다.

현재 콜레라는 한국 전역으로 퍼졌으며, 사망자가 많다는 소식을 우리들은 듣고 있지만 특별한 내용은 알지 못합니다. 다만, 많은 학교들이 문을 닫아야 했다는 것은 알고 있습니다.

저는 할 수 있는 한 자주 이곳 로스앤젤레스의 한인 선교회에 참석하며 평양에서 온 사람들과 제 이전 학생들을 만나 흥미로운 시간을 보내고 있습니다. 이 선교회에는 약 50명의 한인이 참석하고 있으며, 몇 분들은 멀리서도 오고 있습니다.

우리는 9월 19일에 밴쿠버에 도착했습니다. 이 여정은 블라디보스토크를 거쳐 진행되었으며, 그 과정에서 시베리아에서 복무한 후 캐나다를 경유하여 영국으로 돌아가는 411명의 영국 병사와 함께했습니다. 항해는 상당히 순조로웠다고 그들이 말했지만, 육지에 무사히 도착한 지금에서 야 우리는 그들의 말을 기꺼이 받아들입니다.

저희가 미국에 도착했을 때 파커 여사의 어머니가 지난 7월에 돌아가 셨다는 소식을 듣게 되었으며, 이는 큰 충격이었습니다. 왜냐하면 저희는 그녀의 어머니께서 병환 중이었다는 소식은 들었으나, 위독했다는 사실 을 전혀 알지 못했기 때문입니다.

오클랜드에 있는 파커 여사의 여동생과 가족, 사촌들을 방문한 후 로스앤젤레스에 있는 파커 여사의 아버지와 함께 내년 3월 말까지 머무를 예정입니다. 그다음 동부로 가서 그곳에 있는 친구들을 만날 계획입니다. 저희는 내년 가을에 다시 한국으로 돌아가야 합니다. 저는 현재 남캘리포 니아대학교(University of Southern California)에서 측량학(Surveying)과 수학교수법(Teaching of Mathematics)을 배우고 있으며, 성경학원(Bible Institute)에서도 공부하고 있습니다. 파커 여사도 성경학원에서 공부하려 고 하지만 가사 일로 바빠 시간을 내기가 어렵습니다.

저희는 이곳의 쾌적한 기후를 즐기고 있으며, 더할 나위 없는 날씨 덕분에 몸 상태도 좋아지고 있다고 느끼고 있습니다. 요즘 약간의 쌀쌀한 날씨가 이어지고 있지만, 낮 동안에는 항상 따뜻합니다.

여러분 중 몇 분이라도 저희에게 소식을 전해주시면 좋겠습니다. 이제 편지가 그리 오래 걸리지 않아 우리에게 도착하니 여러분의 소식을 듣고 싶습니다. 여러분의 사역 가운데 여러분 모두 좋은 한 해가 되시기를 소망합니다. 저희는 미국에서 1년간 머무는 시간 동안 유익하게 보내고, 보다 즐거운 모습으로 한국에 돌아갈 수 있기를 희망합니다. 세월이 확실히 빠르게 지나가고 있습니다.

그리스도의 사역 안에서,

여러분과 함께

윌리엄 P. 파커

미국 테네시주 내쉬빌

1919년 12월

Letter 4

1920년 12월 21일 (한국, 평양)

사랑하는 동역자 여러분께,

저희가 한국에 돌아온 지 이제 겨우 3주가 조금 넘었고, 어느 정도 조금씩 자리를 잡아가고 있는 중입니다. 제가 서신을 보내는 것도 현장에 돌아와야만 가능하다는 것을 느낍니다. 아직 소식을 듣지 못하신 분들을 위해 이번 안식년 동안의 여정을 간략히 말씀드리겠습니다.

저희는 지난 4월 동부로 가서 버지니아, 노스캐롤라이나, 메릴랜드에서 친구들과 친척들을 방문했고, 이후에는 오하이오주와 인디애나주로 갔습니다. 그곳은 파커 여사의 가족이 사는 곳입니다. 그러나 파커 여사의 건강은 나아지지 않았고, 내쉬빌 선교 본부의 권고로 그녀는 다시 건강 검진을 받았습니다. 첫 번째 신체검사를 통과하지 못하여 배틀 크릭 요양원에서 수술과 치료를 받아야 했습니다. 프랜시스(둘째 딸)는 오하이오에 있는 친구에게 맡기고, 저는 진(첫째 딸)과 함께 버지니아로 돌아왔습니다. 파커 여사는 8월 초에 저와 합류할 예정이었으나(저는 7월 초에 그녀를 떠났습니다) 배틀 크릭의 의사들은 그녀가 10월 첫째 주까지 퇴원할 수 없다고 했습니다. 그래서 그녀는 그때까지 동부로 돌아올 수 없었습니다. 이로 인해 저희의 출항 일정이 늦어졌습니다. 저희는 원래 9월 25일 샌프란시스코에서 출항할 예정이었으나, 어쩔 수 없이 11월 5일에야 출항할 수 있었습니다. 사실 저희는 파커 여사의 건강 문제로 인해

1년을 미국에 더 머물러야 할 수도 있었지만, 결국 그때라도 떠날 수 있어 다행이었습니다.

우리가 한국으로 다시 돌아올 수 있어 얼마나 기쁜지 이루 말할 수 없습니다. 우리는 일할 준비가 되었다고 느낍니다. 우리는 미국에서의 매우 즐거운 안식년을 보냈습니다. 그리고 진정 우리들의 친구들과 다시 만나는 즐거움을 누렸습니다. 그러나 당연히 우리들의 사역은 여기 한국에 있으니 다시 돌아와 일을 시작할 수 있기를 간절히 원하고 있었습니다.

미국에 있는 동안 저희에게 보여주신 모든 친절에 감사드리며, 저희가 앞으로 여기 머무는 8년 동안 여러분을 잊지 않을 것입니다. 시간이 되실 때 편지를 보내 주십시오. 고국에서 온 소식은 언제나 가장 큰 기쁨입니다. 여러분이 보내주신 모든 편지는 가장 큰 관심으로 읽힐 것임을 저는 여러분께 약속합니다.

평양에 도착한 후 우리는 처음 일주일간 모우리 가족과 함께 지냈고, 그 이후 남장로교 신학교 교수 숙소로 거처를 옮겼습니다. 저희는 지금 그 집의 한쪽 끝에 머물고 있습니다. 선교회에서 이 집을 수리하고, 저희가 새집 지어질 때까지 이곳의 한쪽을 사용할 수 있도록 결정했습니다. 물론 이 집은 본래 신학교 교수들을 위한 곳이지만, 새집이 지어질 때까지 저희가 임시로 사용하고 있습니다. 선교 본부에서는 집과 관련하여 구체적인 약속은 하지 않았지만, 가능한 빨리 예산을 배정하겠다고 하였기에 저희는 늦어도 1년 안에는 집이 지어지기를 희망하고 있습니다. 이사도 여러 번 해서 이제는 더 이상 이사를 하지 않아도 되기를 바라는 마음입니다. 선교부에서 우리의 집이 완성될 때까지 머무를 수 있는 거처를 마련해준 것에 대해 정말로 감사를 드립니다. 지금 머무는 저희 쪽에 있는 집은 여전히 수리가 필요한 부분이 있지만, 봄까지는 정착할 수 있기를 기대하고 있습니다.

비록 가을은 온화하게 지나갔지만, 지금 이곳은 매우 춥습니다. 오늘 밤에는 모든 것이 얼어붙을 것 같고, 조만간 기온이 영하 20도까지 내려갈 것으로 예상됩니다. 오늘 하루 종일 기온이 계속 떨어지고 있으며, 한낮에도 우리 집의 수도관은 얼어버렸습니다.

학교 사역은 확실히 전망이 밝습니다. 한국인들이 교육에 대한 관심을 가지고 있는 모습을 보면 기쁩니다. 그 관심은 그 어느 때보다 높아졌습니다. 우리 학교는 모두 학생들로 가득 차 있으며, 입학을 원하는 남녀 학생들을 수용할 공간이 부족합니다. 또한, 학교 운영에 필요한 자금이 부족하여 학교를 제대로 운영하기 힘든 상황입니다. 우리 교사들의 월급은 계속해서 삭감되고 있으며, 이로 인해 우리가 필요한 교사를 충분히 고용할 수 없습니다. 이사회로부터 더 많은 자금을 확보하기는 불가능해 보이고, 물가가 지나치게 상승하여 불과 몇 년 전만 해도 충분했을 자금으로는 이제 아무것도 시작할 수 없는 형편입니다. 만약 빠른 시일 내에 어떤 해결책이 나오지 않는다면 몇몇 학교들은 문을 닫거나 혹은 방학을 너무 길게 하여 교육 사역이 제대로 이루어지지 않을 상황이 될 것입니다. 교육 문제에 대해 기도해 주시기 바랍니다. 한국인들은 그 어느 때보다 교육의 기회를 잡고자 준비가 되어 있지만, 우리는 그들에게 공부할 기회를 제공하기가 어려운 상황입니다.

분명히 여러분은 한국교회 안에서 '전진 운동'(the forward movement)

에 대한 소식과 전국적으로 종교에 대한 새로운 관심이 일어나고 있다는 소식을 들으셨을 것입니다. 대학은 '전진 운동'과 관련된 특별한 전도 주간을 위해 며칠 일찍 마쳤고, 대부분의 학생들은 지금 시골로 나가 전도 여행을 떠났습니다. 우리가 도착했을 때 여기 도시 교회에서는 특별 집회가 진행 중이었으며, 다른 지역들에서도 이런 집회가 있었습니다. 우리는 이 모든 일이 한국에서 위대한 부흥의 시작이라고 믿고 소망하며 기도하고 있습니다. 그리고 우리는 특별히 이 전진 운동을 위해서 여러분의 많은 기도를 요청합니다. 이 전진 운동을 통해서 많은 이들이 구세주를 알게 되는 기회가 되기를 그리고 교회 스스로와 이 땅 전역에 걸쳐서 진정한 부흥을 이루는 계기가 되기를 기도해 주십시오.

저는 이전과 마찬가지로 대학과 아카데미 학당에서 사역을 계속할 예정입니다. 아직 저의 모든 시간표를 다 잡지는 못했지만, 레이너가 제가 안식년을 보내는 동안 맡았던 강의를 연말까지 계속 맡아주었습니다. 새해 첫날부터 저는 모든 수업을 맡게 될 것입니다. 저는 바로 재무 업무를 시작했으며, 예전보다 훨씬 더 많은 업무량이 있음을 발견할 수 있을 것입니다. 저는 예전에 맡았던 같은 주일학교를 도울 수 있기를 희망하지만, 그것은 해당 선교부의 결정에 따라야 합니다. 또한, 저는 지역 교회 중 한 곳에 있는 불신자 어린이들을 위한 주일학교에 많은 관심을 가졌고, 제가 떠난 이후로 그 주일학교의 참석자 수가 크게 늘었다는 말에 참으로 기쁩니다. 교사들과 학생들 모두 새로운 관심을 보이고 있습니다. 또 다른 새로운 주일학교 건물이 저희 바로 근처에 세워졌으며, 이곳 또한 빠르게 성장하고 있습니다. 머지않아 교회가 발전될 가능성이 높다는 소식을 듣고 기쁘게 생각합니다.

안타깝게도, 특히 북부 지역과 만주에서는 여전히 박해가 계속되고 있으며, 한국의 상황은 불안정합니다. 우리는 한국 민족을 위한 더 나은 날을 간절히 기다리고 있습니다. 한국이 하루 빨리 평안과 정의를 회복하기를 간절히 기도합니다.

이제 모두가 크리스마스를 준비하고 있습니다. 이 시기에 특별히 여러분을 생각하며, 여러분과 함께 있을 수 없음을 아쉬워합니다. 여러분 모두에게 가장 즐거운 크리스마스와 행복한 새해가 되기를 바랍니다.

주님의 사역 안에서

윌리엄 P. 파커

내쉬빌, 테네시

1921년 1월

추신

편지 우편 요금: 5센트, 엽서 우편 요금: 2센트

주소: 조선, 평양, 윌리엄 P. 파커 선교사 앞으로

사랑하는 동역자 여러분께,

이번에는 짧은 편지를 써서 여러분께 소식을 전하려고 합니다. 선교사들은 종종 불평을 하는 잘못을 합니다. 덧붙여 아마도 선교사들은 바쁘다고 항상 말합니다. 물론 저희는 여기에서 바쁘게 지내고 있습니다. 그러나 여러분도 그곳에서 바쁘신 것을 저희가 잘 알고 있기 때문에 저희가 할 일이 많다고 할 때 그것이 저희가 유일하게 바쁜 사람들만은 아니라는 점을 말씀드리고 싶습니다. 그럼에도 저희는 돌아온 이후로 특별히 바쁘게 지내고 있습니다. 새로운 집으로 이사를 하고 정착해야 했고, 그 외에도 다른 여러 일들이 있었습니다. 언제나 그렇듯이 새로운 일을 시작하는 것은 더 어렵습니다. 한국인들이 "시작이 반"이라고 말하듯이 저희도 이제 점점 자리를 잡아가고 있는 중입니다. 저희가 우리 자신만의 새로운 집을 가지게 될 때 저희는 집에 대해서 어떤 유감도 가지지 않을 것이라고 말할 수 있습니다. 저희가 새로운 집에 들어갈 때까지 더 이상 이사를 하지 않았으면 좋겠습니다.

학교들은 개학을 하였고, 실제로 거의 모든 학생이 돌아왔습니다. 그리고 우리들은 수업을 시작하기 앞서 좋은 학기가 될 것이라는 기대할 만한 모든 이유를 가집니다. 저는 대학과 학원에서 각각 과목을 맡고 있으며, 수업 준비로 손이 바빠서 아직 재무 업무를 완전히 파악할 수 없었고, 그 일을 뒤로 미루어야 했습니다. 그러나 이제는 주로 장부를 정리해야 하는 상황이라 곧 마칠 수 있을 것으로 생각합니다. 제가 맡고 있는 과목은 수학과 영어이며, 내년 4월 초부터는 수학 과목에 몇몇 새로운 과정들을 추가할 예정입니다. 현재 저는 부재중에 레이너가 진행하던 수업을 마무리하고 있는 중입니다.

여러분도 아시다시피 저희 학교의 학사 일정은 3월에 종료됩니다. 4월에는 매우 많은 신입생이 입학할 것으로 기대하고 있습니다. 한국인들은 교육의 기회를 최대한 활용하려고 하고 있으며, 우리 학교에서 받은 졸업장이 매우 가치 있다는 사실을 그들은 점점 더 느끼고 있습니다.

얼마 전 한 학생이 이렇게 말했습니다. "저는 일을 그만두고 대학에 가려고 합니다. 사실 배울 것이 많을 거라고 기대하는 것은 아니지만(그동안 학교 밖에서 여러 가지 방법으로 배울 수 있는 것은 이미 모두 배웠다는 의미로), 대학 졸업장은 너무 귀중해서 가지지 않으면 안 되기 때문입니다." 대부분의 학생들은 실제로 배울 것이 많다고 기대하며 공부하고 있고, 이 학생 역시 자신이 모르고 있는 많은 것들이 있다는 것을 깨닫습니다. 하지만 중요한 점은 학생들이 점점 학위의 가치에 대해 감사하면서 더 열심히 공부하려고 스스로 매진하고 있다는 것이라고 저희는 바라보고 있습니다.

동양에서 공부의 개념은 본래 교사가 모든 것을 가르쳐야 하고, 학생은 단지 앉아서 주입식 교육을 받기만 하면 된다고 생각합니다. 학생들은 종종 저에게 말하기를 교과서에 나온 설명을 이해할 수 없다고 했고, 끊임없이 설명을 요구했습니다. 그들은 아직도 미국 학생들보다 훨씬 더 많은 설명을 요구하지만, 이제는 많은 것이 그들 스스로에게 달려 있는 것을 알아가고 있습니다. 이를 통해 우리는 더 높은 수준의 교육으로 그들을 안내할 수 있을 것으로 기대합니다. 사실 제가 돌아온 이후로 학생들로부터 교육 수준을 높여 달라는 요청을 받았습니다. 또한, 정부에서 계획 중인 교육 개혁이 많은 혜택을 가져오기를 희망합니다. 그렇지만 그 개혁이 구체적으로 어떤 것일지는 아직 잘 모르겠습니다.

저희는 최근 10일간 진행된 남성 사경회를 마쳤으며, 800~900명의 사람이 참석하였습니다. 또한, 같은 날(12월 31일) 시작된 남자 성경학원은 여전히 2주 더 계속될 예정이며, 현재 1학년 과정에만 130여 명이 등록하였고, 전체 참석자는 200여 명에 이릅니다.

제가 참석하는 주일학교도 매 주일 더 흥미로워지고 있습니다. 지금은 '출애굽기'에 대한 국제 공과 과정을 사용하고 있는데, 학생들은 이스라엘 백성의 이야기를 무척 흥미롭게 듣고 있습니다. 예전에 언급했던 것처럼 주일학교는 대부분 불신자 가정의 아이들로 이루어져 있으며, 상당수는 교회와 연결된 주간 학교에도 다니고 있습니다. 이 아이들은 제 질문에 항상 빠르고 정확하게 답변을 해주어서 그들을 가르치는 것이 언제나 매우 즐겁습니다.

저희 두 아이가 모두 아팠지만, 지금은 많이 나아졌습니다. 비록 쉽지 않은 일이지만, 더 이상 감기에 걸리지 않았으면 좋겠습니다. 의사 선생님은 진의 눈이 트라코마(trachoma)로 인해 언젠가 바로 수술을 받아야 할 수도 있다고 했습니다. 다행히 현재 치료를 통해 그 병세가 어느 정도 호전되고 있어서 수술할 필요가 없이 회복될 가능성도 조금은 남아 있습니다.

여러분의 기도 중에 저희의 사역을 기억해 주십시오.

언제나 그렇듯이,

그리스도 봉사 안에 있는 여러분께

윌리엄 P. 파커

미국 테네시주 내슈빌,

1921년 2월

추신

5센트 우표가 붙은 편지나 2센트 우표가 붙은 엽서를 아래 주소로 보내시면 정상적으로 전달될 것입니다.

Rev. William P. Parker, Southern Presbyterian Mission, Pyengyang, Korea

1921년 2월 17일 (한국, 평양)

사랑하는 동역자 여러분께,

저희가 한국에 도착한 지 얼마 되지 않은 것 같은데, 다시 한 달이 거의 다 지나갔습니다. 학교 사역은 모든 일정으로 꽉 차 있어 하루하루가 매우 빠르게 흘러갑니다. 이제 졸업식이 다가오고 있습니다. 한 달 조금 더 남았습니다.

그 후에는 새 학년이 시작되고, 아주 많은 신입생이 들어올 예정이라 기숙사 방 배정과 강의실 공간 확보에 있어서 새로운 문제가 생길 것입니다. 올해 우리는 매우 붐비고 밀집된 환경에서 학습을 진행했지만, 신입생을 제외하고는 학급 규모는 작았습니다. 하지만 현재 학생 수가 두 배, 아니 그 이상 늘어난다면 어떻게 이 문제를 해결해야 할지 모르겠습니다.

한국인들은 지금 우리 학교들에 들어오고자 하는 확실한 열망이 있습니다. 이는 우리가 그들을 얻을 수 있는 매우 큰 기회임이 분명합니다. 동시에 아직 우리가 원하는 수준에 도달하지 못하여 대학에 진학할 준비가 되지 않은 학생들을 걸러냄으로써, 우리 학교의 교육 수준을 높일 수 있는 기회이기도 합니다. 앞으로 1년 정도 후에는 정부가 하급 학교의 수준을 향상시킬 예정이고, 그때쯤 우리는 더 나은 준비된 학생들을 받아들일 수 있을 것입니다. 현재는 변화를 겪고 있는 중이라 준비되지 않은 학생들을 받아들일 수밖에 없는 상황입니다. 저희는 이러한 문제를 올해 4월 초부터 어느 정도 해결할 방안을 마련할 예정이며, 1년 혹은 그 이후 정부의 새로운 규정에 적응한 하급 학교들이 나오면 상황이 훨씬 더 나아질 것으로 바라고 있습니다.

저희는 상당히 아픈 두 딸과 함께 매우 바쁜 시간을 보냈습니다. 파커 여사는 그들을 간호하느라 매우 지쳐 있습니다. 두 아이 모두 수두에 걸렸고, 눈에도 문제가 있어 다른 아이들과 놀 수 없어서 그들을 돌보는 일이 두 배로 어려웠습니다.

날씨가 매우 추워졌습니다. 지금까지는 예전과 다른 매우 온화한 겨울이었는데, 이제 추운 날씨가 본격적으로 시작된 것 같습니다. 어쨌든 오늘 밤은 지금까지 경험해 본 적이 없는 가장 추운 날씨입니다.

우리는 아직 이사하지 못한 상태이지만, 현재 거주 중인 집 외부 수리가 진행 중이며, 앞으로 2주 안에는 이사할 수 있기를 희망합니다. 우리는 이 집에서 우리의 새집이 지어질 때까지 머물 수 있기를 원합니다. 그러므로 저희는 새집이 빨리 지어지기를 희망합니다. 레이놀즈 박사와 레이놀즈 부인은 3월 1일부터 신학교에서 사역하게 되는데, 그때쯤 우리는 지금 살고 있는 이 집의 다른 쪽으로 이사해야 합니다. 여러분이 기억하시는 것처럼 현재 저희가 살던 쪽에는 수도 시설이 연결되지 않았습니다. 이곳에서는 어떤 일이든 해결하는 데 매우 어려운 편입니다. 그래서 집수리를 마치는 데 시간이 오래 걸렸습니다. 그러나 이제는 마침내 마무리가 되어가는 듯 보입니다.

만일 여러분이 사용한 엽서나 주일학교 그림 카드를 보내줄 기회가 있다면 보내주시면 좋겠습니다. 저희의 주일학교에서는 이런 것들이 많이 필요합니다. 전에 편지에 썼던 것처럼 제가 다니는 주일학교는 놀랍게 성장하여 매주 150명의 아이가 참석하고 있습니다. 이 아이들은 매우 총명하고 공부를 잘합니다. 교회와 연결되어 운영되고 있는 학교는 그 지역 아이들에게 많은 영향을 끼쳤습니다. 그들의 일반적인 외모도 더럽고 허름한 모습에서 이제는 존경받을 만한 학생들의 모습으로 변했습니다. 한국에서 학생이란 위치는 고국에서보다 훨씬 더 큰 존경을 받는 지위입니다. 교사가 되는 것 다음으로 거의 최고의 명예라고 할 수 있습니다. 그래서 이 아이들은 자신이 진짜 학생이 되었다는 사실에 매우 자랑스럽습니다.

남자 성경학원 과정이 얼마 전에 끝났습니다. 그다음 주부터는 여성들을 위한 시내 사경회가 시작되고, 이후에는 시골 여성들을 위한 사경회가 이어집니다. 그런 다음에 여성들을 위한 성경학원이 시작됩니다. 현재 선교사 부인들이 이 과정을 준비하는 데 분주합니다. 여러분이 이 편지를 받을 즈음이면 이 여자 성경학원이 진행되고 있을 것입니다. 이분들을 위해 기도해 주시기 바랍니다. 여러분이 아시다시피 이 성경학원 과정은 매년 약 3개월 동안 운영되며, 전도부인들과 여성 조사들을 양성하는 것을 목적으로 합니다. 남자 성경학원 과정도 같은 목적으로 운영되지만, 1개월 과정으로만 진행합니다. 이후 더 심화된 훈련을 원하는 남성들은 신학교에 갈 수 있습니다. 하지만 여성들은 그럴 수 없습니다. 우리들의 선교 사역에 훈련된 여성 조사가 필요하다는 것을 매우 절실히 느끼고 있습니다. 여러분도 아시다시피 남성들은 동양에서 관습상 불신 여성들 가운데 복음 사역을 할 수 없도록 금지하고 있기 때문입니다.

제가 가끔 여러분 몇 분을 통해서라도 여러분의 소식을 들을 수 있다면 진심으로 감사하겠습니다.

모든 최상의 소원들이 여러분의 사역과 여러분에 이루어지기를 기도합니다.

주님의 섬김 안에서 저는 여러분입니다.

윌리엄 P. 파커

미국 테네시주 내슈빌,

1921년 4월

추신

어떠한 편지든 5센트 우표를 붙이거나 혹은 엽서에는 2센트 우표를 붙여 윌리엄 P. 파커 선교사님, 평양, 조선, 아시아로 보내시면 배달 기간 내에 그에게 전달됩니다.

만약 저희 파커의 엽서 요청을 따라 엽서를 보내실 계획이라면, 우편 발송 전에 엽서에 적힌 모든 글씨 위에 흰 종이를 붙여 주시기 바랍니다. 글씨가 없으면 3등 우편으로 보내실 수 있으며, 이 경우 우편 요금이 저렴합니다. 글씨가 있으면 1등 우편으로 보내야 하므로 비용이 비쌉니다.

최대 4파운드 무게의 소포는 인쇄물로 발송해야 하며, 2온스 또는 그 이하의 분량마다 1센트의 요금이 부과됩니다. 별도의 신고는 필요하지 않습니다. 무게가 4파운드를 초과하는 소포의 경우 소포우편(파운드당 혹은 그 이하의 분량마다 12센트의 요금)으로 발송해야 하며, 신고 태그가 필요합니다. 이에 해당 태그를 동봉해 드립니다. 태그의 "내용물"(Contents)란에는 "엽서 묶음(선물용)"이라고 기재하면 관세 납부를 피할 수 있습니다.

Letter 7

1921년 3월 16일 (한국, 평양)

사랑하는 동역자 여러분께,

지난 한 달 동안 이 편지를 받은 몇몇 분들로부터 소식을 듣게 되어 기뻤습니다. 앞으로 더 많은 분들께서 저에게 소식을 보내주시면 좋겠습니다. 저희가 선교 현장에서 고국에서 온 편지를 받는 것은 언제나 큰 기쁨입니다. 여러분도 아시다시피 이 편지의 사본은 제 요청에 따라 내슈빌에 있는 선교 본부에서 발송됩니다. 저는 이 편지가 항상 여러분의 흥미를 불러일으킬 수 있는 내용을 담고 있다고는 생각하지 않으며, 또한 제가 들은 바가 없기 때문에 여러분 중 얼마나 많은 분들이 이 편지를 받고 싶어 하는지 알지 못합니다. 만약 여러분께서 편지를 받기 원하신다면 저에게 우편으로 알려주시고, 이 편지에 관심을 가질 만한 다른 분들이 있다면 그들 또한 알려주시기 바랍니다. 제가 아무런 소식을 듣지 못하거나 이미 들은 바가 없다면, 번거롭게 그분들에게 편지 사본을 보내지 않도록 집행위원회에 요청할 것입니다. 왜냐하면 이 편지는 저를 개인적으로 아는 몇몇 분들에게만 관심이 있을 것 같고, 별 상관이 없는 분들에게 이 선교 편지가 발송되는 것은 불필요하다고 생각하기 때문입니다.

이번에도 전해드릴 소식은 기존의 이야기와 같습니다. 학교에서 근무하는 사람은 순회 전도자처럼 변화와 다양한 경험을 얻는 것은 아니지만, 올바른 정신으로 수행한다면 선교학교에서의 교육도 진정한 선교 사역입니다. 우리는 이제 학기 말이 다가오고 있으며, 시험 기간의 한가운데 있습니다. 졸업식은 이달 23일에 있을 예정입니다. 10명의 졸업생이 가장 기쁨의 그날을 손꼽아 기다리고 있으며, 저희 모두 그들을 진심으로 축하할 것입니다.

이번 졸업생들의 학문적 수준이 다소 낮은 이유는 많습니다. 그들의 학교 과정 기간 동안 학교가 문을 닫아야 했고, 그들 중 몇몇은 학교를 중단하고 감옥에서 교과 과정을 취해야 했습니다. 그러나 전반적으로 보았을 때 그들은 학업 성취도는 매우 좋으며, 그들 모두 훌륭한 그리스도인 동료들입니다. 그중 한 명은 이미 미국에서 공부할 수 있는 허락을 받았고, 또 다른 한 명은 일본으로 대학원 공부를 가려고 노력 중입니다. 현재 저의 비서로 있는 한 학생은 내년에 여기 대학에서 대학원 과정을 보낼 예정이며, 아마 다른 두 명도 가능하다면 같은 계획을 고려 중입니다. 나머지 학생들은 몇 년 동안 저희의 선교학교에서 가르치는 일을 할 계획이며(정부로부터 교사 자격증을 받을 수 있는 경우에 가능합니다. 여러분도 알다시피 일부는 정부에서 "대한민국 만세"[Long Live Korea]를 외쳤기 때문에 교사 자격을 얻지 못했습니다), 그 후 신학교에 진학할 계획입니다. 저의 전임 비서도 이번 해에는 학교에서 가르칠 예정이며, 그는 우리 선교 스테이션인 목포 학교로 가게 됩니다. 또 다른 학생은 군산에서 갈 예정입니다.

올해는 교사에 대한 수요가 매우 많아서, 우리는 우리가 제공할 수 있는 것보다 훨씬 더 많은 요청을 받고 있는 중입니다. 이번에 많이 입학한 신입생들이 졸업할 때쯤인 3년 후에는 그 수요를 충족시킬 수 있을 것으로 기대되지만, 내년과 그다음 해에는 여전히 졸업생 학급

수가 적을 것입니다.

현재 학생들이 일자리를 찾기가 다소 어렵습니다. 특히 학생 수가 늘어나고, 생활비가 전반적으로 상승해서 많은 학생들이 경제적인 이유로 학교를 중단하는 경우가 많아지고 있습니다.

주님의 섬김 안에 있는 여러분께

W. P. Parker

미국 테네시주 내슈빌,

1921년 5월

추신

5센트가 부착된 편지 또는 2센트 우표가 붙은 엽서를 아래 주소로 보내시면, 정상적인 우편 절차를 거쳐 도착할 것입니다.

윌리엄 P. 파커 씨 앞, 평양, 조선, 아시아.

9부

윌리엄 파커 서신 9집

1921년 4월 28일 (한국, 평양)

사랑하는 동역자 여러분께,

제가 편지를 보낸 지 벌써 한 달이 지났습니다. 많은 학생들이 입학하면서 추가 업무가 너무 많아져 그동안 누구에게도 긴 편지를 쓸 시간이 없었습니다. 지금 이 교육 사역에 참여하는 것은 정말 큰 특권입니다. 저는 우리들 가운데 누구도 이런 기회가 주어질 것이라고 꿈도 꾸지 못했다고 생각합니다. 얼마 전에 우리는 대학교 남자 신입생 수를 48명으로 제한하기로 결정했습니다. 그 이유는 신입생들에게 제공할 산업 실습 자리가 부족해서 지원자가 30명을 넘지 않을 것이라고 예상했기 때문입니다. 그리고 우리가 일자리를 찾아 마련해 줄 수 있는 것보다 더 많은 기존 학생들이 있었기 때문입니다.

그러나 학교에 지원하는 자가 너무 많았고, 입학하지 못해 떠나야 하는 학생들도 너무 많아서 저희는 입학 기준을 넓혀 65명의 새로운 학생들을 받기로 결정을 내렸습니다. 단, 이들은 자력으로 학업을 이어갈 수 있어야 했습니다. 저희는 학교에 그렇게 들어오고 싶어 하는 매우 많은 사람들을 거절해야만 했습니다. 왜냐하면 일을 해야 공부할 수 있는 그들을 위해 아무 일자리도 저희가 찾을 수 없었기 때문입니다. 그들은 가난한 소년들이었습니다. 그들을 받아들이지 못하는 것이 몹시 안타까웠지만, 부득이 그렇게 할 수밖에 없었습니다.

우리 모두는 학생들에게 일을 제공하고 도움을 주는 데 최선을 다하고 있습니다. 상점에선 제한된 학생들 수만 고용할 수 있습니다. 우리는 65명의 남학생을 받았고, 그 후 몇 명 더 추가되어 신입생은 거의 70명, 전체 대학 학생 수는 약 130명이 되었습니다. 졸업생을 제외한 단 한 명만이 학교를 떠났습니다.

아카데미 학당에서는 시험을 통해 학생 수를 줄여야 했습니다. 여기 또한 사실 일자리가 부족했기 때문입니다. 그러나 여기서도 역대 최대 수의 학생이 등록하여 약 630명의 남학생이 있습니다. 지난해부터는 학교를 두 개의 학급으로 나누어 한 반은 오후에 수업을 진행해야 했습니다. 물론 올해에도 같은 방식으로 운영할 수밖에 없었지만, 그럼에도 지금은 한 반에 약 50명의 학생이 있습니다. 여러분도 추측할 수 있듯이 학교 건물은 수용할 수 있는 한계를 넘어서고 있으며, 기숙사도 이미 가득 차서 마을에서 방을 빌려 생활하는 남자 학생들로 붐비고 있습니다. 우리는 학생들이 거주하고 있는 마을 하숙방들을 감독하고 좋은 방만을 사용할 수 있도록 하고 있습니다. 물론 마을에서 사는 남학생들도 언제나 학교 규칙에 따라 생활해야 합니다.

이전에 말씀드린 것처럼 우리는 이번 학기부터 대학에서 수업을 오전에 진행하기로 결정했습니다. 이 방식이 훨씬 더 좋다는 것을 알게 되었습니다. 예전에는 학원 학생들이 오전에 공부하고, 오후에는 학생들이 공방에서 일할 수 있도록 수업을 진행했었습니다. 그러나 이제 학원은 오전과 오후 모두 수업이 진행되므로 학생들이 언제든지 일을 할 수 있는 여건이 마련되었습니다. 게다가 우리는 오후 늦게 수업하려는 계획이 허술하다는 것을 깨달았습니다. 이제 우리는 오전 8시에 수업을 시작하고, 실험 수업을 제외한 대부분의 수업을 1시 이전에 마칩니다.

그러나 이러한 일들을 잘 수행하기 위해서는 일주일에 6일 동안은 전심전력(全心全力)을 다하여 운영해야만 합니다. 우리는 남학생들이 아침에 훨씬 더 암송을 잘한다는 사실을 발견합니다. 모든 면에서 오전에 수업하도록 한 체제가 예전 오후에 수업하는 방식보다 더 낫다는 것을 확인합니다. 특히 수학은 오후에 가르치기가 어려웠습니다. 식사를 한 후에 모든 학생이 다소간 졸려 하는데, 이러한 현상은 일 년 중 지금 이 시기뿐만 아니라 여름에 가까이 갈수록 특히 두드러졌습니다.

요즘 우리들은 따뜻한 날씨를 보내고 있지만, 오랫동안 비가 오지 않아 도처가 온통 먼지투성이입니다. 게다가 거센 바람이 저희에게 불 때마다 날아오는 모래와 먼지로 인해 온몸이 가렵습니다. 저는 이런 봄날을 처음 겪어 보는데, 최근에 한 한국인이 "매년 이 시기마다 항상 그렇다"라고 저에게 알려주었습니다. 우리는 한국인들이 '흙비'라고 부르는 날들을 여러 번 겪었습니다. 공기가 먼지로 가득 차 해를 볼 수 없을 정도였습니다. 이 '흙비'는 북쪽 중국의 사막으로부터 불어오는 데, 이 황사에 여러 가지 병균을 포함하고 있어 건강에 매우 좋지 않다고 저는 생각합니다. 실제로 먼지로 인해 숨이 막혀서 저희 모두 심한 감기에 걸렸고, 제 감기도 거의 나아가던 차에 다시 악화되고 있습니다. 우리는 비를 간절히 바라고 기도하고 있습니다. 이 먼지가 공기에서 걷히기를 바라는 것뿐만 아니라, 농작물이 피해를 입지 않도록 하기 위해 비가 꼭 필요합니다.

우리는 고국에 계신 여러분을 항상 기억하고 있습니다. 가능한 한 여러분의 소식을 들을 수 있으면 좋겠습니다. 어떤 소식이든 기쁘게 받아들입니다. 예전에 말씀드린 것처럼 의사 선생님은 저의 딸 진이 더 이상 수술을 받을 필요가 없을 것이라고 하셨습니다. 그녀의 눈 상태가 많이 좋아졌기 때문입니다.

항상 주님을 섬기는 데 있어서 여러분과 함께하며

윌리엄 P. 파커

네쉬빌, 테네시,

1921년 6월

추신

모든 편지에는 5센트 우표를 붙이거나 엽서에는 2센트 우표를 붙여 윌리엄 P. 파커 교수님, 평양, 조선, 아시아로 보내시면 배송 시간 안에 그에게 전달 됩니다.

Letter 2

1921년 5월 18일 (한국, 평양)

사랑하는 동역자 여러분께,

제가 지난번에 편지를 보내어 지루하게 해드린 지 한 달이 조금 안 되었지만, 마침 다시 서신을 보낼 좋은 기회가 생겨서 이렇게 편지를 씁니다. 어제는 학생들이 큰 운동회를 계획했었지만, 하루 종일 내린 강한 비로 인해 운동회를 열지 못했습니다. 그리고 오늘 아침에도 여전히 날씨가 위협적이고 땅이 너무 질퍽해서 우리는 평소와 같이 수업을 시작하였습니다. 그러나 오전 9시경 날씨가 조금씩 개기 시작했고, 학생들은 운동회 준비를 많이 했고 이에 대한 열의가 컸기에 우리는 두 과목 수업만 진행하고 나머지는 학생들의 계획대로 운동회를 진행할 수 있도록 허락했습니다. 학생들은 진흙임에도 꽤 좋은 오전 시간을 보냈고 많은 묘기를 선보였습니다. 하지만 오후 2시쯤 천둥을 동반한 소나기가 쏟아졌고, 지금도 여전히 비가 내리고 있습니다. 다행히 작은 규모의 폭풍우인 것 같아서 날씨가 좋아지면 학생들이 오후에 다시 운동회를 재개할 수 있을 것 같습니다.

지금까지 학기는 잘 진행되어 왔으며, 앞으로 남은 일정도 잘 마무리될 것으로 기대하고 있습니다. 우리는 6월 말에 학기를 마칩니다. 적어도 대학 과정은 그때 마감되지만, 아카데미 학당은 아마도 몇 주 더 수업을 진행할 가능성이 높습니다. 비록 교실이 협소하여 혼잡했지만, 학교는 계속 정상적으로 운영되고 있으며, 만족스러운 성과를 거두고 있습니다. 많은 학생들을 제한된 교실에 어떻게 수용할 수 있을지 걱정했지만, 동시에 그렇다고 이들을 거절할 수도 없었기 때문에, 우리는 학급을 둘로 혹은 셋으로 나누어 주일을 제외하고 매일 수업을 진행하면서 이러한 문제들을 용케 잘 해결해 나가고 있습니다. 과거에는 토요일에 반일 휴일을 가졌지만, 이번 학기부터 지속적으로 학생 수가 증가하여 이번 학기뿐만 아니라 앞으로도 계속해서 더 이상 반일 휴일을 가질 수 없을 것으로 보입니다.

이번 기회를 빌려 이전에 제가 요청드린 카드들을 보내주신 분들께 감사의 말씀을 전하고 싶습니다. 여러분께서 보내주신 카드들은 제가 이교도 어린이들을 위한 주일학교에서 유용하게 사용할 수 있을 것입니다. 저희는 이교도 어린이들을 위한 주일학교를 '확장 주일학교'라고 부릅니다. 우리 학생들이 이러한 사역에 많이 참여하고 있으며, 저 역시 특히 한 주일학교를 직접 담당하고 있을 뿐 아니라 다른 여러 주일학교도 간접적으로 관여하고 있습니다. 현재 이교도 어린이들에게 다가갈 수 있는 기회가 그 어느 때보다 많아졌습니다. 이제 어린이들만 오는 것이 아니라 많은 사람들이 복음을 듣고 믿음으로 나아가고 있습니다. 이러한 위대한 신앙 운동이 한국 전역에서 일어나고 있습니다. 이것은 제가 이전에 편지로 말씀드린 바 있습니다.

남쪽 지역에서 가장 많은 사람들이 교회로 몰려들고 있다고 사람들은 말합니다. 우리 남장로교 선교 지역 전역에서뿐만 아니라 한국 남동부 지역에서 사역하는 북장로교 선교부로부터도 매우 고무적인 보고가 있습니다. 니스벳 박사는 며칠 전에 저에게 편지를 보내 자신의 선교지 전역에서 새로운 교회들이 계속해서 세워지고 있으며, 자신은 이 일을 보살피고 새 신자들에게 세례를 베푸느라 매우 바쁘다고 했습니다.

하나님께서는 우리의 기도와 여러분의 기도에 놀라운 방식으로 응답해 주시고 있다는 사실과 이 지역 사람들 가운데 성령의 역사 하심을 뚜렷하게 목도하고 있습니다. 저희와 그들을 위해 기도해 주시기를 잊지 마시기 바랍니다.

이전에 말씀드렸듯이 저희 아이들의 눈 상태가 많이 호전되어 더 이상 수술이 필요 없을 것 같다는 이야기를 드렸던 것 같습니다. 의사 선생님은 현재 진행 중인 치료만으로도 그들의 눈이 회복될 것이라고 했습니다.

우리 남장로교 선교부의 연례 회의는 6월 18일에 열릴 예정입니다. 올해는 우리 모두 참석할 수 있기를 바랐지만, 아마 저 혼자 내려가게 될 것 같습니다. 우리는 이번 여름 8월에 잠시 휴가를 보낼 수 있으면 좋겠습니다.

우리는 지금 아름다운 날씨를 즐기고 있는 중입니다. 최근까지 날씨는 매우 쾌적하고 시원합니다. 그러나 지금 계속되고 있는 천둥 폭풍을 보니 여름이 거의 다가왔음을 알려주고 있으며, 아마도 시원한 날들은 이제 곧 끝날 것 같습니다.

여러분도 아시다시피 고국에 머물고 있는 스와인하트로부터 사역을 위한 재정적 지원과 인력 보강에 대한 좋은 소식을 듣고 있습니다. 이를 통해 우리가 이곳에서 더욱 효과적으로 사역을 감당할 수 있기를 소망합니다. 우리는 새롭게 변화하고 깨어나는 한국, 진정한 기독교 신앙의 필요성이 그 어느 때보다 두드러진 이 한국에서 복음을 가르치고 설교를 도울 더 많은 남녀 동역자들이 절실히 필요합니다. 오, 우리가 우리에게 주어진 기회를 날마다 최대한 활용할 수 있었으면 좋겠습니다.

고국에서 하는 여러분의 모든 일에 하나님의 축복이 함께하시길 기도드리며, 저는 주님의 섬김 안에서 여러분과 함께 있습니다.

윌리엄 P. 파커

테네시주 내슈빌,

1921년 7월

추신

윌리엄 P. 파커 선교사에게 편지를 보내실 때는 5센트 우표를 붙인 편지나 2센트 우표를 붙인 엽서를 아래 주소로 보내시면 정상적으로 배달될 것입니다. Mr. William P. Parker, Pyeng Yang, Chosen, Asia

Letter 3 — From Mrs. Willam Parker(파커 여사의 서신)

1921년 7월 13일 (한국, 평양)

친애하는 친구들께,

우리 연례 회의에서 일어난 가장 흥미로운 일은 마침내 여러 해 동안 기다리던 그리고 이곳저곳으로 이사하느라 전전긍긍하던 차에 드디어 집을 허락받았다는 것입니다. 그래서 이제 우리는 부지를 정하고 어떤 집을 가질지 설계를 준비해야 합니다.

이제 저는 일본 통치 아래 여기에서 여전히 무슨 일들이 일어나고 있는지에 대해 여러분께 말씀드려야 하겠습니다.

약 보름 전 혹은 그 전, 이 지역에서 우리 교회 장로 한 분과 어린아이를 키우고 있는 그의 아내가 체포되어 감옥에 끌려갔습니다. 그들은 심하게 구타당해 둘 다 걷지도 못할 지경이 되었습니다. 제가 들은 바에 따르면 그들에 대해 제기된 유일한 혐의는 "장로가 손님을 지나치게 많이 접대를 했다"라는 것이었고, 그들은 그의 아내를 구타하여 그녀의 남편이 독립운동에 관련된 일을 하고 있다는 자백을 받아내려 했습니다. 하지만 그의 아내는 그것이 사실이 아니라고 주장했습니다.

더 최근에는 스왈렌 여사가 운영하는 여성 성경학교의 여교사가 체포되었습니다. 그녀는 훌륭한 인격을 가진 분입니다. 그녀는 2년 전 3·1운동 당시 자신의 집에 독립운동과 관련된 젊은 여성을 잠시 머물게 했다는 이유로 잡혀갔습니다. 그녀는 감옥에 들어간 순간부터 끔찍하게 구타당했습니다. 그곳에서는 언제나 처음 하는 일이 고문이었고, 재판도, 변호할 기회도 없이 무차별적으로 형벌을 가합니다. 숙 씨는 몸이 매우 허약했기에 고문이 계속된다면 목숨을 잃지는 않을까 우리는 걱정하였습니다. 다행히 석방되어 바로 병원으로 이송되었습니다. 그 후로 그녀의 소식은 듣지 못했지만, 최근 그녀의 상태가 조금 나아지고 있으나 아직 완전히 회복되지는 않았다고 전해 들었습니다.

여기(평양)를 기점으로 남서쪽 황해도 지방에서는 박해가 정치적인 측면에서라기보다는 전적으로 종교적인 측면에서 자행되고 있는 것으로 보입니다. 한 장로와 그의 아내, 두 사람 모두 50세가 넘은 나이임에도 체포되어 끔찍한 고문을 당했습니다. 그 고문은 악마적인 잔혹함에서 고안되어 나온 거의 모든 것이었습니다. 그 여성은 10번 이상 기절했으며, 그때마다 차가운 물을 끼얹어 의식을 되살려서 "너는 아직도 예수를 믿느냐?"라고 매번 물었고, 그녀는 항상 "네, 네, 네"라고 대답했습니다. 그 고문이 계속되자 그녀는 다시 의식을 잃었고, 그녀의 손과 발을 쇠막대기에 묶고 높이 위로 올렸다가 땅 아래까지 떨어뜨려서 그녀의 몸은 심하게 뒤틀리게 했습니다. 또 다른 고문은 고춧물을 그녀의 콧구멍에 부어 거의 질식사할 지경에 이르게 하는 것이었습니다.

어떤 집사는 자기 집 앞에서 자전거에 오르려는 순간 아무런 경고도 없이 총에 맞아 쓰러졌습니다. 이러한 사건들은 우리가 전해 들은 일부 사례에 불과하며, 우리가 알지 못하는 다른 지역에서 얼마나 더 많은 고통이 있을지 우리는 알 수 없습니다!

우리는 만주 지역에 거주하는 한국인들의 상황이 수개월 동안 매우 참혹했다는 소식을 들었습니다. 미국 신문들에 이 사실이 보도되었습니다. 우리가 할 수 있는 유일한 일은 이러한 만행을 세상에 공개적으로 알리는 것뿐입니다. 이러한 종류의 사건들에 대한 공개와 악명이 일본이 두려워하는 유일한 것들입니다.

지금은 여기 모든 상황이 겉으로 조용히 진행되고 있는 듯이 보이기에 편하게 이곳을 방문한 자들이 실제와 전혀 다른 상황을 보고할 수 있습니다. 명백히 한국인들은 독립에 대한 열망을 조금도 굽히지 않고 있습니다. 그렇다고 제가 지금 당장 독립이 한국인들에게 좋을지 완전히 확신할 수 없고 그렇게 말하려고도 하지 않지만, 우리는 이러한 비인간적인 고문과 잘못된 사법(?) 시스템에 대해 반대의 목소리를 내야 합니다. 소위 이러한 새로운 '문명' 정부라는 미명 아래 개선을 약속하고도 무시한 이러한 행태에 대해 강력히 항의해야 합니다.

얼마 전에 남편 윌리엄(파커)이 아이들을 데리고 외출했는데 소나기가 내리기 시작했습니다. 그들은 오래된 성문 아래에서 비를 피했고, 나중에 집으로 돌아갔습니다. 윌리엄은 딸 프랜시스가 발이 젖지 않도록 업고 왔고 진은 걸어와야 했습니다. 진은 고양이만큼이나 발이 젖는 것을 매우 싫어했는지 투덜거리며 말했습니다. "아빠, 왜 아이를 하나만 낳을 수는 없었어요? 만일 그렇게 했다면 아빠가 저를 업고 올 수 있었잖아요!"

그녀는 항상 "나는 봤어요"(I seen), "나는 가져왔어요"(I brung)와 같은 이상한 표현을 고집스럽게 씁니다. 어디서 진은 그런 말들을 배우는 걸까요?

우리 모두의 사랑과 기도를 전하며, 여러분과 여러분의 사역 가운데 있는 한 사람 한 사람을 위해 늘 기도하고 있음을 전합니다.

저는 진심으로 여러분과 함께

해리엇 D. F. 파커 드림

테네시주 내슈빌,

1921년 9월

추신

우편 요금은 편지의 경우 5센트, 엽서는 2센트입니다. 주소는 Mrs. W. P. Parker, Pyengyang, Korea, Asia로 보내시면 차질 없이 도착할 것입니다.

1921년 7월 29일 (한국, 평양)

친애하는 동역자님께,

저는 여러분이 더 관심을 가질 수 있도록 앞으로 제 편지를 한 달에 한 번 보내는 대신, 분기별로 한 번 보내는 것으로 결정하였습니다. 그렇게 하면 제가 할 수 있는 이야기도 좀 더 풍성해질 것입니다. 따라서 앞으로 저는 1년에 4~5번 정도 편지를 보내려 합니다. 여러분 중 어느 누구라도 저에게 편지를 보내주시면 받는 즉시 가능한 빨리, 비록 짧은 글이라도 개인적으로 답장을 드리겠습니다. 최근에 여러분께서 보내주신 좋은 편지들에 다시 한번 감사드립니다. 그 편지들이 저희 모두에게 얼마나 큰 위로가 되는지 여러분은 아마 상상도 못 하실 것입니다. 실로 고국으로부터의 소식을 듣는 것은 정말 큰 의미가 있습니다.

이번 연례 회의는 그간 제가 참석한 그 어떤 회의보다도 가장 좋았고, 가장 고무적이었으며, 모든 면에서 가장 즐거운 회의였습니다. 여러분이 여기 오셔서 훌륭한 스테이션 보고들을 들으셨다면 얼마나 좋았을까 하는 마음입니다. 우리 선교지 전역에서 들려온 소식은 한결같이 고무적 이었습니다. 이미 개척된 교회에서의 출석이 증가하여 교회 마당까지 넘쳐날 정도였고, 새로운 교회들이 새로운 지역에서 시작되었으며, 선교 사들의 몇 년 동안 노력이 공허했던 곳에서 교회들이 우후죽순처럼 생기기 시작한 것입니다. 사람들이 한때 복음을 전하기가 너무 어려워서 교회를 세울 수 없다고 여겼던 큰 도시에서도 이제는 복음을 들으려 하고, 수많은 사람들이 천막 집회를 찾아 나와 교회를 세워 달라고 간청하고 있습니다.

한국 전역에서 대규모의 부흥 운동이 일어나고 있으며, 특히 우리 선교부가 사역하는 남부 지역에서는 그 기회가 지금까지 본 적 없는 방식으로 확장되고 있습니다. 이미 합류한 새로운 동역자들과 그리고 올해 가을에 도착할 동역자들을 진심으로 환영하며, 이 풍성한 추수의 때에 추수할 사역자들이 더욱 필요함을 절감하고 있습니다. 우리가 이 기회를 놓치지 않고, 모든 장점을 사용하여 어둠 속에 있는 이교도들을 더욱 빛으로 이끌 수 있도록 기도해 주시기 바랍니다.

여러분은 스와인하트가 미국에서 거둔 큰 성공에 대한 소식을 들었을 것입니다. 어떤 분들은 그를 직접 만났을 수도 있고, 그가 전한 메시지를 들었을지도 모르겠습니다. 우리들의 연례 회의 중반쯤에 돌아온 그의 복귀를 우리는 기쁘게 맞이했고, 그가 전해준 고무적인 소식에 모두 기뻐했습니다. 그는 고국 교회가 복음 메시지를 듣고 이에 대한 책임을 기꺼이 받아들였다는 소식을 전해주었습니다. 우리는 그가 확보한 새로운 동역자들의 수와 그의 호소에 교회들이 적극적으로 응답한 점에 대해 크게 감사하고 있습니다. 많은 이들이 믿었던 것보다 더 위대한 일들이 구체적으로 현실이 되었습니다. 우리는 그 모든 일에 하나님께 찬양을 드립니다. "오 하나님, 하나님께서 지금 이 시점에 우리의 사역을 이끌어 주시기를 기도합니다."

대학은 6월 말에 여름 방학에 들어갔고, 아카데미 학당은 7월 9일에 여름 학기를 마쳤습니다. 올해 학교 사역은 아주 좋은 성과를 거두었습니다. 학교가 있는 어느 곳에서나 학생들은 가득 차 넘쳤습니다. 실질적으로 9월 1일 다시 학교가 문을 열 때 모든 학생이 돌아올 것으로 기대하고 있습니다.

우리 학생들은 여름 동안 흩어져 지내고 있는 중입니다. 일부는 평양에서 일하고 있고, 그 외 대부분의 학생들은 북쪽과 남쪽으로 나뉘어 전도대에 참여하고 있습니다. 우리는 학생 모두가 유익한 휴가를 보내고 있을 것이라 믿습니다.

모우리는 한 달 동안 일부 학생들에게 영어를 가르쳤고, 평양에서 일하는 학생들이 이 기회를 잘 활용했습니다. 우리는 2주 전에 미국에서 돌아온 마펫을 환영했고, 그는 다시 대학의 학장으로서 업무를 맡게 되었습니다.

우리 대학은 여전히 교수들이 매우 부족합니다. 하지만 해밀턴 선교사(Mr. Hamilton, 북장로교)가 2년 안에 언어를 익히고, 또한 새로 온 동역자들이 언어를 습득하게 되면 우리 학교는 훨씬 더 좋아질 것이고, 그때는 대학의 각 전문 분야에서 더욱 효과적인 사역을 감당할 수 있을 것입니다.

이번 여름에 저희는 건강이 별로 좋지 않았지만, 지금은 저희 가족 모두 좋아진 상태입니다. 남은 여름 동안 평양을 떠나 평양의 남서쪽에 위치한 황해도 소래 해변에서 3~4주간 머물며 건강을 잘 유지할 수 있었으면 좋겠습니다. 이곳은 선선합니다. 평양의 더위는 견딜 수 없을 정도로 뜨거워 아이들 때문에 이곳으로 떠날 수밖에 없었습니다. 저희는 8월 20일쯤 평양으로 돌아갈 예정입니다.

저희의 기도는 늘 여러분과 함께하고 있으며, 저희는 여러분께서도 이곳 저희를 기억해 주고 계시다는 것을 알고 있습니다.

언제나 그리스도의 섬김 안에서 여러분과 함께하며

W. P. 파커 드림

테네시주 내슈빌,

1921년 9월

추신

우편 요금은 5센트이며, 다음 주소로 보내시면 차질 없이 저에게 도착할
것입니다.

To Mr. W. P. Parker, Pyengyang, Chosen, Asia

친애하는 동역자 여러분께,

대략 두 달 반 전에 보냈던 제 마지막 편지에 이어서 다시 이야기를 시작하려고 합니다. 저희는 소래 해변에서 즐거운 시간을 보냈고, 거기에 머무르면서 많은 유익을 얻었습니다. 저의 가족들은 8월 말 집으로 돌아오게 되어 매우 기뻤으며, 9월 초부터 학교 개학과 함께 바로 사역을 시작하였습니다.

저희 학교에 다니는 거의 모든 기존 학생이 돌아왔고, 현재 한 달 반 동안 수업이 잘 진행되고 있습니다. 저희는 미국으로 휴가를 떠난 번하이슬 선교사가 그립습니다. 하지만 마펫 선교사가 돌아와서 기쁘며, 또한 미국에서 몇 년간 공부하고 돌아온 박윤근 선생을 맞이하게 되어 기쁩니다. 그는 음악을 전공했으며, 이제 대학에서 교수로 일하게 되었습니다. 그는 우리 교수진 중 네 번째 한국인 멤버입니다. 그는 훌륭한 인물이며, 이는 우리 학교 다른 교수님들 모두에게 해당하는 평가입니다.

오늘은 종일 전형적인 봄날 같습니다. 그런데 이렇게 좋은 날, 집 안에 있어야 한다는 것이 아쉽습니다. 아이들은 이런 날씨를 정말 좋아하며, 가끔은 눈이 오기를 바란다고 말하지만, 낮잠 시간 외에는 온종일 밖에서 놀고 있습니다. 그들은 매우 활기찬 아이들이며, 가끔은 귀찮을 때도 있지만 큰 기쁨을 줍니다. 다행히 아이들의 눈은 거의 다 나은 것 같습니다. 프랜시스가 실제로 트라코마에 걸린 것은 아니었다고 생각하지만, 진의 경우는 확실히 트라코마였던 것 같습니다.

보내주신 많은 엽서와 주일학교 카드에 대해 여러분께 다시 한번 감사드리고 싶습니다. 저는 최근에 많은 선물 꾸러미와 대형 그림 롤들도 받았습니다. 저는 이러한 모든 학습 재료를 유용하게 잘 활용하고 있습니다. 소래에서 돌아온 후 제가 다니는 평양 연화동에 있는 작은 교회의 목사님이 저에게 첫 번째로 물어보신 것은 "카드가 더 있느냐?"라는 질문이었습니다. 그래서 저는 여름 동안 꽤 많은 카드를 받았다고 말할 수 있어 다행이었습니다. 우리는 그 교회에서 새로운 불신자 학생들을 데려오는 학생들에게 상으로 카드를 줍니다. 다른 곳에서도 카드들을 이와 같은 방식으로 사용하고 있습니다.

연화동에 있는 교회는 넓게 확장되었습니다. 이제 넉넉한 공간 덕택에 예전처럼 공부할 때 그렇게 혼잡하지 않습니다. 한국 사람들은 시끄러운 환경에 별로 신경을 쓰지 않지만, 그래도 저는 조용한 환경에서 학습할 수 있어서 좋습니다. 저는 주일학교 사역을 언제나 더욱더 즐기고 있습니다.

이번 가을, 한국 전역에서 주일학교 대회가 열릴 예정이며, 미국에서 온 톰슨 목사(Rev. Thompson)가 이 대회를 이끌 것입니다. 우리는 이 대회가 많은 유익을 가져다줄 것이라 기대하고 있습니다. 첫 번째 대회는 11월 1일부터 14일까지 서울에서 전체적으로 열리고, 그 이후에는 이곳과 다른 지역에서도 개최될 예정입니다. 우리는 이번 대회를 통해 주일학교 사역이 한층 더 발전하기를 기대하고 있습니다. 일반적으로 주일학교에 출석하는 인원은 많지만, 교육의 질은 여전히 부족한 실정입니다. 이러한 대회를 통해 교수법과 학습 방법을 공유함으로써 교사들을 더욱 체계적으로 훈련할 수 있기를 기대합니다.

사실 저는 이미 하고 있는 일이 많음에도 한시적으로 몇몇 추가 사역들을 맡게 되었습니다. 이러한 새로운 사역들은 중요해 보입니다. 그런데 새로운 교사들이 올 때까지 이 일을 맡을 사람이 없습니다. 이 일은 선교사 자녀들을 위한 학교에서 7학년과 8학년에게 수학을 가르치는 일입니다. 비록 선교사들의 자녀들이 수학을 잘하는 것은 아니지만, 저는 이 일을 매 순간 매우 즐기고 있습니다. 우리는 곧 미국에서 새로운 교사를 맞이할 예정이지만, 아직 부임하지 않았고, 학생들이 뒤처져 있는 상황에서 그들에게 필요한 더 많은 교육을 제공해야 한다고 생각했습니다. 제가 맡은 이러한 사역은 저에게 일종의 휴식같지만 상당한 시간을 투자해야 합니다. 대학에서 꽉 찬 일정을 소화해야 하는 저는 점심 식사 후에 하루 한 시간만 배정하여 수업을 하고 있습니다.

현재 새로 오신 선교사들은 언어를 배우기 위해 서울에서 언어 수업을 듣고 있으며, 이 수업은 12월 중순까지 진행될 예정입니다. 선교사들은 그곳에서 한국인과 외국인 교사들에게 언어를 배울 수 있는 좋은 기회를 가집니다. 그리고 언어 수업은 선교사들이 반드시 초기 시작부터 꾸준히 집중해야 제대로 습득할 수 있는 ㅡ그들의 사역들 가운데ㅡ 매우 중요한 부분입니다. 이 언어 수업은 가을과 봄에 약 두 달 반 동안 진행됩니다. 이 수업을 위해서 매우 바쁜 선교사들 몇 분과 많은 한국인들이 교사가 되어 자신들의 황금 같은 시간을 드리고 있습니다. 수업을 듣는 이들 모두가 이 시간이 자신들에게 매우 큰 도움이 된다고 말합니다. 이러한 교육 방식은 선교사들이 과거에 훈련되지 않은 몇몇 원어민들에게 각자 스스로 언어를 배웠던 방식보다 훨씬 뛰어난 방법입니다.

최근 몇 년 사이 새로운 한국어 표현과 용어들이 생겨 지난 10년 동안 언어를 배운 저희도 이제는 익숙하지 않은 많은 용어들을 듣게 됩니다. 하지만 이런 용어들이 오늘날 매우 일반적으로 사용되고 있습니다.

우리들은 여러분 어느 누구라도 언제든지 소식을 전해주시면 기쁘게 들을 것입니다. 하나님께서 여러분의 사역 가운데 있는 여러분을 축복하시기를 기도하며, 우리는 여러분을 기억하고 있습니다. 한국을 위해 기도해 주십시오.

언제나 한결같이 그리스도의 섬김 안에서 여러분과 함께

W. P. 파커 드림

미국 테네시주 내슈빌,

1921년 11월

추신

우표 5센트를 붙인 편지나 2센트 우표를 붙인 엽서를 평양, 조선, 아시아, 윌리엄 P. 파커 앞으로 보내시면 차질 없이 전달될 것입니다.

1922년 3월 9일 (한국, 평양)

친애하는 동역자들 여러분께,

저는 여러분께 더 많은 흥미로운 소식을 전해드리고자 한 달에 한 번씩 편지를 보내는 대신에 분기별로 한 번만 편지를 보내기로 결정하였습니다.

우선 크리스마스카드와 선물 꾸러미를 보내주신 많은 분들께 감사드리며, 여러분의 따뜻한 마음에 진심으로 감동 받았다는 인사를 전합니다. 저는 저희에게 소식을 주신 모든 분께 개인적으로 감사의 편지를 보냈으며, 제 편지가 무사히 잘 전달되었기를 바랍니다.

지난 1년 동안 우편 서비스가 우리가 원하는 만큼 원활하지는 않았지만 잃어버린 우편물은 없었고, 다만 전송이 늦어진 경우는 있었습니다. 고국으로부터 소식을 받는 것은 저희에게 엄청난 힘이 됩니다. 여러분이 보내주신 한마디 한마디가 얼마나 감사한지 이루 다 표현할 수 없습니다. 가능하다면 언제든지 소식을 보내주십시오.

여기 상황에 대해 말씀드리자면, 모든 일이 여전히 느리게 진행되고 있습니다. 우리가 살고 있는 동방에서 이것은 당연한 사실입니다. 그러나 이곳에서도 많은 변화가 일어나고 있고, 어쩌면 예전보다 더 빠르게 일이 진행되고 있는지도 모릅니다. 지난 12월과 1월에는 섭씨 영하 20도까지 떨어지는 혹한이 계속되었지만, 거의 봄이 온 것처럼 아름답고 화사합니다.

추위 때문에 건물 공사가 더디게 진행되었지만, 드디어 엥겔 선교사 (Dr. Engle, 호주장로교)의 새집이 완공되었고, 독신 여성 선교사들도 새 건물로 입주했습니다. 신학교 건물이 이제 착공 시작되었습니다.

새로운 신학교 건물이 내년 가을에 완공될 때까지 신학생들은 대학에서 오후 시간에 수업을 받을 예정입니다. 또한, 일부 학생들은 옛 병원 건물에서도 공부할 것입니다. 그래서 학생들의 수업은 큰 불편 없이 잘 진행되고 있습니다.

최근 신학교에 약 70명의 학생이 입학해 큰 학급을 유지하게 되었습니다. 이들은 모두 시험을 통해 입학했습니다. 이제는 시험을 통과한 사람들이나, 고등학교를 졸업한 이들을 제외한 어떤 이도 신학교에 입학할 수 없습니다.

현재 대부분의 모든 학교에서 교육 기준이 계속 상향되고 있습니다. 그래서 저희는 새로운 규정에 따라 한국 학교들이(즉, 한국 아이들의 학교들-일본인들의 학교는 언제나 한국 학교들에 비해 더 높은 등급 받을 수 있게 되어져 있는··) 일본의 학교들과 비슷한 수준으로 운영될 수 있기를 기대하고 있습니다. 이전에는 한국 학교들이 일본 학교들보다 적어도 2년 정도 뒤처져 있었습니다. 이러한 조정으로 한국의 대학 교육 사역도 한층 높아질 것으로 예상되며, 이 점에 대해 저희는 매우 기쁘게 생각하고 있습니다. 학교 체계가 조정될 때까지 우리는 대학에 예비 학년을 두어 이 방법으로 학력 수준을 바로 향상시키고자 합니다.

이번 학년도 거의 끝나갑니다. 우리는 모든 면에서 훌륭한 한 해를 보냈고, 이달 22일에는 10명의 남학생이 졸업할 예정입니다. 이들은 훌륭한 청년들로 우리 선교학교에서 몇 년간 가르친 후 일부는 신학교에 진학할 것입니다. 몇몇은 올해 신학교에 진학하기를 원했지만, 재정적인 문제로 인해 진학할 수 없었습니다. 그들은 학업에 필요한 돈을 벌어야 하기 때문입니다.

우리는 내년 역시 좋은 해가 될 것으로 전망합니다. 매우 많은 학생들이 이미 입학 지원서를 제출하였습니다. 그래서 학교는 많은 인원들로 아주 혼잡할 것입니다. 우리는 내년 여름에 과학관 건물을 새로 지을 계획이며, 이 건물은 정말 절실히 필요합니다. 만약 이 건물이 지어지지 않으면 우리는 학생들을 돌려보낼 수밖에 없을 것입니다.

지금은 10일 동안 큰 규모의 여성 사경회가 진행 중입니다. 무려 700명이 넘는 여성이 참석하고 있습니다. 한번 생각해 보세요. 일부 경우이지만 가난한 여성들이 100마일(약 160km)을 넘게 걸어 와서 복음을 배우고 있다는 사실을 말입니다! 남성 사경회는 작년 12월 말과 올해 1월 초에 진행되었습니다. 물론 그 모임 역시 규모가 상당했지만, 여성 사경회의 규모에는 상당히 미치지 못했다고 저는 믿고 있습니다. 전도부인들을 훈련할 여자성경학교도 곧 개교할 예정이며, 많은 사람들이 등록할 것입니다. 그중에 현재 우리 가정의 요리사도 봄 성경학교에 입학할 예정입니다. 그녀는 매우 똑똑한 여성으로 훈련을 받으면 훌륭한 성경 여성이 될 것입니다. 그녀는 이미 좋은 일반 교육을 마쳤고, 입학시험도 충분히 통과할 수 있을 것입니다. 어쩌면 2학년 과정에 편입할 수 있을지도 모릅니다.

올해 저희는 여러 면에서 큰 축복을 받았으며, 미미한 감기와 아이들의 눈병을 제외하고는 특별한 질병으로부터 자유로웠습니다. 특별히 눈병은 저희에게 큰 걱정거리였으나, 진과 프랜시스 모두 치료를 잘 받고 있고, 수술 없이 눈이 나을 수 있을 것이라는 희망을 가지고 있습니다. 의사들도 수술 없이 치료가 가능할 것이라고 저희를 격려해 주었습니다. 저희는 매일 한 번씩 고통스러운 약을 딸들의 눈에 넣어야 하지만 사람들은 이 약이 청산석(bluestone) 만큼 고통스럽지는 않다고 합니다. 서울에 있는 전문의는 이 약이 확실히 치료해 줄 것이라고 말합니다.

물론 여러분도 아시겠지만, 윌리엄 로렌스(William Lawrence)가 작년 11월 23일에 태어났습니다. 그는 건강하게 잘 자라고 있으며, 정말로 소년 같아 보입니다.

작년 크리스마스까지 저는 외국인 학교에서 7학년과 8학년 학생들에게 수학을 가르쳤고, 그 일은 매우 즐거웠습니다. 저희의 선교 거점인 이곳의 많은 학생들은 정말로 괜찮았고, 외부에서 온 아이조차도 뛰어났습니다. 그들은 모두 공부를 잘했습니다.

그러나 크리스마스 이후 몇 일만에 성홍열이 발생하여 학생들은 교사들과 함께 기숙사 내에 격리되었고, 약 한 달간 수업이 중단되었습니다. 그 이후 다행히 새로운 교사가 도착하여 제 도움이 더 이상 필요하지 않게 되었습니다. 기숙사에 있던 아이들 중 절반 정도가 성홍열에 걸려 병원에 입원했으나, 지금은 모두 회복하여 격리 해제되었습니다. 학생들의 증세가 매우 가볍고, 심각한 환자는 없었습니다. 그러나 지난 가을, 서울에서는 몇 명의 외국인(즉, 미국인) 자녀들이 사망했습니다.

외국인 학교는 봄 방학을 위해 일찍 종강하였습니다. 그 이유는 병중에 있는 학생들이 여전히 학교에 올 수 없었기 때문입니다. 그러나 다음 주에 저희 학교는 다시 개교할 예정이며, 모든 학생이 돌아오기를 바라고 있습니다. 앞서 말씀드린 바와 같이 이 외국인 학교는 한국의 모든 지역 학생을 대상으로 한 높은 학위 과정이며, 북쪽과 남쪽에서 온 학생들이 재학 중입니다.

우리 선교부의 스테이션에서 온 학생들은 없습니다. 저희가 스테이션 내에 초등학교를 운영하고 있지만, 아직 고등학교 과정에 진학할 학생들이 나오지 않았기 때문입니다. 저희 학교는 필요하다면 고등학교 과정까지 제공하며, 올해도 몇 명의 고등학생들이 재학 중입니다. 현재 미국에서 온 교사 3명이 3년 계약으로 일하고 있습니다. 이곳에 단기간 사역하며 머물렀던 대부분의 교사들은 선교사가 되기로 결심하고 이후 본국의 선교부로부터 공식 선교사로 임명받고 돌아옵니다. 처음에는 단지 교사로 왔다가 이후 선교부로부터 사례비를 받는 선교사의 길을 걷게 되는 것입니다. 매우 뛰어난 선교사들 중의 몇몇은 바로 이 학교의 교사 출신들입니다.

선교 사역은 매우 고무적입니다. 계속해서 시골 교회들로부터 좋은 선교 보고가 들어옵니다. 얼마 전에 있었던 외국인 기도 모임에서 스왈렌과 부인이 시골 사역에 대해 간증을 했던 것을 여러분도 들을 수 있었다면 좋았을 텐데 하는 생각이 듭니다. 스왈렌 부인은 두 주간 성경 공부를 진행하고, 여러 집을 방문했습니다. 그녀는 한 명의 늙은 맹인 여성을 방문했던 경험에 대해 이야기 하였습니다. 그 여자는 삶에 희망이 없어 매우 낙담한 상태였습니다. 그럼에도 이 맹인 노파는 스왈렌 부인과 한국 전도부인들을 따뜻하게 맞이했고, 멀리서 온 백인 여성으로부터 다시 한번 복음의 초청을 들은 후, 그 여인은 꺼꾸러져 통곡의 눈물을 흘리며 자신이 이제는 귀신 숭배하는 삶을 버리고 예수님을 믿고 따르겠다고 하였습니다. 아, 여기에 이처럼 영적으로 눈먼 자들, 병든 자들이 얼마나 많은지 모릅니다. 육신의 병보다 영적으로 병든 많은 이들을 볼 때 우리의 심장은 실로 터질 것 같습니다. 지금은 복음을 전할 엄청난 기회의 때입니다. 복음이 선포되었을 때 하나님의 말씀을 듣기를 거절하는 사람들은 거의 없습니다. 아, 차라리 그들은 복음을 들으려고 그렇게 굶주려 있습니다.

우리가 이 기쁨의 복된 소식을 한국 사람들에게 충성되이 전할 수 있도록 기도해 주십시오. 또한, 한국교회를 위해 기도해 주십시오. 이곳에 우리가 지금까지 경험했던 것보다 더 큰 부흥이 일어날 수 있도록 기도해 주십시오. 하나님께서 저희에게 축복해 주시기를 원하시지만, 때때로 저희는 이 모든 축복을 받을 준비에 실패하는 경우가 종종 있다는 것을 잘 알고 있기 때문입니다.

여러분의 사역을 위해 늘 기도하며,

그리스도의 사역 안에서

W. P. 파커 드림

미국 테네시주 내슈빌,

1922년 4월

추신

5센트 우표를 붙인 편지나 2센트 우표를 붙인 엽서를 조선, 평양, 아시아, 윌리엄 P. 파커 앞으로 보내시면 차질 없이 전달될 것입니다.

Letter 7

친애하는 동료 여러분께,

    여기 상황은 여느 때와 다름없이 계속되고 있습니다. 그리고 제가 여러 번 언급했듯이 여기서 유일하게 빠르게 지나가는 것은 시간입니다. 아니, 시간이 흘러간다는 표현보다는 날아간다는 표현이 더 적절할 듯싶습니다.

    여기서 진은 벌써 학교에 갈 나이가 되었고, 저희는 오는 가을에 그녀를 학교에 보내려고 생각하고 있습니다. 또한, 둘째 딸 프랜시스도 진 못지않게 지식 면에서 급성장하고 있으며, '브러더'(Brudder) 역시 쑥쑥 자라서 더 이상 요람 바구니에 둘 수 없을 지경입니다. 저희는 선교사로서 벌써 10년을 봉사하였고, 그중 9년 넘게 현지에서 지냈습니다. 그런데도 여전히 우리는 아주 젊은 것처럼 느껴집니다. 그럼에도 저는 머리에 점점 새치가 생기기 시작했고, 아마 제가 다시 여러분을 만나게 될 때에 긴 수염이라도 기르고 있다면 여러분은 저를 조상님으로 볼지도 모르겠습니다. 그때가 그리 오래 걸리지 않을 것 같습니다.

    우리는 지난달 22일에 학기를 잘 마무리하고 여름 방학에 들어갔습니다. 그렇다고 해서 저희가 완전히 사역으로부터 자유로운 상태는 아닙니다. 왜냐하면 영어 수업이 계속 진행 중이며, 저도 곧 한 클래스를 맡을 예정입니다. 그리고 저는 수학을 배우고 있는 학생에게 추가로 가르치고 있으며, 그 학생은 올해 가을에 미국에 가기를 희망하고 있습니다. 그 외에도 개인적으로 공부해야 할 것이 산더미처럼 쌓여 있습니다. 우리는 여름 기간 동안 이곳에 있을 예정이며, 너무 더워서 성취해야 할 일을 제대로 하지 못하는 불상사가 생기지 않기를 바라고 있습니다. 지금 한낮은 매우 더운 날씨지만, 다행히도 밤은 기온이 시원합니다. 이런 날씨가 계속된다면 여름을 잘 보낼 수 있을 것입니다.

저는 이번 여름에 많은 번역 작업을 끝낼 계획이었습니다. 그러나 저의 가장 뛰어난 조사가 병에 걸려서 애초에 계획했던 만큼 진행하지는 못할 것 같습니다. 그래도 일부 번역은 마무리하고 그 외에 다른 일들을 대신 진행할 예정입니다. 동시에 저는 충분한 휴식을 취할 예정입니다. 왜냐하면 이 나라의 여름철에 아무리 많은 일들을 하고 싶어도 겨울처럼 무리하게 일할 수는 없습니다. 그렇지 않으면 몸이 망가질 것이기 때문입니다.

우리 주변에는 많은 병이 돌고 있지만, 저희 가족은 경미한 문제가 있었을 뿐 대체로 건강하게 지내고 있습니다. 최근에 선교회의 네 자녀가 사망했습니다. 첫 번째는 약 두 주 된 모우리 부부의 아들 제임스(James)로, 급성 소화불량으로 한 달 전에 세상을 떠났습니다. 이곳 선교 스테이션에 소속된 힐 가족 또한 이질로 어린 아들을 잃었으며, 그들의 다른 자녀인 엘리자베스(Mary Elizabeth)는 지금은 위험을 벗어난 것으로 보이지만 여전히 매우 아픕니다. 이질은 정말 끔찍한 병이며, 많은 아이가 이곳에서 그 병으로 희생되었습니다. 저희는 먹고 마시는 것에 대해 매우 조심해야 합니다. 또 청주(Cheongju)에서 사역하는 솔타우 선교사(Mr. Soltau, 북장로교)도 작은 딸을 잃었고, 서울의 브로크먼 선교사(Mr. Brockman) 가족도 마찬가지였습니다. 현재 의사의 작은 딸도 병에 걸려 있고, 많은 어른들 역시 병으로 고통을 겪고 있습니다. 우리는 이곳에 더 이상 희생자가 나오지 않기를 바라고 있습니다. 여름은 매우 힘든 시기입니다. 한국의 여름은 특히 이곳 아이들에게 힘든 계절입니다.

올해 우리는 전라도 광주에서 열린 연례 모임에 모두 참석했습니다. 그래서 학교가 끝나기 전에 서둘러 떠날 수밖에 없었습니다. 연례 회의는 17일에 시작되었습니다. 모든 면에서 훌륭한 모임이었으며, 제 생각에 그 어느 때보다 가장 좋은 모임이었던 것 같습니다. 사역할 수 있는 그렇게 많은 새로운 선교사들과 함께하는 것은 확실히 위대한 일이었습니다. 또한, 우리들의 선교회 멤버들의 건강 상태가 대체로 향상된 것을 보는 것 역시 큰 기쁨이었습니다. 동시에 여전히 많은 사람들이 스프루로 식이요법을 하고 있지만 모두 나아지고 있으며, 그 끔찍한 병에 대한 치료법이 마침내 발견된 것 같아 기쁩니다. 이 병은 이질과 유사하게 시작되며, 그와 관련이 있습니다. 우리는 티몬스 의사와 그의 가족이 우리에게로 돌아온 것을 기쁘게 생각합니다. 그는 몇 년 전에 스프루가 발병하여 여기를 떠났었고, 지금은 건강을 되찾은 것 같습니다. 새로 온 분들은 정말 필요한 분들입니다. 우리들은 그들이 늘 건강을 유지할 수 있고 한국 언어를 잘 습득할 수 있기를 기도하고 있습니다. 그들에게는 지금이 힘든 시기이니 그들을 위해 기도해 주시기 바랍니다. 지난 몇 년간 우리들의 선교회 많은 회원들이 질병으로 많은 선교지를 떠났습니다. 현재 사역은 너무나도 긴박하여 우리가 가질 수 있는 모든 사람이 절실히 필요합니다.

저희가 사역에 관여하고 있는 다섯 개의 스테이션에서 온 각각의 보고서는 매우 고무적이었습니다. 정말 놀라운 한 해였고, 하나님께서 우리의 수고를 진정으로 축복해 주셨습니다. 이곳 북부 지역에서의 선교 사역이 크게 활성화되고 있지만 우리 남부 지역, 즉 저희 남장로회 선교부가 담당하고 남부 지역도 특별히 지난 1~2년 동안 복음 메시지에 매우 큰 응답을 받았습니다. 선교사들은 모든 방면에서 저희의 사역을 북돋우는 가장 큰 격려의 소식을 전하고 있습니다.

여러분도 아시다시피 우리의 학교들은 전례 없이 그 어느 때보다 붐비고 있으며, 우리는 그 많은 지원자들을 받을 수 없습니다. 새로운 교회들이 선교지 곳곳에 개척되고 있으며, 한때 강팍하고 무관심으로 일관하였던 지역들조차 이제는 믿는 자들로 번성하는 공동체가 되었고, 많은 대도시들에서도 사람들에게 복음의 영향력이 전례 없이 커지고 있습니다. 진실로 저 들판이 추수할 곡식으로 무르익고 있습니다. 저희는 그렇게 문들이 활짝 열린 시기에 이 모든 기회를 잘 선용할 수 있도록 기도하고 있습니다. "오, 여러분이여, 우리와 함께 진지하게 기도해 주세요!"

연례 선교 모임 후 우리는 전주에 있는 윈 선교사 가정에서 즐거운 시간을 가졌고, 평양으로 올라가는 길에 서울에서 하루를 보냈습니다. 저희는 서울 세브란스 병원에서 의사에게 아이들의 눈을 검사받았고, 그가 제공하는 치료로 아이들이 곧 치료될 수 있을 것이라 격려해 주었습니다. 저희는 특별히 진이 가을 학기가 시작되기 전에 완전히 회복할 수 있기를 바라고 있습니다. 아기는 아무런 문제가 없습니다. 또한, 서울에서 치과 치료를 받았고, 아이들을 데리고 동물원도 갔습니다. 그곳의 동물원은 정말 훌륭했으며, 모든 종류의 동물이 많고 다양해서 놀랐습니다. 코끼리는 아이들에게 가장 큰 볼거리였습니다. 원숭이들은 특별히 우리의 즐거움을 위해 재롱을 부려 주었으며, 우리 모두는 사슴과 낙타에게 풀을 주면서 즐겁게 시간을 보냈습니다. 끔찍할 정도로 귀여운 아기 원숭이도 있었고, 아기 낙타와 아기 하마도 있었습니다. 마지막으로 하마는 차마 "귀엽다"라고 말하기는 어렵겠지만, 모든 것이 진과 프란시스 그리고 우리와 함께 온 한국인 여성에게 많은 기쁨을 주었습니다. 그녀는 이런 동물들을 한 번도 본 적이 없었고, 저의 아이들이 역시 미국에서 보았던 동물들을 다 잊어버렸기 때문입니다.

저희는 약 일주일 전에 집에 도착했으며, 이번 여름 내내 여기 있을 계획입니다. 때때로 강에서 수영을 하고 싶지만 처리해야 할 일이 많습니다.

언제든지 가능하다면 여러분의 소식을 듣고 싶습니다. 여러분이 보내주신 많은 카드 묶음을 잘 받았고, 그에 대해 개인적으로 모두에게 감사의 말을 전하려고 했습니다. 만일 감사 인사를 받지 못한 분들이 있다면 정말 고마웠고, 우리 주일학교에서 잘 사용되었다는 점을 전하고 싶습니다. 우리 주일학교에는 매주 많은 아이들이 오고 있으며, 더운 날씨에도 참석률은 여전히 잘 유지되고 있습니다.

모든 좋은 소망을 담아 여러분의 사역을 위해 기도를 보냅니다. 저는 그리스도 섬김 안에서 늘 여러분과 함께 있습니다.

윌리엄 P. 파커
테네시주, 내슈빌,
1922년 8월

추신

5센트 우표를 붙인 편지나 2센트 우표를 붙인 엽서를 다음 주소로 보내시면, 정상적으로 배달됩니다.

Rev. W. P. Parker, 평양, 조선, 아시아

Letter 8

1922년 10월 9일 (한국, 평양)

친애하는 동료 선교사들께,

제가 글을 쓴 지 거의 석 달이 되어 가는 것을 보니 또다시 편지를 보낼 때가 된 것 같습니다. 여름은 늘 그러하듯이 매우 빠르게 지나갔고, 우리는 벌써 가을의 사역을 시작하였습니다.

돌이켜보면 저희는 이번 여름에 매우 좋은 휴가를 보냈습니다. 이 기간 저희는 학업과 여러 가지 일들을 처리하는 동시에 충분한 휴식도 취할 수 있었습니다. 만일 누군가가 여름을 적절히 지혜롭게 잘 보내고 있다면 그는 그 여름 내내 훨씬 좋은 정서적 마음 상태를 유지할 것입니다. 저희가 그렇게 여름 휴가를 보냈다고 저는 믿습니다. 아이들에게 유익을 주기 위해 매년 집에만 있을 수는 없겠지만, 올해는 예외였고, 집에서 시간을 보내는 것이 최선의 선택이었던 것으로 생각됩니다. 왜냐하면 올여름은 비가 너무 많이 와서 어디에서든 편안히 지낼 수 없었고, 우리의 집이 유일한 피난처가 되었습니다. 여름 동안 네 번의 연속적인 홍수가 있었는데, 그중 어느 하나는 11년 만에 겪은 대홍수 규모였으며, 그로 인해 큰 피해가 있었습니다. 하지만 다행히도 작물은 우리가 걱정했던 것보다는 조금 더 나은 상태여서 감사할 따름입니다.

우리 역시 꽤 많이 피해를 보았는데, 특히 우리 정원은 별로 좋지 않았고, 중국인 정원사들이 기른 채소들은 거의 모두 다 없어졌습니다.

그래서 신선한 채소를 내년까지 구하기 어려울 것 같습니다. 우리는 건강을 위해 가능한 한 많은 채소를 먹으려고 노력하는데, 이처럼 공급이 어려워 아쉽습니다. 우리는 농담 삼아 채소를 많이 먹는 것과 냉수로 목욕하는 것이 우리의 건강을 좋게 유지하는 비결이라고 주장하기도 합니다.

대학에서는 몇몇 학생들이 퇴학당했으며, 아카데미에서도 여러 학생들이 잘못된 행동으로 복학을 허용받지 못했습니다. 그럼에도 우리가 담당할 수 있는 모든 학생을 돌보고 있으며, 여전히 정원을 초과하는 학생들이 있습니다. 지금까지 모든 사역이 문제없이 잘 돌아가고 있습니다. 지난번에 말씀드렸을 것 같은데, 저는 수학 교재 번역 작업을 계속해서 진행 중입니다. 지금까지 원트워스(Wentworth)의 해석기하학과 라이먼과 고다드(Lyman & Goddard)의 삼각법 번역을 두 대학생의 조력으로 바로 얼마 전에 마쳤습니다. 이제 호크스(Hawkes)의 고급 대수학과 오스본(Osborne)의 미적분학 번역을 시작할 예정입니다. 다만, 후자는 당장 하지 못할 수도 있습니다. 현재 이 책들을 한국어로 출판할 수 없어서 등사본(mimeographed copies)을 사용하고 있습니다. 그러나 언젠가는 출판할 수 있을 것이라 희망하고 있으며, 아주 멀지 않은 미래에 대학에서 영어로 수업을 진행할 수 있도록 준비하고 있기 때문에 출판 자금을 마련하기까지 영어 원서로 된 교과서들을 사용할 수도 있을 것입니다. 현재도 일부 학생들은 이미 영어로 된 교재를 사용할 수 있어서 저는 될 수 있는 한 영어 원서로 공부하도록 권장하고 있습니다. 그러나 대부분의 학생들은 아직 번역본을 사용해야 합니다.

이번 가을에는 영국의 인우드(Dr. Inwood)가 방문하여 집회를 인도했고, 그는 큰 도움과 영감을 불러일으켜 주었습니다. 얼마 전에는 에디와 그의 가족이 저희를 방문하였고, 에디는 특히 학생들에게 강력한 메시지를 주었으며 많은 선한 영향을 끼쳤습니다. 그는 정말로 강력한 설교자였습니다. 현재 그는 중국에서 사역하고 있으며, 이후 인도로 이동할 예정입니다. 여름에는 프린스턴(Princeton)의 에드먼 박사(Dr. Erdman)가 방문하였고, 그는 소래 해변, 원산 그리고 연례 선교 모임에서 여러 차례 강연을 했습니다. 그는 매우 능력 있는 설교자였고, 모든 면에서 매우 탁월한 분이었습니다. 우리가 이처럼 많은 훌륭한 설교자들의 말씀을 들을 수 있었다는 것은 확실히 행운이었습니다. 이를 통해 우리는 더 크고 더 나은 사역들을 하도록 이끌어져야 한다고 생각합니다.

가을 동안 평양에는 장티푸스가 많이 퍼졌습니다. 그래서 우리는 모든 물을 끓여서 마셔야 했고, 지난주에는 저희 모두와 한국인들, 학생들까지 모두 함께 장티푸스 백신을 접종받았으며, 이로 인해 하루 동안 몸이 약간 불편했으나, 실제 장티푸스에 걸리는 것에 비하면 별로 아프지 않았습니다. 이번 수요일에 또 다른 백신을 접종받을 예정이며, 그 후에는 일정 기간 동안 면역력을 가지게 될 것으로 기대하고 있습니다. 그 외에는 모두 건강하게 지내고 있습니다. 다만, 트라코마가 문제인데, 진은 상태가 호전되고 있으며, 일주일 정도 후에는 학교에 갈 수 있으리라 생각됩니다. 그러나 의사가 또 한 번 수술을 해야 한다고 합니다. 여러분의 기도 가운데 저희를 항상 기억해 주시길 부탁드립니다. 저희도 여러분을 잊지 않고 기도하고 있습니다.

모든 좋은 소망을 담아,

저는 주님의 섬김 안에서 여러분과 함께 있습니다.

윌리엄. P. 파커

테네시주, 내슈빌,

1922년 11월

추신

5센트 우표가 붙은 편지나 2센트 우표가 붙은 엽서가 "Mr. William P.
Parker, Pyengyang, Chosen, Asia"로 주소가 기재되어 있으면 적절한 시기
에 그에게 도달할 것입니다.

친애하는 동역자들께,

지난번 순회 편지를 보낸 지 한참이 지나 이제 또 한 편의 서신을 보냅니다. 특별히 이번에 저는 너무 길게 쓰지 않겠습니다.

저희에게 가장 큰 관심사는 새로운 집을 지어 곧 이사할 예정이라는 것입니다. 우리는 이미 오랫동안 집 짓는 공사를 해왔으며, 8월 중순 경에는 이사할 수 있기를 희망하고 있습니다. 여러분 대부분은 이미 알고 계시겠지만, 만약 여러분이 평생을 빌린 집에서 살고, 반도 채 되지 않는 기간 동안 13번이나 이사를 했던 상황을 겪어보셨다면 저희가 기뻐하는 것이 전혀 이상하지 않다고 느끼실 것입니다. 지금 살고 있는 집은 편안했지만, 저희 가족이 다 같이 지내기에는 면적이 절반밖에 되지 않아 여러모로 불편했습니다. 게다가 이 집 또한 사실 남의 집을 빌려 쓰는 처지여서 정착할 수 있는 집이 필요했습니다. 한국에서 사역한 지 12년이 넘어서야 이제야 우리 집을 가지게 되었습니다. 우리는 이제 조금 더 넓은 집에서 편안하게 지내고, 가끔은 한국인들과 외국인 친구들을 초대하여 대접할 수 있을 것 같습니다.

저희는 그동안 집 짓는 일과 일상적인 학교 업무로 매우 바쁜 시간을 보냈습니다. 대학에서는 유난히 좋은 한 해를 보냈고, 학생들은 자신들의 학업에 대해 매우 좋은 태도와 정신으로 임했습니다.

특히 올해 봄에는 감사하게도 프린스턴대학의 로버트 윌슨 박사(Dr. Robert Dick Wilson)를 일주일 동안 모실 수 있었습니다. 그는 대학과 아카데미 학당의 학생들, 신학생들을 대상으로 훌륭한 강의를 해주었습니다. 여기(평양)에서와 마찬가지로 서울에서도 강의를 하신 후 지금은 중국으로 가셔서 많은 일을 하시고 계시며, 가능하다면 한국에 다시 돌아오셔서 그 후 광주에 머무를 계획도 있습니다. 그의 강의는 지금 우리에게 꼭 필요한 것이었습니다. 최근 일본과 여러 지역에서 새로운 문헌들이 쏟아져 들어오고 있는 이 시점에 그가 여기서 행했던 선한 영향력은 평가할 수 없을 정도입니다.

일본에서도 들려오는 보고들 역시 그에 대해 동일한 평가를 하고 있습니다. 우리는 그가 중국에서도 큰 일을 하실 것이라고 확신합니다. 그렇게 수많은 사람들이 성경의 진정성을 끌어내리려는 이런 시대에 성경의 무오성을 증언할 수 있는 그런 분이 있다는 것은 참으로 축복된 일입니다. 이처럼 이런 시대에 이런 사람들을 주신 하나님께 감사합시다!

우리는 모두 큰 도움을 받았고, 특히 학생들은 자신들이 가지고 있는 많은 질문들에 대한 답을 얻었습니다. 그의 강의는 주로 신학교 학생들을 위한 것이었고, 그들에게 전하는 메시지였습니다. 그러나 하급 학년의 학생들도 모두 그의 말씀 가운데 많은 유익을 얻었고, 그의 증언은 모든 이에게 명확하게 전달되었습니다. 그가 지금까지 수행한 연구의 양은 한마디로 놀라울 정도이며, 우리는 그가 하나님께 쓰임 받고 있고 사명을 위해 부르심을 받았다는 사실을 확신합니다. 그의 주장은 반박할 수 없습니다.

우리는 지금까지 매우 시원한 봄 날씨를 보내고 있습니다. 오늘 모든 대지가 비를 절실히 필요로 하고 있지만, 날씨는 학업을 하기에 아름답고 좋은 날씨였습니다. 저는 무더운 날씨를 직면하는 것을 좋아하지 않지만, 비를 불러오는 정도의 더위는 반가운 일입니다. 이곳의 토양은 돌이 많고 거칠어서 충분히 비가 오지 않으면 정원이 망가지고 말 것입니다. 지금 비가 부족하다는 의미는 이후 장마철에 너무 많은 비가 온다는 암시이기도 합니다.

겨울 동안에는 저희는 가벼운 병치레를 하였지만 심각한 문제는 없었습니다. 날씨가 따뜻해지면서 저희는 약간의 감기를 제외한 모든 질병으로부터 자유로울 수 있었습니다. 물론 아이들은 여전히 눈에 문제가 있습니다. 언제 아이들의 트라코마(눈병)가 치료될까요? 겨울 동안 아이들은 색이 바랜 듯이 상태가 좋지 않았기에 의사는 그리 강력한 치료를 하지 않았습니다. 그러나 저희는 아이들이 조만간 수술을 받기를 기다리고 있으며, 여러 차례의 수술이 필요하겠지만 확실히 완치되기를 기대합니다. 제 아내도 자신이 트라코마에 걸린 것은 아닌지 두려워하고 있고, 저 역시 눈에 약간의 문제를 가지고 있습니다. 이 눈 질환은 완전히 치료되지 않으면 쉽게 재감염이 되기 때문에 이처럼 눈 질환이 만연한 이곳에서는 이러한 전염병으로부터 자신을 지키는 것이 매우 어려운 상황입니다. 치료 약으로 눈은 전혀 문제가 없는 것처럼 많이 진정된 듯이 보이지만, 매우 주의 깊게 들여다보면 완전히 치료가 되지 않았고, 여전히 다른 사람에게 감염될 가능성이 있다는 사실이 저희에게는 큰 걱정거리입니다.

여러분 각자의 소식을 들었으면 합니다. 몇몇 분들은 편지를 보내주었지만, 아직 소식을 듣지 못한 분들도 있습니다. 이 편지에 대한 답변뿐만 아니라 개인적인 편지에도 답을 해주시면 감사하겠습니다.

제 아내 파커 부인과 함께 저는 여러분 모두에게 최선의 축복을 전합니다. 하나님께서 여러분이 하시는 모든 일들 가운데 여러분께 복을 내려주시기를 바랍니다.

주님을 섬기는 데 있어서 여러분과 함께

윌리엄 P. 파커

테네시주, 내슈빌,

1923년 7월

추신

5센트 우표를 붙인 편지나 2센트 우표를 붙인 엽서를 다음에 주소로 보내시면 적절한 시기에 배달될 것입니다.

Mr. W.P. Parker, Pyongyang, Chosen, Asia

친애하는 동역자 여러분께,

이렇게 오랫동안 침묵하면서 소식을 전하지 못한 이유는 편지를 쓰고 싶은 마음이 없어서가 아니라, 새집으로 이사하는 바쁜 일정과 처리해야만 하는 다른 여러 가지 업무들이 계속해서 연달아 일어났기 때문입니다.

먼저 여러분 모두가 아시겠지만, 저희는 새집을 가지게 되었습니다. 이 세상에서 우리는 여전히 순례자이지만, 우리가 전에 한 번도 느껴본 적 없는 정착감을 느끼고 있습니다. 이런 삶의 변화를 보면 자기 자신의 집을 가지고 산다는 것은 진정 화려한 일인 것 같습니다. 저희는 편안하고 좋은 집을 얻었고, 이제 상당히 그 집에 잘 정착한 상태입니다. 마치 저희가 궁전에 사는 것처럼 느낍니다. 게다가 저희는 크고 많은 편리한 시설을 누리고 있습니다. 즉, 우리가 도시에서 살고 있기 때문에 전기 불과 수돗물을 이용할 수 있습니다. 저희는 물질적인 삶의 측면에서 참으로 풍족함을 누리고 있습니다.

저희는 그동안 남의 집을 빌려 살았고 이사를 너무 많이 해야 했기에 이 모든 것이 아직도 현실 같지 않습니다. 저희는 꿈속에서 여전히 다시 이사하느라 분주합니다. 하지만 이제 집 주인이 휴가에서 돌아오면 당장 집을 비워주어야 한다는 그런 불안한 생활에서 벗어났다는 사실에 저희가 점차적으로 익숙해지기를 바라고 있습니다.

이번에 집을 지어준 건축업자는 이전에 이 지역에서 집을 지어본 적이 없었지만, 실제로 기대 이상의 훌륭한 집을 지어주었습니다. 그는 앞으로 평양에서 더 많은 건축을 하기 위한 홍보 차원에서 자신이 할 수 있는바 최상의 시공을 보여주기를 원했습니다.

이번 가을에도 역시 저는 대학에서 쉴 틈 없는 일정을 소화해야 했습니다. 한국 교사들 중의 한 분인 옥 선생(Mr. Oak)이 사임함으로 생긴 공백을 채우기 위해 제가 추가로 몇 시간의 강의를 더 맡게 되었기 때문입니다. 저는 학교에서의 사역을 즐겼지만, 결과적으로 그로 인해 다른 일들이 미뤄졌고, 이제야 겨우 제자리를 잡아가고 있습니다.

9월부터는 해밀턴 선교사와 함께 저는 근처 이교도 마을에서 작은 예배당을 함께 맡아 운영하고 있습니다. 이 사역은 우리 모두에게 큰 축복이 되었지만, 동시에 저희의 여유 시간을 내어주어야 했습니다. 저는 매주 일요일 아침 두 개의 주일학교를 맡고 있으며, 주일 저녁 예배 또한 제가 책임을 맡고 있습니다. 해밀턴 선교사는 다른 사역을 맡아 하시고, 저는 안수 받은 목사가 아니기 때문에 목사로서의 역할을 해밀턴 선교사가 맡고 있습니다. 저는 또한 어린이 주일학교 교사들을 위한 준비반 수업을 맡고 있는데, 이를 준비하는 데에도 시간이 제법 걸립니다. 앞으로 한국인들의 더 많은 도움을 얻기를 희망하며, 점차 그들이 이 사역의 일부를 맡게 되기를 바랍니다. 왜냐하면 한국인들이 외국인보다 더 잘할 수 있는 일들이 많기 때문입니다. 그러나 저희는 여전히 전반적인 책임을 지고 계속해서 이 사역을 할 것입니다.

그동안 여러분 중 많은 분들이 가정에서 사용하시던 그림 카드나 교재류(롤) 등을 보내주셨습니다. 어떤 선물들이라도 대단히 감사하게 받겠으며, 최대한 잘 활용되도록 하겠습니다.

저희는 이번 12월 31일과 혹은 1월 1일에 이곳 작은 예배당에서 특별 집회를 가질 계획입니다. 그래서 여러분께서 이 편지를 받으실 즈음 집회는 의심할 것도 없이 시작되었을 것입니다. 여러분의 기도 가운데 이 집회를 기억해 주시고, 특히 이 집회를 이끌어가는 지도자들을 위해 기도해 주시기 바랍니다.

이 작은 마을은 우리 지역의 여러 강줄기들 가운데 한 편에 자리 잡고 있으며, 주민 대부분은 아직 불신자입니다. 그들은 매우 가난하고 무지하며, 그들 중 상당수는 저희가 작년 여름 이곳에서 겪었던 그 끔찍한 홍수로 대부분의 것을 잃었습니다. 이번 집회에서 그들 중 많은 이들이 그리스도를 영접할 수 있도록 기도해 주십시오. 그들은 기독교에 대해 많은 관심을 보이고 있으며, 우리가 하는 모든 일마다 좋은 반응을 보여주고 있습니다. 그러나 그들의 마음은 여전히 어두운 상태입니다. "하나님이시여, 이곳에서 구원받을 많은 영혼들을 허락해 주소서!"

제가 여러분께 저의 편지들에서 그 홍수에 대해 언급한 적이 있는지 잘 모르겠습니다. 올 8월 초에 우리는 한국 역사상 유례없는 최악의 폭우를 경험했고, 그 홍수와 함께 해일이 발생하여 서해안과 강 근처의 모든 지역이 영향을 받았습니다. 평양시 자체도 대부분 물에 잠겨 한국인과 일본인들 모두 산으로 피신해야 했습니다. 물론 일본에서 발생한 재앙은 우리가 겪은 것보다 훨씬 더 컸기 때문에 우리는 감사한 마음을 가지고 있지만, 그럼에도 우리 주변의 많은 이들이 홍수로 인하여 엄청난 고통을 겪었고, 그 여파는 여전히 계속되고 있습니다. 일본 지진에 대해서는 제가 굳이 언급할 필요가 없을 것 같습니다. 그 이유는 여러분 모두 이미 신문에서 그 지진에 대한 자세한 설명들을 보았을 것이기 때문입니다. 우리들의 많은 선교사들이 그 당시 일본에 있었지만, 그렇게 위험한 상황임에도 놀랍게 그들 모두 보호받았습니다. 실제로 저희가 알고 있는 바에 따르면 그 당시 생명을 잃은 선교사는 그녀 한 명뿐이었습니다. 하나님은 정말로 자신의 백성을 보호하십니다. 저는 하나님께서 하나님을 신뢰하는 사람들에게 보여주신 섭리와 보살펴 주시는 많은 인도하심에 대해 여러분께 말할 수 있습니다.

최근에 저희는 베이더울프 박사(Dr. Beiderwolf)와 그의 일행이 주최한 매우 축복된 한 주간의 집회를 마쳤습니다. 그들은 중국, 필리핀, 호주로 가는 여정 중 한국에 들러 대략 3주간의 시간을 낼 수 있었습니다. 그들은 일본에서 집회를 가진 후 대구, 광주, 서울을 거쳐 마지막으로 평양에 도착하였습니다. 각 지역에서의 집회는 모든 면에서 매우 성공적이었고, 여기 평양에서는 천 명이 넘는 사람들이 그리스도께 자신을 드리겠다고 결단을 내렸습니다. 베이더울프 박사는 우리 가운데 많은 이들이 이제껏 들어본 설교 중 가장 강력한 설교 몇 편을 하였습니다. 그는 실로 기존의 성도들과 새로운 신자들의 마음을 휘저어 놓기 위해 하나님께서 사용하셨던 사람이었습니다. 호머 로데헤이버(Mr. Homer Rodeheaver)는 여러분 모두에게 잘 알려진 빌리 선데이 찬양 인도자이며, 같은 선데이 일행인 삭스(Miss Saxe) 뿐만 아니라 헤이(Miss Hay)와 또 다른 로데헤이버(호머 로데헤이버의 형제)도 함께했습니다. 그들은 모두 탁월한 사역자이었고, 로데헤이버는 그의 찬양과 트럼본 연주와 더불어 매우 영적인 메시지로 한국인들의 마음을 사로잡았습니다.

그는 자신의 찬양 중 여러 곡을 한국어로 불러주었고, 그 발음이 너무 완벽해서 청중 모두가 놀랐습니다. 그는 이 노래들을 한국어로 축음기 음반에 담아 배포할 계획입니다. 그 음반들은 여기 우리들의 사역에 큰 도움이 될 것입니다. 일본에서도 그는 일본 축음기 회사와 함께 음반을 제작했고, 그 노래들은 곧 일본어와 다른 동아시아 여러 언어로도 보급될 예정입니다.

우리는 이 집회를 통해 많은 영적인 도움을 받았고, 더 나은 사역을 향해 나아갈 수 있는 영감을 얻었습니다. 우리는 이때 베이더울프 박사와 이러한 동역자들을 보내주신 하나님께 진심으로 찬양을 드립니다.

개인적인 소식 한두 가지를 말씀드리고 편지를 마무리하고자 합니다. 아이들의 눈은 크게 호전되어 의사도 더 이상 염려하고 있지 않으며, 현재 우리는 격리에서 이미 해제된 상태입니다. 진은 매일 학교에 다니고 있고, 프랜시스는 한국 유치원에 다니다가 심한 감기 때문에 더 이상 가지 못하고 있습니다. 그러나 그녀는 조만간 다시 등원하기를 희망하고 있습니다. 우리는 대체로 건강하지만 항상 약간의 감기를 달고 살고 있습니다. 제 아내는 치과 치료를 위해 두 번의 방문을 해야 했습니다. 한 번은 군산으로, 또 한 번은 광주로 다녀와야 했는데, 이는 치과 의사가 9월 1일경에 이사를 하였기 때문이었습니다. 가을은 매우 온화하였는데, 이제 날씨가 제법 추워지고 있습니다. 우리는 겨울이 오기 전에 새로운 보금자리에 정착하게 된 것을 기쁘게 생각합니다.

저희는 고향에 계신 여러분 모두를 항상 기억하고 있습니다. 시간이 허락되신다면 누구든지 저희에게 편지를 보내 주시기 바랍니다. 저로서는 여러분 개개인에 개별적으로 편지를 쓰고 싶지만, 모든 분께 일괄적으로 편지를 보낼 수밖에 없습니다. 다만, 여러분이 보내주신 편지에는 반드시 답장을 드릴 것을 약속드립니다. 하나님께서 여러분의 사역 가운데 있는 여러분께 복을 주시고, 여러분이 하는 모든 일 가운데 축복의 통로가 되시기를 바랍니다.

최고의 축복을 드리며,
저는 주님을 섬기는 데 있어서 여러분과 함께 있습니다.
윌리엄 P. 파커
테네시주, 내슈빌,
1924년 1월

추신

5센트 우표가 붙은 편지나 2센트 우표가 붙은 엽서를 "Prof. W. P. Parker, Pyongyang, Korea"로 주소를 기재하여 보내시면 정규 우편 경로를 통해 적절한 시기에 파커 교수님께 전달될 것입니다.

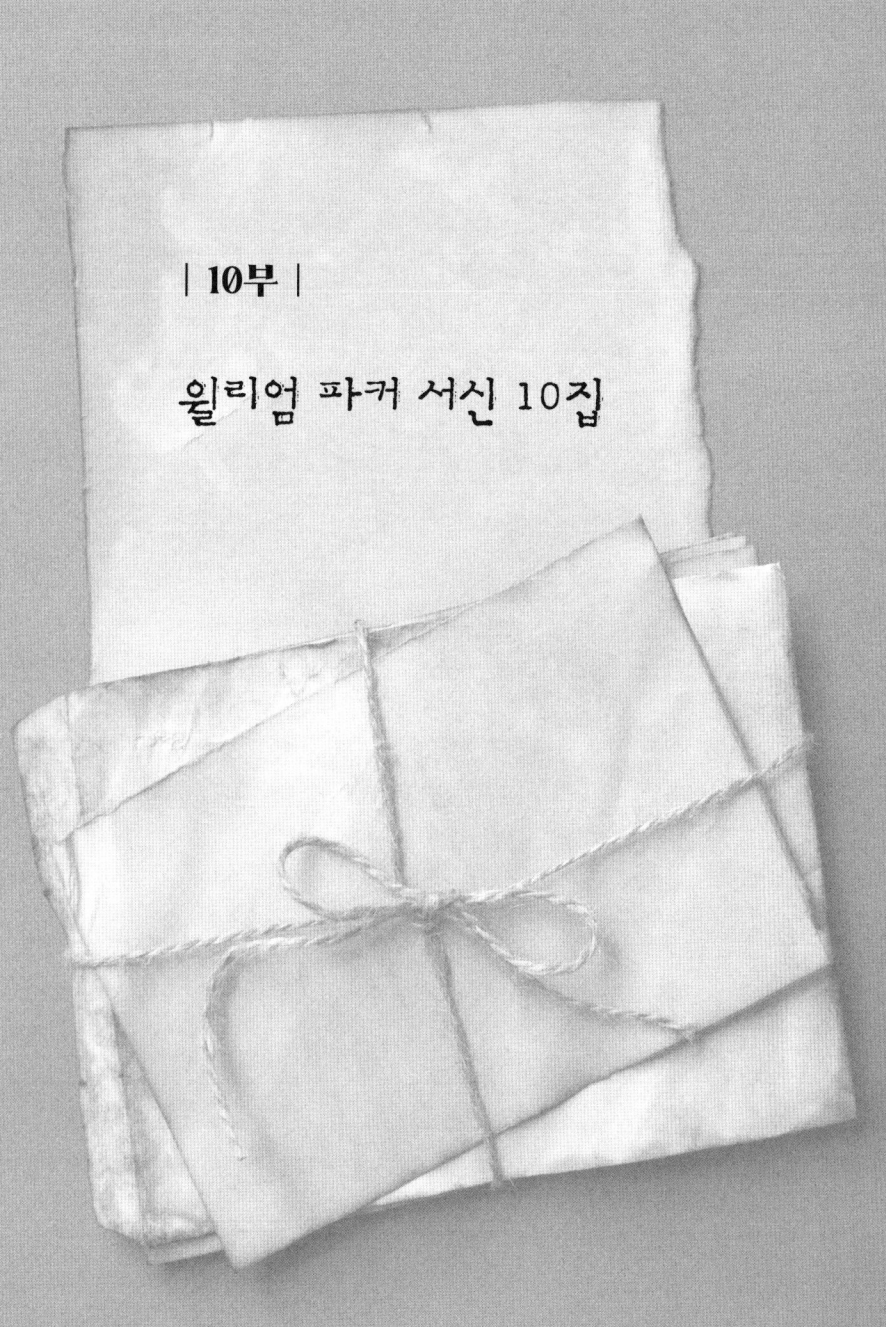

| 10부 |

윌리엄 파커 서신 10집

친애하는 동역자 여러분께,

하나님께서 저희가 작은 예배당에서 얼마 전 마친 집회들 위에 너무나
도 놀랍게 축복을 내려주셨습니다! 지난 편지에서 말씀드린 대로 저희는
12월 말이나 1월 초에 집회를 가지려고 생각했지만, 여러 정황으로 미루어
보아 한국 설날(음력) 무렵이 사람들을 접촉할 수 있는 가장 좋은 기회임이
분명하여 최종적으로 저희는 서양력으로 2월 5일(양력)에 하기로 결정하
게 되었습니다. 그래서 2월 6일에 예배당에서 여성 사경회를 시작하였고,
매일 밤 집회를 열었습니다. 주로 여성들을 위한 집회였으나 남성들도
초대되었습니다. 이러한 특별 집회를 한 주간 진행한 후 모든 사람을
위한 부흥집회를 시작하였습니다.

사경회에 참석한 이들은 공부를 마친 뒤 매일 오후 4시 이후에 마을로
나가 사람들에게 전도하였고, 마을의 각 가정을 적어도 세 번 이상
방문하였습니다. 부흥집회가 본격적으로 시작될 무렵 이미 약 65명이
그리스도를 영접한 상태였습니다. 저희는 둘째 주에 남성을 위한 성경
공부반을 열었고, 그들도 바로 앞 주의 여성들이 그랬던 것처럼 같은
방식으로 마을로 나가 각 가정을 거듭 방문하며 전도했습니다. 총회심자
가 132명이었습니다! 이 작은 마을에는 100여 가구만이 살고 있기에,
여러분은 이런 놀라운 성과가 오직 하나님의 영이 역사하신 결과이기에

가능할 수 있음을 알 수 있을 것입니다. 하나님께서 말씀을 전하는 이들을 특별한 방식으로 사용해 주셨습니다.

집회의 두 번째 주에는 대학 복음 전도팀이 인도하였고, 말씀을 전했던 이 학생들은 자신들 역시 깊은 영적 상태에 있었기에, 그들의 메시지는 참으로 청중들의 심금을 울렸습니다. 그 결과가 이러한 사실을 보여주었습니다. 제가 기억하기로는 단 하루를 제외하고 매일 모든 참석자가 그리스도를 영접했습니다. 그 밤에는 한 여인이 비웃으며 결단을 거부했고, 한 남자는 회심하는 문제에 대해 좀 더 숙고해 보아야겠다고 즉각적인 결정을 미루었습니다. 왜냐하면 그는 자신이 다시 실족하지 않기 위해서 매우 확실한 가운데 있기를 원했기 때문이었습니다.

집회가 끝난 후 해밀턴과 나는 그 남성과 대화를 나누었고, 그가 몇 년 전 스왈렌의 집례 하에 세례를 받은 신자였으나, 그 후 죄 가운데에 빠졌다는 것을 알게 되었습니다. 그는 아내와 자녀들을 교회로 인도하기를 원했다고 말했습니다. 그리고 그는 다음 날 그 문제에 대해 우리를 만나 상의하겠다고 하였습니다. 저희가 모든 말로 권면하였음에도 그는 결정을 다음날로 미뤘습니다. 감사하게도 하나님께서 그에게 다시 한번 기회를 주셨고, 다음 날 그는 진심으로 그리스도를 영접하였으며, 그 이후로도 매일 집회에 참석하였습니다.

물론 그리스도를 고백한 자들 가운데 모두가 진심으로 한 것이 아닐 수 있으며, 어떤 이들은, 아니 어쩌면 이들 중 상당수가 옛 방식의 삶으로 되돌아갈 수도 있다는 것을 저희도 잘 알고 있습니다. 그러나 하나님께서는 이 나라에서 자신의 능력을 놀랍게 나타내셨으며, 자신이 부르신 모든 이들이 죽을 때까지 충실히 하나님을 따르기를 원하십니다.

아시다시피 저희는 이러한 새로운 신자들을 아직 교회의 정식 교인으로 받아들이지 않고 있습니다. 세례를 받기 위해서 그들은 일정한 교육 과정을 이수해야 하고, 그들이 믿고 있는 것이 무엇인지 철저히 이해해야 합니다. 새로운 신자가 정식 교인이 되기까지는 보통 2년에서 3년 정도가 걸립니다. 왜냐하면 이들은 뿌리 깊은 이교도 문화에서 나왔기 때문에 예수 그리스도의 교리에 관해 전혀 알지 못하기 때문입니다. 하나님께서 앞으로 몇 년, 몇 달 동안 이들을 가르치는 일에 저희를 이끌어 주시기를 바라고, 그들을 하나님의 소유된 백성으로 지켜주시기를 원합니다.

현재 저희가 직면하고 있는 문제는 바로 새 신자 양육입니다. 즉, 저희가 이 사람들을 어떻게 가르치고 보존하려고 준비하고 있는가? 우선 현재 저희가 가지고 있는 건물이 너무 작아 여성들만 수용하기에도 부족한데, 거기에 남성들을 비롯하여 매주 주일학교에 공부하러 모이는 약 150명의 어린이까지 고려하면 훨씬 부족합니다. 그래서 저희는 주일학교를 세 반으로 나누어 운영하기로 결정하였으며, 이는 어느 정도 도움이 될 것입니다. 그러나 여전히 인원이 너무나 많습니다. 그럼에도 인접한 두 채의 주택을 이용하면 어느 정도 가능할 것이라 생각합니다. 그 집들은 이전부터 한 채는 소녀들, 다른 한 채는 소년들을 위해 사용해 왔던 터라 앞으로도 계속해서 그렇게 사용할 계획입니다. 저희의 작은 예배당은 집에서 흔히 볼 수 있는 보통 방 크기 정도이며, L자 형태로 구성된 두 개의 날개로 이루어져 있습니다. 하나의 날개는 약 6×20피트, 다른 하나는 약 6×12피트입니다. 그래서 100명이 들어가면 방이 가득 차게 됩니다. 그런데 저희는 매 주일 100명이 넘는 여성들과 약 50명의 남성 그리고 약 150명의 어린이가 함께 모여 공부합니다. 지난 주일에는 여성들을 모두 수용할 수조차 없었으나, 이번 주일에는 인접한 두 채의 주택을 이용하여 그들을 모두 수용할 수 있기를 희망합니다.

현재 저희의 긴급한 필요는 새로운 건물입니다. 이곳의 사람들은 모두 극도로 가난하므로 자금을 마련하는 것이 가장 큰 문제입니다. 저희는 자립이 중요하다는 것을 믿지만, 사람들이 할 수 있는 일에는 항상 한계가 있습니다. 그들은 작은 예배당을 세우는 것조차도 매우 어려운 일이었습니다.

이러한 사역 가운데 있는 저희를 위해, 새롭게 믿음을 갖는 이러한 분들을 위해 그리고 아직 해결되지 않는 여러 문제들을 위해 기도해 주시기 바랍니다. 저희가 이 위대한 부흥의 한 부분을 담당하게 된 것을 하나님께 참으로 깊이 감사드립니다. 그 모든 일을 행하신 거룩하신 그분의 이름을 찬양해야 하겠지요.

올해 지금까지 저희가 하고 있는 모든 사역에 있어서 좋은 성과가 있었지만, 겨울답지 않게 포근한 날씨와 강한 바람 탓에 한국인과 외국인 가릴 것 없이 환자가 급증했습니다. 지난 여름에 있었던 홍수로 인해 많은 사람들이 집 없이 겨울을 지내야 했고, 극심한 빈곤 가운데 있었기에 이처럼 날씨가 포근한 것은 하나님의 섭리라 할 수 있습니다. 그러나 이러한 경우에는 항상 더 많은 질병이 발생하기 마련입니다. 저희 아이들도 많이 아팠고, 선교 구내에 사는 다른 아이들도 마찬가지였습니다. 다행히 그들은 현재 모두 상태가 호전되고 있는 것 같습니다. 저희는 최악의 상황이 지나갔을 것이라 기대하고 있습니다.

저는 아이들과 관련된 두 가지 사건을 말씀드리고 싶습니다. 하나는 외국인 아이들과 관련된 것이고, 다른 하나는 한국인 아이들과 관련된 것입니다.

먼저, 얼마 전 저는 진이 다니는 외국인 학교에 잠시 다녀올 일이
있었습니다. 그곳에는 저의 선교부에서 온 다른 아이들과 한국의 다른
선교부에서 온 약 15명의 기숙사 학생이 있었습니다. 그때는 쉬는 시간이
라 어린아이들은 밖에서 놀고 있었습니다. 그들 가운데 한 아이가 무슨
잘못된 일이 생겼는지 갑자기 울기 시작했습니다. 저는 미국에서 학교를
다녀 보았기에 누군가가 울면 별일이 아니더라도 보통 조롱과 놀림을
받기 십상이라는 것을 잘 알고 있었습니다. 그러나 지금 여기의 상황은
그때 거기와는 너무나 다르기에 여기서 일어난 일에 관해 한마디로
주석을 단다면, 저는 저희 선교사 자녀들이 자랑스럽지 않을 수 없었습니
다. 곤란한 상황의 어린 소녀가 울기 시작하자, 어떤 한 아이가 다가와
팔로 그녀를 감싸며 무슨 일인지 물었고, 또 다른 아이는 이리저리
뒤엉켜 있는 줄에 괴로워하고 있는 어린 친구의 엉킨 줄을 풀어주기
위해 달려왔습니다. 모두가 그 아이의 아픔에 진심으로 깊게 공감하고
있었습니다. 이러한 그들의 모습을 보면서 마음이 뭉클해졌습니다.

선교사 자녀들이 본국으로 돌아가면 종종 그들은 있는 모습 그대로
평가를 받습니다. 세간의 평판이 반드시 우호적이지는 않으나, 전반적으
로 이들은 분명 특별한 존재라 생각합니다. 비록 제 입으로 말하는
것이 썩 적절하지는 않더라도 말입니다.

다음으로, 단지 일회성의 사례로만 국한되지 않고, 우리의 일상 속에
서 빈번하게 일어나는 일들입니다. 얼마 전 저녁 집회에서 새로운 신자들
을 좀 더 잘 파악하기 위해 저희는 누가 그들을 이 집회에 인도하였는지
물었습니다. 한 여인은 "저의 작은 딸이 저를 데려왔어요. 제 딸은 제가

자신의 간청을 승낙할 때까지 계속 집회에 가자고 졸라서 결국 제가 들어줄 수밖에 없었다"라고 대답했습니다. 몇 주일 전에도 비슷한 일이 있었고, 제가 말씀드린 것처럼 이런 경우는 드문 일이 아닙니다.

이처럼 여러분은 저희의 불신자 주일학교 사역이 드러낸 결과 중 일부를 보실 수 있습니다. 이 아이들이 주일학교에 출석하여 스스로 그리스도를 알게 되면 그들의 부모들도 믿기를 간절히 원하게 되고, 이를 위해 그들은 어떤 어려운 일도 마다하지 않습니다.

이번 집회에서의 성공 중 많은 부분은 이 마을에서 세워진 작은 주일학교 때문에 이교도 아이들이 많이 전도되어 들어왔다는 점입니다. 한국 전역에 걸쳐 진행되고 있는 이 사역을 위해 기도해 주십시오. 아직 믿지 않는 부모를 가진 아이들이 수천 명이나 됩니다.

여러분의 모든 사역에 깊은 관심을 가지며 진심으로 축복을 전합니다. 저는 그리스도를 섬김에 있어서 늘 여러분과 함께 있습니다.

윌리엄 P. 파커
테네시주 내슈빌에서,
1924년 4월

추신

우편 요금 5센트를 붙인 편지 또는 2센트 우표를 붙인 엽서를 아래 주소로 보내면 정해진 우편 절차를 따라 저에게 배달될 것입니다.

Rev. Wm. P. Parker, Pyengyang, Chosen, Asia

Letter 2

1924년 5월 28일 (한국, 평양)

사랑하는 동역자 여러분께,

먼저 저의 몇 가지 개인적인 소식부터 전하는 것을 양해해주시기 바랍니다. 지난 5월 26일 밤, 조셉 루이스(Joseph Lewis)가 태어났습니다. 이 아이는 저희의 두 번째 아들이며, 두 딸이 있는 저희로서는 현재 꽤 조화로운 가족이 되었다고 생각합니다. 그리고 새로운 아기가 저희에게 온 것이 얼마나 기쁜지 모르겠습니다. 엄마와 아기 모두 건강하게 잘 지내고 있으며, 저희에게 주어진 이런 시간이 너무나 즐겁습니다. 아이들도 새로운 남동생이 생겼다는 사실에 모두 매우 신이나 있습니다.

제가 지난번 여러분께 편지를 쓴 이후로 저희의 사역은 평소와 같이 계속되고 있습니다. 대학은 지난 4월에 잘 개강하였고, 현재 매우 많은 신입생들이 입학했으며, 그들 대부분은 좋은 학생들입니다. 그러나 몇몇 학생들은 기준 이하로 떨어져서 학교를 그만두어야 할 상황이지만, 저희는 좋은 평점을 유지하려고 노력하고 있습니다. 현재 저희 학교의 재학생의 수는 약 120명 정도입니다. 현재까지 날씨는 선선하여 공부하기 좋은 환경이었습니다. 얼마 전에는 간절히 기다리던 비도 내렸고, 정원도 일주일 전보다 훨씬 더 좋아 보입니다.

저희가 예배당에서 하는 사역은 처음부터 지금까지 항상 격려가 되었습니다. 사람들은 더 큰 건물을 기대했고, 결국 자신들이 스스로

할 수 있는 일부터 하기로 작정하고 현재 상황에 맞는 신속한 작업에 최선을 다하기로 하였습니다. 그래서 교회 신도 중 자원봉사자를 모집하여 예배당 측면의 벽을 허물고 매우 적은 비용으로 교회의 수용 공간을 거의 두 배로 늘렸습니다. 교인들은 매우 가난하여 돈을 낼 수는 없지만, 시간 드려서 힘을 보탰고 그 결과는 좋았습니다. 교회의 새로 확장된 공간은 천장이 낮고 값싼 양철판으로 덮여 있지만, 좌석 공간이 늘어나 성도들을 수용할 수 있습니다. 다만, 주일학교 학생들을 가르치는 것은 여전히 문제입니다.

저희는 세 개의 주일학교를 운영하고 있습니다. 즉, 첫째는 아이들을 위한 것, 둘째는 여성들을 위한 것, 셋째는 남성들을 위한 것입니다. 그러나 여전히 여성들과 아이들의 경우 매우 혼잡하여 한 건물 안에서 여러 분반 공부를 하는 데 곤란을 겪고 있습니다.

비록 저희가 회중들의 수를 상당히 잘 유지하고 있음에도 몇몇 사람들은 교회를 떠났습니다. 그러나 교회 지도자들은 매우 열정적이며 최선을 다해 교회를 도와주려고 합니다. 저희는 사역자를 계속 고용할 수 있었지만, 아주 적은 월급만 그에게 지급할 수밖에 없습니다. 그렇게 적은 봉급으로 생계를 유지하기 어렵다는 것을 잘 알고 있습니다. 성도들은 자신들의 사역자를 지키기 위해 그들 스스로 월급을 인상하려 노력하고 있으며, 월 $2.50 이상을 주려고 합니다. 여러분도 잘 아시겠지만, 해밀턴과 내가 매월 각각 $2.50을 기부하기로 동의했기에 한국인 사역자는 결과적으로 월 최소 $7.50을 받게 되었습니다. 그러나 이는 이 나라에서도 아주 적은 월급입니다. 교회 신도들은 이를 잘 알고 있으며, 제가 언급했던 것처럼 더 많이 지원하기 위해 노력하고 있습니다.

저는 남자 주일학교 사역에서 많은 기쁨을 찾습니다. 매 주일 흥미로운 질문이 제기됩니다. 그리고 이들이 던진 질문들을 통해 그들이 참으로 배우고 싶어 한다는 것을 알 수 있습니다. 현재 저희는 2년 전 미국에서 사용되었던 구약 성경 교재를 활용하고 있으며, 이 교재는 한국인들에게 생소한 성경 속 이야기가 있어 매번 큰 호응을 얻고 있습니다. 몇 년 동안 신앙생활을 해온 자들에게조차 때때로 생소합니다. 저희 선생님들은 전문가는 아닐지라도, 말씀을 잘 풀어내고 훌륭한 분들입니다. 이 사역을 위해 기도하는 것을 잊지 마십시오.

저희는 항상 고국의 소식에 많은 관심을 가지고 있으며, 때때로 여러분 중 몇몇 분으로부터 소식을 들으면 기쁩니다. 저희는 더 많은 여러분의 소식을 듣고 싶습니다.

여러분의 사역 위에 주님의 큰 축복과 기도가 함께하기를 바랍니다. 저 또한 주님을 섬기는 데 있어 여러분과 같이하겠습니다.

윌리엄 P. 파커 드림

테네시주 내슈빌,

1924년 7월

추신

5센트의 우표가 붙은 편지나 2센트의 우표가 붙은 엽서를 "Rev. Wm. P. Parker, Pyongyang, Korea"로 보내주시면 정해진 우편 절차에 따라 저에게 잘 전달될 것입니다.

Letter 3

1924년 9월 30일 (한국, 평양)

친애하는 동역자 여러분께,

한국의 무더운 여름에 대해서는 이전에 이미 언급한 바가 있으므로 다시 강조할 필요는 없을 것 같습니다. 기온은 자체는 그리 높지 않지만, 우리는 습기 때문에 그리고 이곳 현지 환경에 완전히 적응하지 못했기 때문에 미국에서보다 훨씬 더 더위를 많이 타는 것 같습니다. 여기 평양은 한국의 북중부에 위치하고 있어 남부보다 더 시원하지만, 7월과 8월에는 그늘에서도 기온이 화씨 96도 이상(섭씨 35.6도) 올라가며, 이는 실제로 매우 덥게 느껴집니다.

지난 몇 년간 저희 가족은 줄곧 집에서 여름을 보내왔습니다. 올해도 새집을 마련한 지 1년이 채 안 된 터라 집에 머무르기로 결정하였습니다. 그러다 마침 7월 우리는 소래 해변에 별장을 구할 수 있다는 것을 알게 되었고, 이 기회를 이용하여 그곳에서 한 달 동안 머물렀습니다.

제가 이전에 여러분께 소래에 대해 말씀드렸습니다. 저희는 이번 여름 이전에 두 번 거기서 각각 한 달씩 보낸 적이 있습니다. 소래는 휴가를 보내기에 이상적인 해변입니다. 그 이유는 접근이 다소 어려워 다른 휴양지에 비해 많은 인파가 몰리지 않기 때문에 휴식을 취하기가 훨씬 더 좋기 때문입니다. 올해 저희는 자동차로 이동하였는데, 작은 일본 배를 이용하는 것보다 훨씬 더 편안하게 여행할 수 있다는 것을 알 수 있었습니다. 그러나 비용은 훨씬 더 많이 들었습니다. 여기서 출발하여 하루 만에 전체 여행을 할 수 있었지만, 가는 길과 오는 길 모두 비가 내렸고, 그 비의 영향으로 편도로 가는 데 이틀 정도가 걸렸습니다. 저희는 가능한 한 기차로 이동하였고, 종착점부터는 자동차를 이용하였습니다.

올해 7월은 저희에게 비로 점철된 한 달이었습니다. 저희는 소래에서 역사상 가장 심각한 장마철 중 하나를 경험했습니다. 저희가 머문 집은 비가 새었고, 무척이나 쌀쌀한 날씨가 더해져 오랫동안 난로가 필요했습니다. 이 집에는 벽난로가 있어 다행히 아기를 위해 난방을 할 수 있었습니다. 난방에 필요한 장작은 인근 주택의 공사 현장에서 많이 얻을 수 있었습니다. 아기 목욕을 위해 불을 지펴야 했는데, 그 덕분에 저희는 1~2주 동안 줄곧 불을 피울 수 있었습니다. 그러나 아기를 제외하고는 대부분 바다에서 목욕을 했습니다. 저희의 두 딸, 진과 프랜시스는 물을 즐길만한 나이가 되었고, 하루에 두세 번 그들이 바다에 들어가면 그들을 뭍으로 다시 끌어내기가 너무 힘이 들었습니다. 그러나 윌리엄은 파도를 다소 무서워해 향수를 느끼기도 하였습니다. 그럼에도 바다 공기와 환경의 변화는 아이들에게 큰 유익이 되었습니다. 저희는 여기에 머무는 동안 그들에게 이로운 점이 많았음을 느꼈습니다. 사실 아이들이 아니었다면 우리는 떠나지 않았을 것입니다. 왜냐하면 저희는 겨울이 오기 전에 휴식을 취하고 기력을 회복해야 한다고 느꼈기 때문입니다.

아이들은 다른 아이들과 매우 즐거운 시간을 보냈고, 실제로 수영을 배우지는 않았지만 수영을 배우기 위한 좋은 기초를 다졌습니다. 내년에는 아마도 수영을 배울 수 있을 것입니다. 당시 소래에는 60~70명의 아이들이 있었습니다. 그래서 여러분도 잘 아시겠지만, 그들은 모두 함께 잘 어울려 놀았습니다. 저희 평양 선교지에도 외국인 학교가 있고, 외부에서 오는 많은 아이들도 있으며, 그 외 우리 스스로도 많은 아이들을 수용할 수 있는 큰 공간을 가지고 있음에도 소래에서 더 큰 청소년 무리와의 교류로 저희 모두에게 큰 도움이 되었습니다. 저희 성인들 역시 그들과 함께 즐거운 시간을 보냈습니다.

저희 가족은 7월 말에 소래를 떠났고, 바로 그 직후 날씨가 개었습니다. 소래에 더 머물렀던 그들은 8월 내내 소래의 날씨는 맑았다고 말합니다. 평양도 마찬가지였지만, 여기는 햇빛이 너무 강해 불편할 정도였고, 저희는 평양 역사상 가장 덥고 건조한 8월을 경험한 것 같습니다. 그러나 저희의 집은 평양에서 여름을 보내기에 가장 좋은 위치에 있습니다. 이곳은 모든 바람이 지나가는 길목이어서 밤에는 쾌적합니다. 심지어 낮조차도 과도하게 무리하지 않는다면 더위에 큰 불편 없이 지낼 수 있었습니다.

8월 중순에는 중국에서 온 몇 명의 방문객들을 맞이할 수 있었습니다. 저희는 그들과의 만남이 즐거웠습니다. 저희를 방문한 두 여성 중 한 명은 제 아내의 대학 동창이었습니다. 이 친구는 저희가 귀국했을 때 잠깐 만난 것이 전부였기 때문에 이번 재회는 아내에게 얼마나 큰 기쁜 일이었는지 여러분은 짐작할 수 있을 것입니다. 저희는 이곳에서 오랜 친구들을 볼 수 없고 만나지 못해 그들이 그립습니다. 저희를 방문하는 사람들을 맞이할 때 얼마나 반가워하는지 그 어떤 누가 알 수 있겠습니까? 8월 마지막 주에 우리 선교부 소속의 두 분께서 저희 집에 오셔서 그분들과 즐거운 시간을 가졌습니다. 이제는 저희 가족만의 집이 생겨서 손님을 맞이할 수 있게 되어 정말 기쁩니다.

이런 이야기는 모두 매우 평범한 일상사임이 분명하다는 것을 저는 압니다. 저희는 어떤 자동차 사고를 당한 적도 없었고, 강도들을 만나 구사일생한 흥미진진한 어떤 자랑거리도 없습니다.

저희가 마주하는 비는 보통 쉬지 않고 내리는 호우이며, 천둥번개를 동반한 폭우는 흔치 않습니다. 실제로 어떤 사람들은 한국에서 천둥번개가 발생하지 않는다는 인상을 받기도 합니다. 하지만 지난주에는 그 생각이 잘못되었다는 것이 드러났습니다. 저는 서울에서 집으로 돌아갈 준비를 하고 있었고, 기차역으로 가는 길에 머리 위에 몇 개의 구름이 흩어져 있는 것을 발견했으며, 얼마 지나지 않아 곧바로 천둥 소리가 들렸습니다. 주변이 맑았기 때문에 별로 신경 쓰지 않았고, '기껏해야 먼지나 조금 가라앉힐 수 있는 비겠지!'라고 생각했습니다. 그러나 기차역에 도착하기도 전에 저의 생각은 바뀌었습니다. 잠시 후 머리 위로 엄청난 폭우가 쏟아붓기 시작했습니다. 저는 쏟아지는 비와 잦은 천둥소리, 번개가 치는 가운데 역을 떠났습니다. 서울에 남아 있던 사람들은 나중에 그 폭풍우에 관해 저에게 이야기해 주었습니다. 서울의 게일 선교사 집 정원에 있는 수백 년 된 큰 나무가 번개에 맞아 쓰러졌고, 불덩이로 타버린 냄새가 꽤 오랫동안 지속되었다고 합니다. 이러한 종류의 폭풍우는 고국에 비하면 드물지만 우리는 종종 경험합니다. 그것은 여름이 모두 지나간 어느 날에 일어난 일이었습니다.

가을 사역은 순조롭게 시작되었지만, 저희 학교는 가뭄으로 인해 약 15명 이상의 학생을 잃고 있는 중입니다. 이 지역의 올해 7월 장마는 짧았고, 소래에 있을 때 여기에 홍수가 있었다는 소식을 들었지만, 돌아와 보니 비가 충분히 내리지 않았다는 것을 알 수 있었습니다. 황해도의 남쪽 지역에서 홍수가 있었고, 그보다 더 남쪽에서도 또 다른 홍수가 발생했습니다. 그러나 그곳에서 홍수가 지난 후에 가뭄으로 이어졌습니다. 저희 평양 지역은 이런 홍수조차 없이 가뭄이 계속되었습니다. 그 결과 많은 가정이 생계를 이어가기에 매우 힘든 상황에 처해 있으며, 농부들은 다시금 매우 낙담하고 있습니다. 작년에는 100년 만에 가장 큰 홍수가 있었고, 많은 작물이 망가졌습니다. 올해 가뭄은 작년 홍수에 맞먹는 큰 피해를 주었습니다. 저희는 다가오는 겨울이 피해 입은 많은 이들을 매우 힘들게 하는 시기가 될 것이라 심히 염려하고 있습니다.

여름 동안 채플에서의 사역은 잘 진행되었고, 저희가 돌아왔을 때 예배 참석자가 많았다는 것을 알게 되었습니다. 겨울만큼은 아니지만, 끔찍한 더위 속에서 기대 이상으로 참석자가 많았습니다. 저는 어떻게 사람들이 그 작고 낮은 양철 지붕으로 된 예배당에서 그 뜨거운 여름을 견디어 내는지 알 수 없습니다. 또한, 겨울에는 저희가 거의 난방을 제공하지 못하고, 그것도 매우 늦게 잠시 불을 피우는데 어떻게 그 겨울 추위를 견디고 예배에 참석하는지 이해할 수 없습니다.

저희는 이 사람들의 하나님 말씀을 배우고 듣고자 하는 열정을 볼 수 있다는 사실이 저희에게 언제나 큰 영적 감동을 줍니다. 저희가 이곳에서 이 위대한 사역에 참여하게 되어 기쁘게 생각합니다.

저희 가족은 잘 지내고 있으며, 작년보다 더 건강하게 한 해를 보낼 수 있기를 소망합니다. 저희와 이곳의 사역을 위해 기도해 주시기를 부탁드립니다.

여러분과 여러분의 사역을 위해 기도하며, 주님의 사역에 헌신하는
데 있어서 저는 여러분과 함께 있습니다.

윌리엄 P. 파커 드림

테네시주 내쉬빌,

1924년 12월

추신

우편 요금 5센트의 일반 우편이나 2센트의 엽서로 "한국 평양, 파커 교수
귀하"로 보내면 우편 과정을 통해 저에게 배달될 것입니다.

사랑하는 동역자 여러분께,

"저희는 모두 여전히 살아있고 잘 지내고 있습니다!"

아마 여러분은 제가 이렇게 깜짝 놀랄 만한 글을 던진 이유에 대해 다소 의아해할 수도 있습니다. 그리고 어떤 분은 어떤 끔찍한 재난을 이야기할 것을 기대하셨을 수도 있겠습니다. 그러나 아래 이야기를 끝까지 읽어보신다면 아마도 이렇게 말씀하실 것으로 저는 확신합니다.

"그가 살아있다니 얼마나 놀라운 일인가!"

한 번 더 크리스마스가 지나갔고, 심지어 새해 첫날마저 무사히 넘겼으니까요.

이제 여러분이 '바쁘다'라는 말에 식상해 할 것이라는 것을 저도 알고 있습니다. 사실 그것은 모든 선교사가 늘 말하는 바이지요! 그렇습니다. 고국에 있는 여러분도 필경은 저희 못지않게 바쁘시거나 더 바쁘실 것이라 생각합니다. 그러니 제가 지난 2주 동안 좌충우돌하며 지냈다고 말하는 것이 여러분의 이목을 크게 이끌 수 없겠지요. 여러분 중 누구라도 조금 다른 방식으로 저의 이야기에 못지않은 분주한 이야기를 할 수 있을 것입니다. 그래도 제 이야기를 해보겠습니다. 그리고 여기서 말하고 싶은 것은 여러분 중 누구라도 더 좋은 이야기를 편지로 보내주신다면 저는 기꺼이 환영하며, 여러분의 한마디 한마디를 정독할 것입니다.

사람들은 크리스마스는 일 년에 단 한 번 온다고들 합니다. 어떤 인기 있는 주간지에서는 그들의 방문 덕분에 크리스마스가 일 년에 52번 온다고 주장하고 있습니다. 그러나 여기 평양에서는 실제로 산타 할아버지가 최소한 5~6번의 임무를 수행해야 합니다. 자, 한 번 살펴볼까요? 먼저 외국인 기숙사에 학생들이 방학을 떠나기 전인 12월 18일에 첫 번째 크리스마스 행사가 있었습니다. 여러분도 아시다시피 저희 기숙 학교에는 한국 전역에서 온 약 25명의 학생을 수용하고 있습니다. 그다음으로 크리스마스이브 오후에는 아주 어린 어린아이들을 위한 산타와 크리스마스 행사를 가졌습니다. 밤에는 조금 더 큰 아이들과 청소년들을 위해 산타가 등장해야 했습니다. 계속해서 크리스마스 아침에는 한국인들, 남녀노소 모두를 위한 예배가 있었고, 밤에는 시내에 있는 각각의 한국교회에서 성탄 예배가 열렸습니다. 이렇게 다섯 번의 크리스마스가 만들어진 셈이지요. 그렇지 않나요? 그러나 이것이 전부가 아닙니다. 크리스마스 아침에는 각 가정에서도 자체적으로 크리스마스 행사를 가집니다. 평양에서만 얼마나 많은 크리스마스 행사가 진행되는 것일까요? 게다가 여기 평양에는 선교사 가정이 무려 32가구나 있으니 말입니다! 그것뿐만이 아닙니다. 새해는 일본인들에게 가장 큰 명절이며, 한국인들 또한 새해 예배를 드리기 때문에 저희는 총독, 시장 그리고 고위 관리들을 방문하여 카드 명함을 드리고 인사를 나눈 뒤 다시 모든 한국인을 위한 예배에 서둘러 참석해야 합니다.

이것이 여러분께는 다소 사소하게 보일 수 있습니다. 그래서 저는 여러분이 그 일의 중대성을 조금이라도 이해할 수 있도록 몇몇 세부 사항을 들어 자세하게 설명해야 할 것 같습니다.

저희 학교는 12월 19일 정오에 종강을 하였습니다. 그런데 위에서 제가 언급하지 못한 ㅡ그래서 그것을 과소평가한 것 같은ㅡ 중요한 사실이 하나 있습니다. 방학 전날 밤, 한국 학생들은 작별 크리스마스 연극을 공연했습니다. 이는 앞서 언급한 외국 아이들을 위한 성탄 행사와는 별개의 것입니다. 또한, 저희 학교의 일본어 선생님이 떠나게 되어 그 이틀 전에는 대학부 학생들이 그를 위한 작별 환송회를 열어야 했습니다. 제가 이야기를 뒤로 돌리려 한 것은 진정 아니었지만, 아무튼 저희 학교 방학은 20일부터 시작되었습니다.

저는 사회위원회에서 회장으로 선출되었고, 방학 첫날 20일에는 저희 교사들과 함께 앞서 사표를 냈다고 언급한 일본어 선생님인 요시다케(Mr. Yoshitake)를 위한 송별 모임을 가져야 했습니다. 이러한 일은 저에게 적지 않는 시간과 에너지를 소진하게 하였습니다. 그래서 저는 이미 몸 상태가 좋지 않았습니다. 주일에 저는 기진맥진하였지만, 그래도 어느 정도는 활동하기 위해 나가야 했습니다. 월요일에는 지역 주민들에게 성탄 카드와 연하장을 보내야 했습니다. 월요일부터 크리스마스 전날까지 남은 며칠 동안은 여러분이 고국에서 그랬듯이 저희도 크리스마스를 위한 쇼핑과 준비물들을 마련하기 위해 분주하였습니다. 그러나 자신의 호주머니 상황에 맞는 합리적인 가격으로 ㅡ무엇이든 찾기 어려운 상황에서ㅡ 쇼핑을 한다는 것은 생각만큼 결코 쉬운 일이 아닙니다. 물론 기꺼이 고국에서보다 약 4배의 값을 지불할 의향이 있다면 어떤 물건이든 어렵지 않습니다.

그러던 중 크리스마스이브 아침에 산타 역할을 부탁하는 요청을 받고 깜짝 놀랐습니다. 이 역할 역시 생각처럼 쉬운 일이 아닙니다. 적절한 농담과 각종 기획이 동반되어야 합니다. 그럼에도 선택된 영예가 있어 거절할 수는 없었습니다.

여러분도 이미 짐작하셨겠지만, 저는 앞서 언급한 바와 같이 크리스마스이브 오후 4시에 장로교 여학교 예배당에서 어린아이들을 위한 작은 예배를 드렸습니다. 그곳에는 지역 공동체 크리스마스트리가 설치되어 있었고, 예배는 매우 간략하게 진행되었습니다. 왜냐하면 어린이들의 여러 암송과 누가복음 성경 본문의 낭독 그리고 산타 역할을 맡은 한 남학생이 등장하는 연극 등이 줄지어 있었기 때문입니다.

우리는 예배가 끝나고 모두 여학교의 가사 실습 과학 건물에서 함께 저녁을 먹었습니다. 얼마나 많은 인원이었는지! 아이들을 포함하여 약 115명이 모였고, 대부분은 저희 쪽 사람들로 방문자는 겨우 3~4명뿐이었습니다.

그러고는 다시 예배당으로 돌아와 어린이들의 짧은 연극 공연을 관람하였습니다. 이어서 산타가 들어와 대략 밤 9시 30분까지 선물을 나누고 농담을 주고받았습니다. 산타는 먼저 지난 한 해 동안 지역 사회에서 가장 훌륭했던 세 명의 어린 소년에게 상을 주겠다고 발표했습니다. 그리고 스왈렌, 베어드 그리고 마펫이 호명되어 각각 메달을 받았습니다. 굳이 말씀드리자면, 이 소년들 중 가장 어린 분도 이미 60세가 넘었으며, 세 사람 모두 한국 선교 초기의 개척자들입니다. 그다음으로 솔타우 쌍둥이(성인 선교사들)가 호명되었고, 한두 명의 다른 사람들도 더 호명되었습니다. 해밀턴과 스테이시 로버츠(Stacy Roberts) 또한 불려 나와 모발 재생제(실제로는 붉은 물을 탄 염료)를 받았습니다. 만약 이것을 그들이 성실하게 잘 사용하고 매우 착한 아이가 된다면 내년 크리스마스 산타가 여러분 각자에게 가발을 선물하지 않겠느냐고 농담을 건넸습니다. 혹시 자화자찬이라고 생각하실까 염려되어 말씀드리자면, 이 모든 유쾌한 농담은 대부분 헤이즈 선교사(Miss Hayes, 북장로교)의 영감에서 비롯된 것입니다.

산타가 전달한 최고의 선물은 외국 학교 교사들이 학생들을 위해 제작한 대형 봅슬레이 썰매였습니다. 이는 우리 한국 학생들이 학비를 벌기 위해 일하는 안나 데이비스 산업 작업장에서 제작되었습니다. 이 썰매는 아름다웠습니다. 저희는 모두 어린이들이 지금부터 매년 썰매 타는 철이 돌아오면 눈썰매를 타면서 많은 재미와 즐거움을 누릴 수 있을 것이라고 확신합니다.

크리스마스 아침에는 가정마다 자체적으로 크리스마스를 기념하였습니다. 여러분은 이 점이 어린이들에게 얼마나 중요한지 저보다 더 잘 아실 것입니다. 저희 아이들은 적잖이 놀라고 행복해했으며, 그 순간은 정말 흥미로웠습니다. 아침 식사 후 빌리와 저는 나가서 몇 개의 선물을 나누어 주었고, 그중 일부는 제가 섬기는 작은 한국 예배당에 있는 제 주일학교 선생님께도 선물을 드렸습니다. 이후 빌리를 집으로 데려다 주고, 저 혼자 예배당 서비스에 참석했습니다. 저희는 설교를 들었고 이후 아이들에 의한 여러 암송도 들었습니다. 그들은 동작과 함께 노래하고 암송하는데 얼마나 잘하는지요! 물론 그들 역시 어느 정도 긴장했겠지만 고국의 아이들보다 훨씬 발이 쉽게 움직입니다. 저는 여기의 아이들이 한국의 생동감 있는 정신을 어느 정도 이어받은 듯 연기하는데, 고국의 아이들보다 더 뛰어나다고 생각합니다. 예배 후에는 각 주일학교 학생에게는 케이크와 사탕이 담긴 가방이 주어졌고, 모든 아이는 매우 행복해하며 돌아갔습니다.

그러나 무엇보다도 가장 좋은 순간은 저녁 6시경에 있었습니다. 그때 많은 중고 장난감이 어린이들에게 상으로 나누어졌습니다. 그리고 몇몇 매우 예쁜 인형, 기차 그리고 장난감들이 많이 나왔으며, 그것들 중 대부분은 면세로 들어온 것이었습니다. 이곳 아이들이 ㅡ자신의 작은 오두막에서 하는ㅡ 장난감이나 놀이에 대해 아무것도 모른다는 점을 생각하면, 이들이 이런 장난감에 대해서 얼마나 큰 의미를 느꼈을지 상상할 수 없습니다. 진정으로 이 마을의 아이들은 행복한 시간을 보냈습니다!

크리스마스 날에 우리는 매년 가난한 사람들에게 나눔을 실천합니다. 여기서 '우리'는 한국 기독교 아이들 모두를 의미합니다. 그들은 자신의 쌀과 기장을 교회에 가져와서 궁핍하고 곤궁 가운데 있는 많은 사람들에게 나누어줍니다. 자신들도 넉넉하지 않은 상황에서 자신보다 더 어려운 사람들에게 자발적으로 자신의 음식을 가져오는 (가난한) 사람들을 보는 것은 감동적이었습니다! 올해도 외국인 아이들이 기부를 하였고, 상당한 양의 모금이 이루어졌습니다. 그리고 우리는 제가 일하는 작은 마을과 인근의 다른 마을에 특별히 도움이 필요한 이들을 위해 기부할 기회가 주어졌습니다. 그곳에는 땅을 파서 만든 굴 같은 오두막에서 살고 있는 사람들이 너무 많습니다. 우리는 이들을 특히 이 시기에 기억하려고 노력하고 있으며, 앞으로 필요가 늘어남에 따라 더 많은 도움을 줄 수 있기를 바랍니다. 하지만 우리가 할 수 있는 일이 얼마나 적은지요!

이 모든 것을 통해 우리는 그리스도가 세상에 어떤 의미인지를 아직도 잘 알지 못하는 많은 이들을 가르치기를 희망합니다. 이 사역을 위해 기도해 주세요.

늘 그분의 사역에서 여러분과 함께하며

윌리엄 P. 파커 드림

테네시주 내쉬빌,

1925년 2월

추신

미국에서 윌리엄 P. 파커에게 편지를 보내실 경우, 5센트 우표를 붙인 편지 또는 2센트 엽서를 아래 주소로 보내시면 잘 전달될 것입니다.

Rev. Wm. P. Parker, Pyengyang, Chosen, Korea

1925년 4월 4일 (한국, 평양)

친애하는 동역자 여러분,

약 석 달 전 제가 다소 격식 없이(그렇게 말할 수도 있겠지요?) 편지를
보낸 직후 학교 일정이 본격적으로 시작되었고, 그 이후로 저는 일상으로
돌아와 회복할 시간을 가졌습니다. 이제 새로운 방학이 지나갔고, 그와
함께 몇 가지 성과도 있었으며, 저는 여전히 모든 것이 잘되고 있다고
말씀드릴 수 있습니다. 아직 모든 것이 끝난 것은 아니지만, 저희는
3월에 한 해의 학사 일정을 마무리하였고, 오늘부터 새로운 학년이
시작되었습니다.

한 해 학사 일정부터 정리해 드리면, 올해 저희는 18명의 훌륭한
젊은이를 배출했습니다. 그 학생들은 우리가 졸업시킨 학생 중 역대
가장 훌륭한 학생들이었습니다. 그중 절반은 저의 미적분학 수업을
듣고 우수한 학업 성취를 거두었습니다. 졸업생 전체가 모두 우수한
학업 성취를 이루었고, 재학 중에도 탁월한 성적을 남겼습니다. 이들은
이제 각자의 길로 나아갔으며, 일부는 교직에, 일부는 더 높은 학업을
위해, 또 일부는 일 년 정도 후에 신학교에 진학할 예정입니다. 그들은
모두 훌륭한 인격을 가진 사람들로 그들이 어디에서 일하든 그리스도를
위한 증인으로 살아갈 것입니다. 이들 모두는 기독교 신사입니다. 사실
저희는 대학에서 우리의 기독교 신앙을 공유하는 사람들 이외의 사람들

을 수용할 여유가 없다고 느끼며, 현재 모든 학생이 기독교인입니다. 아카데미 학당에서는 몇몇 비기독교 학생들이 있지만, 대체로 우리의 학생들은 믿는 자들입니다. 이는 저희가 다른 이들을 받아들일 여유가 없기 때문이며, 무엇보다 먼저 우리 자신의 신앙 공동체를 양육하는 것이 우선이라고 믿기 때문입니다.

졸업생 중 한 명, 즉 열아홉 번째 학생은 한 학기 진도를 마치지 못해 아직 졸업하지 못했습니다. 그의 성적은 우수했지만, 한 학기를 중도에 휴학하였기에 6월에 졸업시키기로 하였습니다.

지난번 편지를 쓴 직후 여러분께서도 관심을 가지고 계신 작은 예배당에서 다시 부흥집회가 열렸습니다. 이번 집회는 작년보다 훨씬 더 성공적이었습니다. 매일 밤 예배당은 사람들로 가득 차 있었고, 거기 모인 사람들은 구세주에 대한 자신들의 필요성을 철저히 깨달았습니다. 많은 이들이 너무 가난해 한국의 일반적인 필수품조차 구비할 수 없어 그 점에서는 일이 어렵지만, 저희는 집집마다 전도하면서 항상 따뜻한 환영을 받았습니다. 단 한두 경우를 제외하고 거절당한 적이 없었습니다. 몇몇은 너무 가난해서 믿을 수 없다고 했고, 그런 이유로 교회에 가는 것이 부끄럽다고 하였습니다. 더욱이 헌금할 것이 아무것도 없다고 말했습니다. 그러나 우리는 그 이유 때문에 그들에게 더 큰 필요를 보여주려고 노력했으며, 인간적으로 말한다 할지라도 그 결과는 매우 훌륭했습니다. 하나님과 그분의 영이 우리와 함께 일하고 계셨음을 저희는 믿습니다. 왜냐하면 분명히 하나님께서 집회를 인도하셨기 때문입니다.

대학 전도팀이 올해도 다시 예배를 이끌었고, 그들은 훌륭한 메시지를 전했습니다. 그 메시지는 청중들을 그리스도께 인도했습니다. 부흥집회 이후 저희는 매주 일요일 가득 찬 예배당에서 예배드렸습니다. 그리고 거의 매 주일 예배 참석자가 이전 일요일보다 조금씩 더 늘어났습니다. 주일학교는 남성, 여성, 어린이의 세 부서로 나누었음에도 회중을 다 수용하기가 어려울 정도였습니다. 저희는 평균적으로 매주 약 200명의 어린이, 150명의 여성, 60명의 남성으로 주일학교를 운영하고 있습니다. 교회에 모든 어린이가 참석하는 것은 아니지만, 저희는 대부분의 어린이를 별도의 건물인 개인 민가를 사용하여 따로 예배를 드리게 하고 있습니다. 왜냐하면 이 작은 예배당에서는 한 번에 모든 사람을 수용할 공간이 없기 때문입니다.

현재 예배당 건물은 거의 무너지기 직전입니다. 점점 기울어지고 있으며, 여름에 많은 비가 내리면 우리가 아무리 대비를 하더라도 확실히 무너질 것입니다. 한국에서 흙 오두막집이 무너지는 것은 큰 붕괴 사고를 의미하지는 않습니다. 혹시 그 집이 저희 위로 무너진다고 할지라도 그렇게 위험스러운 부상이 일어나지 않으리라고 저는 생각하지만, 오두막집이 구조적으로 불안정해서 계속 서 있을 수 없는 상태입니다. 그래서 저희는 반드시 예배드릴 새로운 처소가 필요하고, 이 때문에 새 교회를 짓고 있습니다. 마펫이 강에서 조금 떨어진 성벽 아래 좋은 부지를 제공해 주었고, 저희는 최소한으로 한동안만 사용할 수 있는 건물을 세우기 위해 필요한 돈을 모으려고 노력하고 있습니다. 이 건물을 건축하는 데 드는 비용은 약 500달러가 들 것으로 예상되며, 한국인들은 가난함에도 그중 절반을 헌금으로 기부하고 있으며, 또한 건물 건설에 그들의 시간과 노력을 기울이고 있습니다. 그들은 진지하게 이 일에 헌신하고 있으며, 교회가 그들의 건물이 되기 위해서는 그들의 손과 돈으로 직접 지어야 한다고 느끼고 있습니다. 그리고 그들은 이 일에 대해 매우 열정적입니다. 물론 이 돈으로 이상적인 건물을 짓는 것은 어렵겠지만, 우리는 오로지 할 수 있는 최선을 다해야 합니다.

이 예배당 사역에 참여할 수 있다는 것은 참으로 고무적입니다. 그곳에서의 사역과 외국인 학교 학생들을 위한 주일학교 수업은 제 삶의 두 가지 기쁨입니다. 학교에서 일하고 이러한 젊은이들을 가르치는 것도 훌륭하지만, 가장 고무적인 일과 노력을 쏟은 결과가 가장 크게 돌아오는 일은 교회에서의 사역입니다. 저는 때때로 이런 사역에 대부분의 시간을 바치는 전도자들을 부러워합니다.

강을 따라 있는 작은 마을 수성리에 사역하는 저희를 위해 기도하는 것을 잊지 마십시오. 가난한 이들을 위해 기도해 주십시오. 그곳에는 고통받는 이들이 많습니다. 저희가 방문 전도 중에 여기 상황이 매우 나쁘다는 것을 알았습니다. 올해는 그나마 아주 온화한 해였는데 말입니다! 보통 우리는 여기서 영하 20도 정도의 날씨를 경험하지만, 올해는 영하로 떨어진 적이 없었던 것 같습니다. 여러분의 기도 가운데 이 모든 사역을 기억해 주십시오.

학교는 지금 힘든 시기를 겪고 있지만, 저희는 학교가 정부로부터 인가를 받을 수 있기를 기대하고 있습니다. 그러면 저희 학교는 더 나아질 것입니다. 우리는 한 번도 우리의 목적에 흔들림이 없었습니다. 한때 학교를 닫든지 아니면 성경을 포기해야 할 상황에서도 저희는 성경을 학교 교육 가운데 항상 포함시켜 왔습니다. 저희는 성경을 포기하는 것보다는 학교를 닫는 것을 선택했을 것입니다. 결국 저희는 성경을 지켰습니다. 지금은 정부 규정을 충족하는 데 조금 힘든 상황이지만, 저희는 졸업생들이 받은 교사 자격증이 정부의 시각에서도 정당화될 수 있기를 바라고 있습니다.

앞에서 언급했듯이 저희는 방금 새 학기를 시작했으며, 예년과 마찬가지로 좋은 신입생이 들어왔고, 좋은 한 해가 될 것이라 기대하고 있습니다.

여러분의 사역에 하나님께서 복을 주시기를 바랍니다. 저희는 여러분을 늘 생각하고 기도하고 있으며, 여러분의 소식을 듣는 것을 항상 기쁨으로 생각합니다.

언제나 여러분의 동료 사역자

W. P. Parker 드림

테네시주 내슈빌,

1925년 5월

추신

어떤 편지에나 5센트 우표를, 엽서에는 2센트 우표를 붙여 "Rev. Wm. P. Parker, Pyeng Yang, Korea"로 보내면 정기 우편을 통해 적시에 도착할 것입니다.

Letter 6

1925년 9월 30일 (한국, 평양)

친애하는 동역자 여러분,

시간을 보아하니 제가 여러분께 편지를 드릴 때가 된 것 같습니다. 저는 여러분께 편지를 받은 것보다 더 많은 분들에게 편지를 드리고 싶습니다. 만약 여러분이 편지를 해주신다면, 저는 큰 기쁨, 그야말로 최고의 기쁨으로 이렇게 일괄적으로 드리는 편지뿐만 아니라 개인적으로 답장을 기꺼이 드리겠습니다. 그러니 꼭 편지를 써 주시고, 여러분의 소식을 듣는 기쁨, 언제나 더 큰 즐거움과 더불어 제가 여러분께 편지를 쓰는 이중적인 기쁨을 누릴 수 있도록 해주시기 바랍니다.

아시다시피 저는 몇 달 전부터 매달 편지 보내는 것을 중단하였습니다. 그래서 제 편지가 드물게 오더라도, 오히려 드물기 때문에 여러분이 답장을 멈추거나, 제가 보낸 편지를 읽지 않으시는 일이 없기를 바랍니다.

우선 가족 상황에 관해 한두 마디 덧붙이겠습니다. 제 큰딸 진은 지난 6월에 이질로 아팠고, 여름 내내 힘들었습니다. 그녀는 거의 죽을 뻔할 정도로 위중하여 회복하기 위해 많은 약을 복용해야 했고, 그로 인해 심장이 많이 약해져서 8월 중순까지 대부분의 시간을 침대에서 보내야 했습니다. 다행히 그즈음부터 그녀는 조금 나아져서 어머니와 함께 소래 해변에서 2주 동안 쉬다가 왔고, 그곳에서 많이 회복했습니다. 그러나 아직 정상 상태에는 미치지 못하며, 학교에 매일 반나절 정도 다닐 수 있는 상태이며, 의사 말로는 이제 하루 종일 수업을 들어도 될 정도라고 하니 곧 평소처럼 학교에 다닐 수 있을 것 같습니다. 나머지 가족은 여름 동안 건강히 잘 지냈습니다. 우리는 올해 유난히 비가 많이 오는 시기를 겪었고, 매우 시원했기 때문에 여름다운 날씨를 거의 느끼지 못했습니다. 정말로 덥다고 할만한 날은 두세 날뿐이었습니다. 그게 전부였습니다.

외국인 학교 건물은 현재 사용 가능할 정도로 완공되었습니다. 그러나 여전히 필요한 장비가 몇 가지 있고 해야 할 일도 많지만, 저희는 이 훌륭한 학교를 가지게 된 것을 매우 기쁘게 생각합니다. 기숙사에는 한국 전역에서 온 아이들로 가득 차 있으며, 남장로교회가 가장 많은 학생을 보유하고 있다고 믿습니다. 우리 선교회에서는 군산에서 해리슨 (Harrison) 형제 두 명이 와 있고, 앨비 불(Alby Bull) 또한 그곳에서 올 예정입니다. 전주에 사는 에버솔(Eversole) 가정에서 네 명, 광주에서는 윌슨 가정에서 두 명이 와 있습니다. 물론 저희 자녀인 진과 프랜시스도 이 학교에 다니고 있습니다. 교사는 네 명이며, 한 명은 미국에서 얼마 전에 오신 분이고, 한 명은 중국에서 가르치던 분이며, 나머지 두 명은 이전부터 재직 중이던 분들입니다. 이 학교는 고등학교 과정까지 수업이 준비되어 있으며, 점점 더 많은 아이들이 고등교육까지 여기서 마칠 수 있게 되었습니다. 이렇게 만들어 놓은 것은 정말로 바람직한 일입니다. 어린 나이에 아이들을 고국으로 보내야 하는 것은 큰 고통이기 때문입니다. 이 학교는 한국에서 선교사 자녀를 위한 유일한 기숙 학교입니다.

예배당에서 저의 사역은 여전히 매우 흥미진진합니다. 해밀턴 선교사 는 지난 6월에 휴가를 떠났고, 로버츠 선교사(Dr. Roberts)가 해밀턴을 대신해 교회의 책임자가 되었으며, 제가 도와주고 있습니다. 로버츠는 이곳 신학교의 학장으로 매우 바쁘지만, 주일에는 여러 교회에서 시간을 내어주십니다. 제 아내는 여성 보조 교사 반에서 가르치고 있는데, 그 반에는 상당히 연세가 드신 분들을 포함해서 재미있는 여성들로 이루어진 학급입니다. 제 아내는 또한 여학교와 외국인 학교에서 미술 수업도 맡고 있습니다. 새로운 교사가 오기 전까지 외국인 학교에서 대신 교사를 하고 있었지만, 이제 그녀가 도착했으므로 이번 주 이후부터는 추가로 했던 수업은 없을 것입니다.

　　이제 최근 상황에 대해 말씀드리겠습니다. 현재 대학에서 저희는 정부 시험 준비로 바쁜 시기를 보내고 있습니다. 지난 봄에 말씀드렸듯이 현재 저희 학교는 특수 학교로서 정부 허가를 받았지만, 졸업장을 받기 위해서는 하급 과정에 해당하는 모든 과목에 대해 시험을 치러야 합니다. 이런 이유는 저희 학교 학생들이 정부에서 인정한 학교의 졸업생이 아니기 때문입니다. 저희는 성경을 교과 과정에 포함할 수 있다는 확신을 가질 때까지 오랫동안 정부의 인가를 신청하지 않고 미뤄왔으며, 이제 성경을 교과 과정으로 유지할 수 있다는 보장을 받았으므로, 저희 아카데미 학당과 대학, 모두 정부인가를 받기 위해 최선을 다하고 있습니다. 하지만 이전에는 성경이 필요하다고 느꼈기 때문에 허가를 받지 않았습니다. 현재 이로 인해 학생들에게 다소 어려움이 생기고 있지만, 저희는 성경을 교과 과정으로 유지할 수 있다는 보장을 받을 때까지 기다린 것에 대해 후회하지 않습니다. 정부 시험은 11월에 실시될 예정이며, 우리는 학생들에게 복습할 시간을 조금이라도 주기 위해 자체 수업 시간을 조금 줄이기로 결정하였습니다. 이로 인해 교사와 학생 모두 바쁜 상황이 되고 있습니다.

저희는 정부의 요구 사항에 맞추기 위해 교과 과정을 어느 정도 조정하였으나, 그 변경 사항은 저희가 감당할 수 없는 것들은 아니었습니다. 성경을 교재로 사용하여 확실한 종교 교육을 제공할 수 있게 되었기 때문에 저희는 승리를 거둔 것이라고 느끼고 있습니다.

지금까지 우리의 졸업생들은 모두 교사로서 허가를 받았지만, 이후에는 정부 인가가 없는 상황에서 앞으로 이런 종류의 허가를 받기 어려울 것이라는 전망이 있었기에, 지난 봄 정부 인가가 나왔을 때 너무 기뻐했습니다. 저희 학교는 인원수보다는 질을 중시하며, 철저히 기독교적인 인격을 갖춘 인재를 양성하여 이들이 설교자로서이든지, 교사로서이든지 아니면 여러 다른 방식으로 동료 한국인들을 교육하고 훈련할 수 있는 사람들로 만드는 것이 주된 목적입니다. 현재 우리에게는 훌륭한 학생들이 있습니다. 현재 문과 과정에 대해 인가만 받았지만, 자연과학 과정에 대한 인가도 곧 받을 것으로 확신하고 있습니다. 저희는 현재 자연과학 과정을 문과 과정과 함께 가르치고 있습니다.

이러한 사실들이 새로운 것은 아니지만, 제가 여기 몇 가지 것들을 적었던 것은 여러분이 저희가 하는 사역들에 대해 다시 한번 기억을 새롭게 하시거나, 이해하는 데 도움이 될 수 있기 때문입니다.

이 나라와 다른 나라에서든 청소년들을 교육하는 일보다 더 중요한 사역은 없습니다. 저는 미국 국민도 이 사실을 점차 깨닫고 있다고 확신합니다. 저희는 여기 있는 청소년들을 이끌 기회를 놓칠 수 없으며, 오늘날 학교가 매우 중요하다고 느끼고 있습니다. 한국에는 교육받은 목회자가 필요하며, 우리는 신학교에 남학생들을 보내고 있습니다. 저희 아카데미 학당에서 정부에 의해 인정받는 자격을 갖춘 교사를 구하는 것은 매우 어렵습니다. 이런 상황에서도 저희는 이러한 요구 조건을 맞추려고 합니다. 왜냐하면 더 이상 저희 아카데미 학당이 정부 자격이 없는 사람들을 몇 퍼센트도 기용할 수 없기 때문입니다. 법규가 그것을 허락하지 않기 때문입니다. 우리 아카데미 학당이 정부에서 인가받는 학교이든 아니든, 정부로부터 자격증을 받은 교사가 필요합니다.

최근에 스위츠 박사(Dr. Sweets)의 방문에 저희는 너무 감사함을 드립니다. 저희 선교부는 오는 10월 13일에 교육 관련 특별 회의를 소집하여 교육 사역 문제를 포함한 몇 가지 사인들을 다루기로 결정했습니다. 스위츠는 총회가 평양에서 열린 주간에 이곳에 머물렀습니다. 그래서 저희는 그가 여러 번 설교하는 것을 듣는 즐거움을 누렸고, 그와 친분을 쌓는 기쁨도 가졌습니다. 그의 방문은 우리 모두에게 큰 의미가 있습니다. 미국에서 시간마다 이곳을 방문하는 분들이 여기 현장에서 저희에게 주는 영적 감동을 보면 그들의 모든 수고가 충분히 보답받고 있는 것은 분명한 것 같습니다. 그들의 도움이 얼마나 큰지는 여러분이 아는 것 이상의 의미가 있습니다.

우리는 방금 유진 벨 선교사의 사망 소식을 접했습니다. 그는 한동안 아팠으며, 심장 질환으로 인해 의사들은 그가 언제든지 떠날 수 있다는 것을 알고 있었습니다. 최근에는 다소 호전되고 있었습니다. 그런데 어제 아침 갑작스러운 사망 소식은 우리 모두에게 충격으로 다가왔습니다. 그분은 광주 스테이션에서 연이어 사망하신 분들 중의 한 분이 되었습니다. 광주는 지난 몇 년간 선교사들의 죽음으로 큰 아픔을 겪고 있으며, 저희가 이곳에 온 이후로 광주에서 네 번째로 세상을 떠난

분입니다. 그분은 저희 선교부의 가장 오래된 선교사 중 한 분으로 한국 전역에서 그의 죽음을 크게 슬퍼하며 그를 그리워할 것입니다.

이곳에서의 사역에 대해 기도해 주십시오. 저희는 종종 여러분의 기도가 그 어떤 것보다 더 필요합니다. 진정으로 여러분의 기도 가운데 저희를 항상 기억해 주었으면 합니다. 원주민 가운데 하는 사역과 한국 전역에서의 부흥을 위해 기도해 주십시오.

저는 그분의 섬김 안에서 여러분과 함께 있습니다.

W. P. Parker 드림

테네시주 내슈빌,

1925년 11월

추신

주소: Prof. W. P. Parker, Pyengyang, Korea

편지: 5센트 우표

우편엽서: 2센트의 우표

Letter 7

1925년 12월 29일 (한국, 평양)

친애하는 동역자 여러분,

작년 이 시기 즈음 제가 여러분께 편지를 드렸던 기억이 납니다. 크리스마스에 대해 몇 가지 이야기를 했었는데, 이번에 글을 쓰면서 얼마나 많은 이야기들이 작년과 비슷할 것인지 생각해 봅니다. 해마다의 사건들은 이전 해와 그렇게 크게 다르지 않으며 반복되는 것들이 많습니다. 그러나 많은 새로운 것들이 또한 있으며, 해를 거듭할수록 더 나아지는 것이 많다는 점에 대해 하나님께 감사드립니다.

저희는 올해 생각했던 것보다 훨씬 더 즐거운 크리스마스를 보냈으며, 이보다 더 좋은 크리스마스를 보낸 적은 없었습니다. 미국에서 기대했던 모든 것들이 제시간에 맞추어 도착했고, 저희가 전에 한 번에 받았던 것보다 더 많은 미국 우편물을 크리스마스 전에 한 무더기로 받았다고 저는 생각합니다. 선물들은 아이들에게 뚜렷이 기억됩니다. 저희 또한 선물들에 대한 기억이 새록새록 새겨지는 듯합니다. 저희가 기대했던 것보다 혹은 받아야 할 것보다 훨씬 더 많은 것을 받았습니다. 여러분이 그 가운데 얼마나 큰 역할을 하셨는지 말로 다 표현할 수 없을 만큼 감사하게 생각합니다. 저희는 저희 자신에만 몰두하여 혹시라도 저희만 즐거운 그런 이기적인 크리스마스가 아니었기를 전적으로 바라지만, 우리가 받은 모든 것을 생각하면 왠지 이기적인 기분이 드는 것은 사실입니다. 물론 저희도 선물 일부를 다른 사람들에게 나누어 드렸고, 눈 내리는 화이트 크리스마스를 보내면서, 아이들과 함께 서울의 가난한 홍수 피해자들에게 기부하는 시간을 가졌습니다.

저희가 사는 이곳 평양에서는 지난 여름 홍수가 없었지만, 서울을 덮친 끔찍한 홍수에 대해 이미 편지로 알려드린 바 있습니다. 지금도 그곳의 피해자들은 여전히 땅굴 같은 곳에서 생존해 가고 있으며, 극심한 궁핍 가운데 도움도 받지 못한 상태로 절망에 빠져 있습니다. 저희는 할 수 있는 한 의류와 금전적인 지원을 하였고, 가난한 그들의 안타까운 처지에 깊은 연민을 느끼고 있습니다. 저희 주변에도 가난한 사람들이 있으며, 이 추운 날씨는 그들에게 더욱 고통스럽습니다. 저희는 이러한 아픔들을 기억합니다. 그들을 위해 저희가 할 수 있는 일이 너무 적은 것 같습니다. 그러나 다른 나라, 특히 중국의 고통을 생각하면 여기에서 겪고 있는 고통은 비교적 더 적다는 것을 저희도 압니다. 이 나라는 평화를 누리고 있으며, 전반적인 백성들의 상황도 여러 면에서 다른 나라 사람들보다 나은 편입니다. 우리는 이에 대해 감사하고 있습니다. 그러나 저희의 삶을 그들과 비교해 보았을 때 그들 중 가장 잘 사는 사람들조차 그들이 가진 것이 얼마나 적은지 알 수 있습니다.

그들 중 많은 이들이 자신들의 삶에 그리스도를 영접하였다는 사실에 하나님께 찬양합시다!

올가을은 12월 초까지 온화했습니다. 그러다가 갑자기 강풍과 함께 찬 바람이 불기 시작했습니다. 저는 바람을 별로 좋아하지 않으며, 바람을 좋아하는 사람 역시 그렇게 많지 않은 것 같습니다. 물론 여름의 산들바람을 좋아하는 사람은 있겠지요. 그러나 여기서는 바람이 세차게 계속해서 불어 살을 에는 듯하고, 기온이 그렇게 낮지 않더라도 몸을 떨게 만듭니다. 그런데 이번 겨울에는 기온이 계속 낮아졌고, 실제로 지금 온도가 영하인지 감히 추측할 수 없습니다. 제가 수치로 정확히 말씀드리지 못해 유감입니다만, 평양에서는 영하 20도까지 내려간 적도 있습니다. 지금은 그 정도까지 낮아지진 않았지만, 실제 느껴지는 체감 온도는 희한하게도 그렇듯 춥게 느껴집니다. 그 이유는 크게 몰아쳐 오는 매서운 바람 때문입니다. 만일 바람이 수그러들면 날씨가 좀 더 온화해지는데, 그러다 강한 바람이 다시 불어올 준비를 합니다. 진정 이러한 현상은 마치 피트(Pete)와 그의 아들 리피트(Repeat)의 이야기처럼 제가 매년 똑같은 이야기가 반복하여 하는 것 같습니다.

이번 가을에는 독감, 기관지염 기침, 감기 등으로 꽤 많은 사람들이 아팠습니다. 저희 가족도 모두 아팠습니다. 실로 아이들은 매우 힘든 시간을 보냈고, 아기도 많이 아팠습니다. 하지만 누구도 위중할 정도로 아프진 않았고, 지금 저희 모두는 건강해져서 감사하고 있습니다. 추운 날씨가 그렇게 자주 왔다 갔다 하는 온화한 날씨에 비하면 실제로 더 나은 것 같습니다.

크리스마스 축하 행사와 관련해 올해는 작년처럼 그렇게 힘든 시간을 보내지는 않았습니다. 저희는 너무 많은 것을 시도하지 않았고, 외국인 공동체에서 했던 행사도 보다 간단했고, 그래서 오히려 더 좋았습니다. 저희는 크리스마스이브에 저녁 식사를 함께했습니다. 그냥 도시락이었지만 매우 훌륭했고, 도시락 중 일부는 외형이 꽤 깜찍했으며, 그 도시락 안에는 맛있는 음식들로 가득했습니다.

아이들은 짧은 연극 두 편을 공연했고 많은 사람들이 즐겼습니다.

이 마을에는 러시아인들이 살고 있는데, 그들은 제과점을 운영하고 있습니다. 저희는 그들도 초대해 함께 시간을 보냈습니다. 그들은 영어를 거의 못하지만 즐거운 시간을 보냈고, 저희의 초대에 진심으로 감사하였습니다. 그들은 러시아 백인이고 러시아 난민 출신으로서 블라디보스토크를 경유하여 한국 땅에 왔습니다. 그들의 열두 살 된 아들과 열세 살 된 딸은 자신들의 부모님을 만나기 위해 러시아를 횡단하여 그들 스스로 건너왔습니다. 저희 외국인 공동체는 이 가족에게 200엔을 빌려주어 일을 시작할 수 있도록 도와주었고, 지금 그들은 생활을 무난하게 잘하고 있는 것 같으며, 빌려 간 돈의 일부는 벌써 갚았습니다.

저희 외국인 크리스마스 행사에 대한 이야기는 여기까지입니다. 한국 백성들의 축하 행사에 대해서는 모두 다 이야기할 수 없지만, 저희 자신들이 다니는 교회인 수성리 교회의 작은 예배당에서는 크리스마스 아침에 기쁨의 예배를 가졌고, 이전 수요일 밤에도 특별한 예배가 있었습니다. 교회에서 어떤 연극도 하지 않았으나, 누군가가 트집을 잡을만한 어떤 잘못도 없었습니다. 그들은 화이트 크리스마스를 보냈고, 비록 가난한 사람들이었지만 자신들보다 더 가난한 자들과 조와 쌀을 나누었습니다. 모든 아이가 작은 과자 봉지를 하나씩 받았습니다. 여기 저희 집 가까이 있는 서문교회에는 많은 인파가 모였고, 저는 그곳 회중과 교회의 단체 사진을 찍는 데에 맞춰 돌아왔습니다.

어젯밤에는 이곳 장로교 교단이 개최한 주일학교 대회가 평양에서 시작되었습니다. 지난 가을 전국적으로 큰 대회가 서울에서 열렸고 매우 성공적이었습니다. 저희는 지금 주일학교 사역을 매우 중시하고 있습니다. 언제나 교회 전체가 주일학교에 참여해 왔지만, 특히 어린이들에게 주어진 교육이 항상 최선은 아니었습니다. 저희는 지금 교사를 양육하는 데 노력하고 있으며, 한국 전역에서 출석과 교육 효과가 눈에 띄게 향상되고 있습니다. 홀드크로프트 선교사는 그의 시간 대부분을 주일학교 사역에 헌신하고 있으며, 모든 면에서 성공을 거두고 있습니다. 저희는 한국에서 이 운동을 이끌고 있는 보수적이고 건전한 사람이 있어서 기쁩니다. 다른 곳에서 그런 분을 가지지 못해 시행착오를 겪었고, 그 결과들이 썩 좋지 않았습니다.

12월 둘째 주에는 저희 대학교 학생 약 70명이 정부에서 시행하는 특별 시험을 치렀습니다. 저희는 그들 대부분이 무사히 통과하길 바라며, 결과는 아직 듣지 못했습니다. 저희는 1주일 조금 전에 종강하였고, 1월 6일에 다시 개강할 예정입니다. 새해 초 학생들을 위한 특별 부흥집회를 1주일간 가질 계획을 가지고 있으며, 작년과 같이 저희 모두에게 영적인 축복이 되기를 희망합니다.

다가오는 1926년은 이 지역에서 특별한 부흥집회가 열리는 해가 될 것이며, 12월 한 달 동안 저희는 모두 매일 정오에 포성이 울리면 5분 동안 이 부흥집회를 위해 기도해 달라는 요청을 받았습니다. 저희는 평양 장로교 지역뿐만 아니라 한국 전역에서 큰 영적 부흥이 일어나기를 위해 간절히 기도하고 있습니다. 여러분도 이 기도에 동참해 주시길 바랍니다. 특별 집회는 1월 초 시내에 있는 교회들에서 열릴 것입니다. 제가 이미 언급했던 것처럼 학생들을 위한 특별 집회가 진행될 것입니다. 각각의 교회는 특별한 사경회와 부흥집회를 가지기를 희망하고 있습니다. 저희는 그리스도 밖에 있는 많은 이교도들이 자신들의 구세주에 대한 구원의 지식을 얻게 되기를 희망합니다. 저희 모두가 이 백성들에게 복음을 전하는 데에 믿음이 충만할 수 있도록 기도해 주시기 바랍니다.

저희는 고국에서 여러분이 담당하고 있는 사역을 기억하고 있으며, 여러분 역시 큰 사역을 하고 있다는 점을 깊이 느끼고 있습니다. 이곳에서 행해지고 있는 사역의 규모를 보고 있노라면 선교사는 자칫 자만에 빠지기 쉽고, 마치 모든 큰 사역은 외국 선교 현장에만 있는 것처럼 생각하기 쉽습니다. 혹시라도 제가 그렇게 보였다면 용서해 주시기 바랍니다.

새해를 맞이하여 사랑과 최고의 축복이 여러분과 함께하기를 기원하며, 저는 하나님을 섬김에 있어서 여러분과 같습니다.

윌리엄 P. 파커

테네시주, 내슈빌,

1926년 2월

추신

주소: Rev. Wm. P. Parker, 평양, 한국

편지: 우편 요금 5센트

역자 후기

이승규 ┃ 한남대학교 기독교문화연구소 연구교수

본 번역서는 하나님의 보내심으로 한국에 파송된 미국남장로교 소속 선교사 '윌리엄 파커'(William P. Parker, 파커 부인 편지 일부 포함)의 1916년부터 1925년까지 선교 서신이자, 미국남장로교 선교 본부로 보낸 선교 현장 이야기를 한국어로 옮긴 것이다.

윌리엄 파커는 미국남장로교의 파송을 받아 광주, 목포 그리고 평양에서 선교 사역을 감당하였다. 그가 주로 한 일은 교육 분야(목포 영흥학교 교장, 평양 숭실대학 수학 교수)였지만, 교회 개척과 평신도 양육에도 수고를 아끼지 않았다.

본 서신들은 한 선교사의 개인적 기록을 넘어 하나님께서 말씀과 교회를 통하여 이 땅에 하나님의 나라를 확장해 가신 역사적 증언으로 읽힐 수 있는 자료이다.

더 나아가 외국인의 시각으로 일제 치하의 한국 정치, 경제, 사회 전반을 어떻게 바라보고 판단하였는지를 볼 수 있다. 몰트만은 그의 정치신학에서 삼자의 눈으로 어떤 나라를 분석하고 조망한다는 것은, 그 나라의 역사를 객관적으로 읽는 데 매우 중요하다고 보았다. 파커의 편지는 이러한 측면에서도 그 중요성이 크다 하겠다.

그의 편지들을 통해서 1919년 3·1운동 전후로 일본을 바라보는 그의 관점이 부분적 긍정에서 부정으로 완전히 바뀌고 있는 것을 우리는 목도할 수 있다. 그의 선교 보고서에서 한국의 근대화에 일제가 긍정적인 영향을 줄 수 있다는 파커의 시각이, 3·1운동 이후 선량한 백성들을 수탈하고 괴롭히는 일본의 야만 정치를 겪으면서 일제에 대한 평가가 부정적으로 바뀌는 것을 볼 수 있다. 그리고 조선인을 무작위로 체포하고 고문하는 일본 경찰의 원칙과 공정이 왜곡된 사법 시스템에 분노하고 있는 모습도 볼 수 있다.

일반적으로 파커의 편지들은 선교 현장에서 고통당하는 선교사들의 헌신과 스테이션 중심의 인간적 선교 전략의 중요성을 간과하지 않으면서도, 선교는 삼위일체 하나님의 주권에 순종하는 것이라는 개혁교회적 선교 이해를 담고 있다. 그는 영혼 구원을 위한 복음 전파, 교회 개척, 신자 훈련, 사역자 양성의 전 과정을 하나님의 부르심과 인도하심에 대한 순종으로 인식하였으며, 이러한 신앙고백은 그의 서신 전반에 반복적으로 나타난다. 이는 남장로교 선교가 지녔던 보수적 언약신학과 복음적 교회 중심의 선교관이 실제 사역 현장에서 어떻게 구현되었는지를 잘 보여준다.

본 서신들에서 특히 주목할 점은 교회에 대한 이해다. 파커는 교회를 단순한 선교의 결과물이나 조직체로 보지 않고, 말씀의 선포와 성례의 시행, 권징과 양육을 통해 세워지는 그리스도의 몸으로 인식하였다. 그래서 그리스도의 몸인 교회를 세우는 데 현지인들의 헌신과 헌금은 당연한 것으로 교육하였고, 현지인들은 이를 신앙으로 받아들였다. 이러한 교회론적 확신은 일제강점기라는 억압적 현실 속에서도 교회가 하나님의 통치 아래 보존되고 성장한다는 신앙적 확신으로 이어지며, 그의 선교 사역을 일관되게 이끌어 간 신학적 토대가 되었다.

번역에 있어 가장 어려웠던 부분은 그의 편지 원본을 복사한 사본들이 육안으로 식별하기 어렵고, 너무 흐려서 전체 문맥에 맞추기 위해 많은 시간을 들여서 심사숙고해야만 하였다는 점이다. 어찌 되었든 그의 편지에 나타난 교리적·신앙적 언어를 최대한 훼손하지 않으면서도 독자들에게 자연스럽게 다가갈 수 있도록 오늘날 우리들의 언어로 옮기는 것을 핵심 원칙으로 삼았다.

파커의 편지에 자주 등장하는 하나님의 섭리, 소명, 순종, 은혜, 부흥에 대한 표현들은 현대적 감각에 맞추어 완화하거나 축소하지 않고, 개혁교회 전통 안에서 이해될 수 있도록 충실히 번역하였다. 성경 인용과 기도 형식의 문장은 문학적으로 다듬기보다 신학적 정확성을 우선하여 처리하였다.

신학 및 교회 관련 용어의 번역에서는 한국 장로교 교단이 오랜 시간에 걸쳐 확립해 온 공적 언어를 기준으로 삼았다. 교회, 노회, 총회, 직분, 성례와 관련된 표현은 교단 헌법과 신앙고백 전통과의 연속성을 염두에 두고 선택하였고, 북한 지명은 서신에 나온 대로 번역하였다.

본 서신들에는 파커 선교사 가정의 인간적 한계와 시대적 제약 또한 분명히 드러난다. 그러나 이러한 한계 역시 은혜 안에서 교회를 세워 가시는 하나님의 역사 속에 포함되어 이해되어야 할 것이다. 역자는 이를 삭제하거나 수정하지 않고 있는 그대로 번역함으로써, 교회의 역사가 언제나 하나님의 신실하심과 인간의 연약함이 함께 드러나는 자리임을 독자들이 인식하도록 하였다.

역자는 본 번역이 윌리암 파커 개인의 헌신을 기리는데 머무르지 않고, 하나님께서 일제강점기라는 시련의 시기에도 당신의 교회를 보존하시고 확장하신 섭리의 증언으로 읽히기를 바란다. 더 나아가 이 서신들이 오늘날의 총회와 교회가 선교의 본질을 다시 확인하고, 말씀과 교회를 중심으로 한 개혁교회적 선교 사명을 새롭게 고백하는 데 유익한 자료로 사용되기를 기대한다. 그리고 1916년에서 1925년의 한국교회 역사를 한 평신도 선교사의 시각에서 다시 생생하게 그려질 수 있기를 기대한다.

끝으로, 이 작업을 믿고 맡겨주시고, 끊임없는 인내와 격려로 부족한 후배를 이끌어 주신 조용훈 교수님께 감사를 드린다. 또한, 파커의 서신을 번역하는 데 한남대학교 인돈학술원 여러분들의 수고와 헌신이 큰 도움이 되었다.

혹시라도 번역과 관련되어 잘못된 부분이 있다면 그 모든 책임을 역자에게 돌리시고 채근하여 주시길 바란다.

마지막으로 역자로서 한마디 남긴다.

하나님으로부터 보냄을 받아

하나님으로 말미암아 그 험난한 환경을 이겨내고

고통 가운데 있는 백성들과 함께 살아간,

그래서 하나님께로 돌아간 선교사들과 모든 하나님의 백성들이여,

그 이름, 영원하라!

복음 들고 산을 넘는 그대들은

한국의 역사 현장에

진정 고맙고 아름다운 사람들이다.

개교 70주년 기념 인돈학술총서 8
남장로교 최초 교수 선교사

윌리엄 파커 서신
(William P. Parker)

2026년 4월 10일 처음 펴냄

엮은이	한남대학교 인돈학술원
옮긴이	이승규
펴낸이	김영호
펴낸곳	도서출판 동연
등 록	제1-1383호(1992년 6월 12일)
주 소	서울시 마포구 월드컵로 163-3
전화/팩스	02-335-2630 / 02-335-2640
이메일	yh4321@gmail.com
인스타그램	instagram.com/dongyeon_press

ISBN 979-11-7611-009-9 94230
ISBN 978-89-6447-688-8 (인돈학술총서)